国家哲学社会科学成果文库

NATIONAL ACHIEVEMENTS LIBRARY
OF PHILOSOPHY AND SOCIAL SCIENCES

法治新时代的公共财政监督

刘剑文　著

刘剑文 教育部"长江学者奖励计划"特聘教授,辽宁大学特聘教授、博士生导师,北京大学法学院教授、博士生导师。中国法学会财税法学研究会会长、中国法学会常务理事、中国注册税务师协会副会长。全国人大常委会立法专家顾问、中共北京市委法律顾问、财政部法律顾问。国家社会科学基金重大招标项目"促进收入公平分配的财税法制创新研究"首席专家。

主持国家社会科学基金重大招标项目、国家社会科学基金重点项目和一般项目、国家自然科学基金项目等30余项国家级或者部级课题。在《中国社会科学》《中国法学》《法学研究》《人民日报》等期刊、报纸上发表论文200余篇。独著、合著学术著作、教材60余部。

主要研究领域为财税法、经济法、知识产权法、公共财政政策。

《国家哲学社会科学成果文库》
出版说明

  为充分发挥哲学社会科学研究优秀成果和优秀人才的示范带动作用,促进我国哲学社会科学繁荣发展,全国哲学社会科学工作领导小组决定自 2010 年始,设立《国家哲学社会科学成果文库》,每年评审一次。入选成果经过了同行专家严格评审,代表当前相关领域学术研究的前沿水平,体现我国哲学社会科学界的学术创造力,按照"统一标识、统一封面、统一版式、统一标准"的总体要求组织出版。

全国哲学社会科学工作办公室
2021 年 3 月

前　言

改革开放以来，我国财政收入高速增长，但另一方面政府因财政支出不公开、不透明而备受公众质疑，在此背景下，公共财政监督法治化问题日益严峻。2012年，笔者主持了2012年度国家社科基金重点项目"公共财政监督法律制度研究"（12AFX013），研究中国财政监督制度改革面临的难题，探讨公共财政监督的法治理念及财政监督法治化的中国路径。2018年6月，该项目成果被全国哲学社会科学规划办公室结项鉴定为"优秀"。随着我国财税体制改革实践和财税法治理论的快速发展，特别是党的十九大报告中对我国社会主要矛盾作出的重要论断，具体到财税领域，由于财税事关全社会收入调节和分配公平，财税体制改革已然成为国家民主政治中的重要一环。在新时代的历史节点上，原来结项成果中的部分理论观点需要修正，也有部分内容需要补充论证。因此，笔者组织研究团队修订了原有成果，在此次修订中以法治新时代的公共财政监督为重心，结合我国公共财政的监督制度改革面临的新形势、新要求，更加注重理论建构和制度转型的互动联系，同时为了更好地契合时代背景，笔者将原成果更名为"法治新时代的公共财政监督"，最终将本书呈现给读者。

通常而言，财税法治是宪治国家的核心要素，也是法治国家的必然要求。在公共财政体制下，财政制度及其治理也从管制模式过渡到法治模式。在财税法律体系中，以税收法治为主体的财政收入制度、以预算法治为主体的财政支出制度、以财政监督为主体的财政控权制度构成了财政法治最核心的基本框架。其中，以财政监督为主体的财政控权制度则体现更为明显，财政监督是廉洁政府建设和政治体制改革的重要突破口。基于不同视角，财政监督既可以提炼为一种功能价值，也可以阐释为一种实体规则，还可以理解为一种程序安排。

目前，国内财政学者对税收和预算的研究较为充分和集中，有一定的广度和深度；而对财政监督方面的研究起步较晚，触及的面窄，成果零碎。基于财税法治的立场，更需要从法学视角研究公共财政。近年来，法学界对财政事项研究逐步增多，立基民主宪治、权力制衡和公平正义的价值观来进行理论探讨。从当下研究现状看，法学视角下的财政事项研究，关注税收与预算法治的著述偏多，而鲜有专门就财政监督法治化进行研究的成果，特别是从控制政府财政权和保护纳税人权利的角度来做法理阐释和制度设计的成果更少。

因各国各地区经济、社会和法律等制度不同，其财政监督理论、制度及其运作也呈现较大差异性。在财政监督理论研究层面，德国学者格德·沃尔夫（Gerd Wolf）、尤翰林（Jürgen Basedow），美国学者弗雷德里克·克利夫兰（Frederick A. Cleveland），英国学者加雷斯·D. 迈尔斯（Gareth. D. Myles），世界银行专家克里斯汀（Christine）、黄佩华（P. W. Wong）等都对财政监督有过较系统和深入的分析。基于财政法律主义，发达国家财政监督的主要内容体现为对财政支出特别是对预算的监督。域外学者的研究直接推动了其所在国家或地区的财政监督组织变革、制度建构和运作实践。不过，域外理论研究基本上都是以讨论发达国家的财政监督法治改革为主，对于发展中国家尤其是体制转型国家的研究相对较匮乏。

在中国，因长期受计划经济和国家分配论的影响，财政监督往往被简单化为财政部门的自我监督和内部监督，对其外部监管问题特别是财政监督的法治化缺乏深入研究。当下适逢我国财政转型新时期和法治建设新阶段，立基于法学视野的财政监督研究具有非常重要的意义：其一，在理论上突破了仅从经济学、财政学角度研究财政监督的窠臼，立足于更深层次的民主宪法立场，着眼于法律规范研究公共财政监督，通过优化顶层设计和转变监督理念来实现财政权的合理分配与监督制衡，以更好地保护纳税人基本权利；其二，在实践上则契合了中国财税体制改革向法治转型的现实需要，在公共财政监督成为中国财税法治重要突破口的前提下，实现法理阐释和制度构建对民主政治建设及公共财政监督实践的双重引导，其研究对于进一步推动中国政治体制改革和廉洁政府建设具有重大现实意义。

从新时代财税法治的新要求出发，本书积极提炼和倡导财政控权理论，聚焦公共财政监督法治化研究。全书主要包括以下五大主要内容：

第一章是"概念重构：公共财政监督的概念界定与价值重构"。具体论证了公共财政监督的逻辑前提与观念、法治视野下的概念重构与特征表述、财政监督的模式选择与机构设置、财政监督的覆盖范围与内容构成、财政监督与财税法治的关系等问题。第二章是"理念改革：财政控权与监督规则的中国转型"。在控权理论和法治理念指导下，探讨不同的机构设置、制度规则和运作实践在中国实施的可行性及正当性；在行政审计监督基础上加强财政行政问责，推进代议机关监督的主导性和终极性，完善媒体社会监督的正当性和必要性。第三章是"国际比较：公共财政监督的域外经验与比较借鉴"。以英国、法国、德国、日本等发达国家和巴西、俄罗斯、韩国等新兴国家为主要研究对象，包括各国财政监督制度的演进路径、模式选择和规则设置，尤其是财政监督法治化对整个财税法治的影响和保障。第四章是"本土反思：中国语境下财政监督的法理与制度探讨"。梳理中国财政监督制度变迁历程，探讨公共财政监督法治化的现实意义。财政监督理念从行政监督过渡为立法监督；财政监督领域从单向支出监督转换为收支管理监督；财政监督范围从以责任追究为主的事后监督调整为事前事中事后结合的全程监督。第五章是"制度设计：公共财政监督的顶层设计及规则建构"。探讨的是转型中国合理配置财政监督中的行政权、立法权和司法权，重塑运行规则与技术要素的过程。在立法体系方面表现为，构建以财政监督法为中心，以预算法、审计法、行政问责法等为主体，规制清晰、层次分明、重点突出的财政监督法律体系和法律机制。

本书研究立足财税法治的学理视野，以财政控权理论为中心，结合实践进行交叉研究，以国际比较、中国语境和法治路径作为研究主线，形成最终研究成果。其一，比较借鉴国际经验，阐释公共财政监督制度的法律理念与技术规则。从财政学和公法学的学理基础入手，基于民主宪法和权利保护的立场，并通过考察主要发达国家和新兴国家财政监督制度发展的历史进程，归纳出具有普适性的经验和法律原则。其二，立足中国语境，以财政收入持续性高速增长为背景，探讨公共财政监督制度的历史沿革和转型时期特殊问题，理性检讨和梳理中国公共财政监督制度的得失；探讨对财政活动广范围、宽口径和全流程的约束监督，以立法监督为核心、以司法监督为保障，强化审计监督和行政问责、完善媒体监督和公民监督。其三，提出对策性建议，以公共财政监督技术改造和机制构建为框架，合理选择财政监督机构模式，形成体系性法律规则。研究技术管理层面和传统收支管理领域的公共财政监督，探讨宪法层面的公共财政监督体系，包括监督权力在立法、行政和司法机关的合理分配，以及专门机构监督和媒体社会监督的正当性及其相互关系。

本书在研究方法上，注意兼容并包，突出论证效果。以财政控权理论为中心，并结合实践进行交叉研究，以国际比较、中国语境和法治路径作为研究主线，形成最终研究成果，具体方法包括：一是比较分析方法。以英国、法国、德国、日本等发达国家和巴西、俄罗斯、韩国等新兴国家为主要研究对象，比较各国的公共财政监督法律制度，为中国公共财政监督法律制度重构积累参考的素材。二是历史分析方法。对中国财政监督制度的演进加以梳理，分析相关制度的历史发展脉络，准确地把握中国公共财政监督制度的演进，使提出的操作方案具有针对性。三是实证研究方法。通过调查研究，分析相关数据和案例，揭示公共财政监督的客观规律，提高研究成果的可靠性。四是系统研究方法。在研究中立足于中国国情，既考虑法治转型的必要性和正当性，又兼顾现实改革的合理性和可行性，同时广泛借鉴财政学、公共管理学等邻近学科的研究成果，为法学研究提供资料方法和思路。

本书的研究重点在于以下六个方面：其一，法治视野下公共财政监督的法律概念、内在价值和外在表征。具体涉及宪法与财政监督、财政监督与公民权保护、财政监督与民主政治等。其二，提炼财政控权理论。在阐述法治的基础界定、辨识标准及检验依据的基础上，探讨财政监督、行政控权与财税法治，财政监督与法治政府、廉洁政府建设。其三，国外公共财政监督制度的历史沿革、转型经验和技术规则。包括欧美国家的理念与实践、新兴国家的经验与教训，在此背景下思考中国转型与第三条道路。其四，中国公共财政监督法律制度的价值检讨和逻辑反思。梳理中国财政监督制度变迁，尤其侧重于宪法民主、选举政治与财政问责，参与式民主下的财政监督与政治体制改革等方面。其五，中国财政监督法治化转型的本土语境、现实障碍和克服途径。检讨行政主导下的财政监督实践，包括财政收入规模与机构监督、预算与公共投资及地方债监督、转移支付与超收收入监督等，旨在推进由行政监督到立法监督的民主化转型。其六,中国财政监督的法律模式选择、法律规则及配套措施。包括财政监督宏观模式设计、中观运行机制和微观技术规范,财政收入监督、财政支出监督、财政管理监督等实体及程序事项,与财政监督有关的机构改革与配套设施。

国家治理的核心在于公权力的有效配置和高效运行,具体到财政领域,财政法律制度的构建与国家民主法治进程紧密相连,是关乎理财治国、实现分配正义、保护纳税人权利的重要构成。因此,在当前公共财政监督体系建设进程中,必须坚持法治化的思维与原则。其中,财政平等的法律原则所蕴含的是通过对权力、义务和责任等法律资源的均衡配置来实现对财政权力的约束,确保财政法律规范的实效性。财政绩效原则强调的是提高公共财政运作效率,更高效地提供优质的、满足人民需求的公共品和公共服务,而这必然依托于财政活动和财政权力受监督、可问责的整体制度建构,由此凸显新时期强化公共财政法治化监督的现实意义。因此,本书在研究思路、研究路径和研究视角上尝试系统的理论突破。一是在研究思路方面,本书站在公共财政转型和法治国家建设的双重立场,遵循中国语境下渐进改革的基本思路,重新界定了公共财政监督的民主特质和宪法基础。二是在研究路径方面,本书不仅以发达国家理论与实践作为分析样本,而且综合新兴国家的模式变迁,勾勒了公共财政监督法治化的中国图景。三是在研究视角方面,本书以民主宪法及公法理论为分析视角,透过财政事项表象而服务于纳税人基本权利保护的深层目标,系统论证了公共财政监督的法治路向和技术规则构建的公平正义观念。

2021 年 4 月

刘剑文

目　录

第一章　概念重构：公共财政监督的概念界定与价值重构 …………（1）
　　一、公共财政监督的逻辑前提与观念厘清 ………………………（2）
　　二、法治视野下的概念重构与特征表述 …………………………（14）
　　三、公共财政监督的模式选择与机构设置 ………………………（25）
　　四、财政监督的覆盖范围与内容构成 ……………………………（32）
　　五、中国语境下财政监督的现实意义 ……………………………（42）

第二章　理念改革：财政控权与监督规则的中国转型 …………（47）
　　一、财政监督与财政权的法律控制 ………………………………（48）
　　二、财政监督与财政民主理念 ……………………………………（58）
　　三、财政监督与财政平等理念 ……………………………………（75）
　　四、财政监督与财政绩效理念 ……………………………………（93）

第三章　国际比较：公共财政监督的域外经验与比较借鉴 ……（111）
　　一、欧洲发达国家的经验 …………………………………………（111）
　　二、北美发达国家的经验 …………………………………………（122）
　　三、新兴经济体国家的经验 ………………………………………（129）
　　四、财政监督机构法治化的一般经验 ……………………………（147）
　　五、规则比较：监督制度的法治化 ………………………………（161）

第四章　本土反思：中国语境下财政监督的法理与制度探讨 …（174）
　　一、中国财政监督制度变迁历程 …………………………………（174）
　　二、财政监督模式：从行政监督过渡为立法代议监督 …………（188）
　　三、财政监督对象：从单向支出监督转换为收支管理监督 ……（205）

四、财政监督环节：从事后监督过渡为全环节监督 …………… (220)

第五章　制度设计：公共财政监督的顶层设计及规则建构 ………… (232)
　一、结构配置：财政监督中的行政权、立法权和司法权 ………… (232)
　二、规则设计：财政监督法律框架体系及其具体制度 ………… (239)
　三、中期目标与远景规划：中国公共财政监督的时间表与路线图 … (247)

主要参考文献 …………………………………………………………… (256)

后　记 …………………………………………………………………… (270)

第一章 概念重构：公共财政监督的概念界定与价值重构

党的十八届三中全会报告在论及财税体制改革时指出："财政是国家治理的基础和重要支柱，科学的财税体制是优化资源配置、维护市场统一、促进社会公平、实现国家长治久安的制度保障。"① 党的十九大报告进一步提出："加快建立现代财政制度，建立权责清晰、财力协调、区域均衡的中央和地方财政关系。"随着市场经济的不断深入和公共财政体系的逐步建立，财政监督领域不断拓宽，内容不断丰富，方式方法日益创新。"控权与保权的统一是现代宪治国家的必然要求与发展趋势"，财政权的分配是过去几百年来立法机关和行政机关权力争夺博弈的焦点之一。② 党的十八届三中全会《决定》在论及强化权力运行制约和监督体系时指出，"坚持用制度管权管事管人，让人民监督权力，让权力在阳光下运行，是把权力关进制度笼子的根本之策"。③ 党的十八届四中全会《决定》在论及强化对行政权力的制约和监督时则提出，"加强党内监督、人大监督、民主监督、行政监督、司法监督、审计监督、社会监督和舆论监督制度建设，努力形成科学有效的权力运行制约和监督体系，增强监督合力和实效"。④ 党的十八届五中全会通过的《建议》在论及法治政府建设时又提出，"依法设定权力、行使权力、制约权力、监督权力，依法调控和治理经济，推行综合执法，实现政府活动全面纳入法治轨道。深化司法

---

① 《中共中央关于全面深化改革若干重大问题的决定》，人民出版社2013年版，第19页。
② 李龙：《宪法基础理论》，武汉大学出版社1999年版，第291页。
③ 《中共中央关于全面深化改革若干重大问题的决定》，人民出版社2013年版，第35页。
④ 《中共中央关于全面推进依法治国若干重大问题的决定》，人民出版社2014年版，第18页。

体制改革，尊重司法规律，促进司法公正，完善对权利的司法保障、对权力的司法监督"。① 党的十八届六中全会《公报》进一步指出，"监督是权力正确运行的根本保证，是加强和规范党内政治生活的重要举措"。② 而在党的十九届三中全会《公报》中，针对公共财政支出与公共品的提供，特别强调要"完善公共服务管理体制，强化事中事后监管，提高行政效率，全面提高政府效能，建设人民满意的服务型政府"。③ 在当前建立与社会主义市场经济相适应的公共财政和现代财政框架体系的进程中，大力加强财政监督制度建设，对于有效约束政府行政权力和贯彻落实依法治国基本方略具有十分重要的意义，是新时期法治社会、法治政府、法治国家的应有之义。

一、公共财政监督的逻辑前提与观念厘清

俗语云："财政乃庶政之母"。改革开放四十多年来，中国经济社会的高速发展离不开财政制度的支持。"三农"改革、国有企业改革、价格体制改革、金融体制改革等诸多重大经济改革的背后，都隐含和渗透着财政的力量。没有财政的支持，很难想象各项改革制度和措施能够具体落实。中国经济社会发展在最近四十年中保持了一个基本稳定的市场环境，财政制度的保障作用非常重要。"公共财政"作为一个最初的"学术用语"，由仅限于学界圈子内的咬文嚼字式的讨论而后进入到决策层视野并进而伸展为指导财政改革与发展时间的"文件用语"，以至成为植入现实中国经济社会生活之中的"公共语词"，这是改革开放以后的事情。④ 改革开放以来，财政制度改革在中国

---

① 《中共中央关于制定国民经济和社会发展第十三个五年规划的建议》，http://news.cnr.cn/native/gd/20151103/t20151103_520379989.shtml，访问时间：2020年10月1日。

② 《中国共产党第十八届中央委员会第六次全体会议公报》，载《人民日报》2016年10月28日，第1版。

③ 《中国共产党第十九届中央委员会第三次全体会议公报》，http://news.cnr.cn/native/gd/20180228/t20180228_524147678.shtml，访问时间：2021年7月27日。

④ 1983年，由美国经济学家阿图·埃克斯坦所著的 Public Finance 中译本出版发行。与以往有所不同，译者对此书书名的处理有点标新立异，将书名直译为《公共财政学》（张愚山译，中国财政经济出版社1983年版）。而在此之前，中国财政学界一直是将"Public Finance"等同于"财政"或"财政学"的。然而，当时此种新的译名及隐含其后的深刻含义并未被很快洞悉。在相当长一段时间后，"公共财政"才被赋予特定的含义，成为现代财政制度的重要构成。参见高培勇主编：《中国财税体制改革30年研究——奔向公共化的中国财税改革》，经济管理出版社2008年版，第218—221页。

经济体制改革中起到重要的作用,或是直接作为经济体制改革的突破口,或是为整体改革提供重要的财力保障,在构建公共财政体系的过程中,促进和推动了社会主义市场经济体制的形成。[①] 当下中国,"建立现代财政制度"已经成为当前深化财税体制改革的重要目标。在此前提下,公共财政监督领域在实践中不断拓展,监督职能在探索中也日趋完善,监督方式方法在运行中不断规范,监督功用在发展中日益彰显,已使得公共财政监督成为促进财税改革和推动法治建设的重要基础和制度保障。

(一)委托代理:公共财政监督的问题意识

公共财政的本质体现的是公众、公共品、公共需求等几个概念的支撑与互动。公众对公共品的需要决定了国家的存在,国家的存在是通过国家职能的执行得以实现的,而国家职能又是各级政府组织来承担的。根据我国宪法,国家一切权力属于人民,国家的权力机关是全国人民代表大会和地方各级人民代表大会,政府由人民选举产生,接受人民委托,代理人民执行公共事务,亦即提供公共品,形成了公共委托权利、义务和责任关系。

1. 制度困境:委托代理关系产生信息不对称

在公共受托责任关系中,便是人民与政府之间及政府组织内部间构成了委托—代理关系。这种代理关系无论其层级形态如何,关键问题在于,在"效用最大化"和"机会主义"行为假设下,代理人与委托人的目标函数不一致,加上存在不确定性和信息不对称,因而,便产生了代理人问题,即"逆向选择"和"道德风险"。解决代理人问题的基本思路有两个:一是设计激励机制,二是建立监督机制。但是,对全民委托政府组织经营的公共品——国家财产形式来说,尽管在理论上每个人都可被视为所有者,但没有任何人能够说自己个人是在行使委托权的委托人,即现实的所有者"虚位"。进一步而言,政府组织缺乏货币收益表现,没有企业意义上的股权利益,而无法量化业绩和依据业绩调节薪金。因此,从公共产权方面看,即使运用激励机制也难以解决代理人"激励相容"的问题,因为产权的不可分、剩余索取

---

① 参见杨志勇、杨之刚:《中国财政制度改革30年》,格致出版社、上海人民出版社2008年版,第12—16页。

权的不可转让性,再加上公共权力激励有限、官员或管理者机会主义行为的可能性,通常易造成损害委托人即社会公众的共同利益。以上所述再次说明,在政府的公共受托责任和经济管理中存在"激励不足"。

公共财政管理和使用中的多级委托代理难以避免代理问题。因为政府与财政部门之间、财政部门与财政资金使用部门或单位之间构成了一组多级委托代理关系。在长长的委托代理链中,委托人和代理人中不可避免地存在着信息不对称、利益不完全一致和权力不匹配,由于信息收集、传递、处理、反馈过程中和决策形成、贯彻、实施过程中不可避免地存在着失真、扭曲、拥挤、延误与机会主义行为,加上政府官员本身存在动力问题和官僚主义,以及激励代理人的种种困难,结果导致了公共资金管理、使用中的代理人问题。

在实践中,具体又表现为以下五种情形:一是中央财政部门与地方财政部门受托责任不对等,往往出现中央政府与地方政府财权、事权划分和分担的讨价还价,扯皮等问题;二是财政体制变迁中的信息不对称和失真、扭曲可能导致财政资金管理和使用的高成本、低效率,决策失误以及分配不公等问题;三是公共资金使用的外部性问题可能导致政府财政性投资的"挤出效应""豆腐渣"工程和滋生腐败行为;四是政府间的转移支付中,由于中央政府与地方政府间存在信息不对称、不完全,地方政府易出于自身利益考虑多,而表现出隐瞒偏好、虚假申报,企图争得更多的中央政府补助;五是在政府采购中,由于委托代理关系的存在和当事人信息失衡,加上代理人机会主义行为,完全有可能使得政府采购的实际结果与委托人的目标要求出现偏差,等等。因此,尚未解决政府系统代理人问题的情况下,只有依靠建立和加强财政监督,实施严密和完善的内部、外部监督机制,最大限度地缓解委托人与代理人的信息不对称,以保证公共财政的效果最大化。[①]

2. 制度诱因:信息不对称构成财政监督缺失

在尚未解决政府系统代理人问题的情况下,只有依靠建立和加强财政监督,实施严密和完善的内部、外部监督机制,最大限度地缓解委托人与代理

---

① 参见江龙:《财政监督理论依据:信息不对称与代理失效》,载《财政研究》2002年第12期。

人的信息不对称，以保证公共财政的效果最大化。① 在国际上，衡量一个国家的法治水平如何，不仅仅看该国立法的数量，法律制度是否齐全，更要看该国能不能把已有的法律制度有效地贯彻、实施下去，是否有一套科学完整的监督机制监督法律的实施。在衡量一个国家的政府治理能力水平时，同样也要考察这个国家政府的财政监督制度是否完善和体系化。因为不管国家的政治形态如何，政府中的资金使用和收益信息不对称这一现象是普遍存在的。只有建立完善的财政监督法律制度，才能够让财政收入、支出、使用、管理公开透明。阳光是最好的防腐剂，公开透明的财政运作过程是消除信息不对称最有效和最根本的方式。建立在信息不对称基础上的政治腐败也会在公开的财政信息中无所遁形。故而，代理制度无可避免地带来信息不对称的弊端，由此又带来政治腐败，资源配置低效、扭曲等问题，导致无法实现代理目的，甚至与最初的代理目的背道而驰。只有建立财政监督法律制度将其规制在法制的框架内，才能保障政府代理制度的落实和实现。

（二）法治财政：公共财政监督的逻辑前提

有学者将公共财政与计划经济年代的情形相比较，认为公共财政制度的基本特征在于公共性、非营利性和规范性，并指出上述三个特征构成了相对完善的公共财政制度的"底线"。② 关于"公共财政"，在邓小平南方谈话和党的十四届三中全会以后，在学术界仍一直有不同的看法存在。有一种看法是从财政本质上否定"公共财政论"。一些学者认为，"公共财政论"否定了财政的"阶级性"，即没有反映财政的本质，因而对其最多是在坚持"国家分配论"的前提下进行借鉴。还有一种看法没有从根本上否定"公共财政论"，而只是从"public finance"的翻译出发，否认"公共财政"提法的不合理。③ 尽管古今中外历代统治者都知道财政和国库的重要性，都知道"钱袋子"就是命根子，都知道管好"钱袋子"是关系到政权安危的大事，但政权的不同性质决定了政府监督的不同性质、功能和目的。现代法治政府固然具

---

① 参见江龙：《财政监督理论依据：信息不对称与代理失效》，载《财政研究》2002年第12期。
② 参见高培勇主编：《中国财税体制改革30年研究——奔向公共化的中国财税改革》，经济管理出版社2008年版，第230—235页。
③ 参见同上书，第136—145页。

有管理社会的职责,且必须对社会实行善治,但首先政府要管理好自己;而政府要管好自己,仅仅靠政府自律是远远不够的,必须加强对政府的外部控制。因此,法治型政府除了由法律产生,还必须对法律负责、受法律控制、依法律善治、由法律监督,法治政府必然是受到严格监督与制约的政府。

1. 依法治国:公共财政监督的时代背景

党的十五大确立了依法治国的基本方略,党的十六大正式提出了依法执政的基本方式,党的十九大报告将其加以统合,指出"坚持依法治国、依法执政、依法行政共同推进,坚持法治国家、法治政府、法治社会一体建设"[①]。依法治国基本方略与依法执政基本方式的有机统一,既保证了社会主义法治的政治方向,又为社会主义法治提供了坚实的政治基础和政治保障。党的十八大报告亦重申了"法律面前人人平等""任何组织或者个人都不得有超越宪法和法律的特权",就是要用平等的宪法原则去"反人治""反特权""反腐败"。权利公平、机会公平、规则公平,是法治社会的基本特征。[②] 在法治国家范畴内,法治意味着民主法律化、制度化,意味着将公共权力纳入法治的轨道之中。"加快建设社会主义法治国家",这是党的十八大报告关于推进"依法治国"的时间要求;"全面推进依法治国",这是党的十八大报告关于推进"依法治国"的空间要求。党的十八大以来,中央反复强调在法律框架内推进党和政府的各项工作议程,党的十八届四中全会审议通过了《中共中央关于全面推进依法治国若干重大问题的决定》,提出全面推进依法治国,总目标是建设中国特色社会主义法治体系,建设社会主义法治国家。实现这两项要求都需要包括人大、政府、法院、检察院和监察委员会在内的全体国家机关拿出具体且有实效的改革优化方案。公共财政监督涉及公共财政的方方面面,既包括人大的财政立法、预算层面的财政审查和监督,又包括政府进行监管和审计、法院和检察院进行司法介入和诉讼保障,以及监察委员会对财政领域行使公权力的公职人员的监督监察。

---

① 习近平:《决胜全面建成小康社会 夺取新时代中国特色社会主义伟大胜利——在中国共产党第十九次全国代表大会上的报告》,http://news.cnr.cn/native/gd/20171027/t20171027_524003098.shtml,访问时间:2021年7月27日。

② 胡锦涛:《坚定不移沿着中国特色社会主义道路前进 为全面建成小康社会而奋斗——在中国共产党第十八次全国代表大会上的报告》,人民出版社2012年版,第14—15页。

2. 财税改革：公共财政监督的保障目标

2014年6月30日，中共中央政治局召开会议并审议通过了《深化财税体制改革总体方案》（以下简称《方案》）。这是新中国历史上首次以政治局会议决议的形式通过并施行的具有整体性和总揽性的财税体制改革框架性方案。至此，新一轮深化财税体制改革的顶层设计已经基本完成，在当前和未来一定时期，各级政府将按照《方案》的指导思想、总体要求、政策措施以及规定的时间表、路线图来具体贯彻落实和细部展开。从本质上说，财税体制改革是执政党依托公权力在财税领域主动推行的、对未来政府政策具有高阶指导性和约束效力的制度创新和规则重构。"制度变迁决定了人类历史中的社会演化方式，因而是理解历史变迁的关键。"[1] 决策层制定法律规则和执政政策指导和推动国家治理现代化过程中，需要借由若干个主体性的政策工具和保障手段，予以重点突破和率先实现。在这些政策工具和保障手段中，财税体制改革和财税法治建设成为首选和重要选项。一方面，财税体制改革作为经济体制改革的总开关和政治体制改革的突破口，对经济、社会层面的影响效果较为直接明显，且其温和、渐进的特点使得改革的政治风险能够保持在可控的范围内，有"牵一发而动全身"和"一呼百应"的效果；另一方面，实现"把权力关进制度笼子"最理想、最妥适和最有效的方法就是遵循法治理念，通过可预期的法律规则来引导和规范社会主体的行为，从而稳定地达到改革所需要的实际效果。在此背景下，公共财政监督的目的和功能，即在于通过权力制约和财政监督的妥适方式，来达成预期的财税体制改革目标。

3. 法治财政：公共财政监督的制度前提

纵观世界各国的有益经验，加强对政府的控制最有效的手段是两个：一个是财政，一个是法律。[2] 这两个手段不是割裂的，而常常是结合在一起的。加强对政府的财政法律控制，使关乎财政的一切政府行为都被纳入法治轨道，使一切违反财税法的行为都得到追究和纠正，这是民主法治国家追求的目标。实行依法理财与民主理财，建设法治财政，既是实行公共财政制度的必然要求，也是充分发挥公共财政职能，推动法治中国建设的重要保障。近年来，

---

[1] 〔美〕道格拉斯·C.诺思：《制度、制度变迁与经济绩效》，杭行译，韦森译审，格致出版社、上海三联书店、上海人民出版社2008年版，第3页。

[2] 刘剑文：《财税法——原理、案例与材料》（第四版），北京大学出版社2020年版，第88页。

依法理财、民主理财工作大力推进，财政管理的民主化、公开化和法治化水平不断提升。财税体制改革的总体目标是在法治框架下，建立现代财政制度①，推进经济和社会的可持续发展，实现公共财产和改革发展成果为全体国民共享。基于公共财产权理论，现代财政制度之正当性在于公共财产权控制的法治治理，其中尤为关键的是财政监督程序规范。② 制度设计侧重于通过法律规则的方式，对需要指引、调控和规范的特定社会事物的整体过程和具体行为进行调整。法治财政正是一种以财政法律秩序建构为功能指向的财政思维和财政治理方式，是公共财政监督的制度前提和体制保障。"一个法律制度若要恰当地完成其职能，就不仅要力求实现正义，而且还须致力于创造秩序。"③ 一方面，公共财政监督在客观上需要法治财政提供基础性和前置性的法制条件；另一方面，法治财政的推进和实现也必然要求公共财政监督提供指引性的、受控的运行环境。

（三）财政民主：公共财政监督的观念厘清

财政是以公共权力进行的资源配置，它不仅是维系国家运转的经济基础，更是推进国家与公民关系和谐发展的政治基础和社会基础。公共财政是与现代民主政治和市场经济相适应的财政制度。财政民主不仅结合了宪法和法治理念，更统一了政治民主与经济民主的要求，其实现对政府行为规制和公民权利保障有着重要意义。财政民主，其理论依据主要是主权在民和人民主权思想，要求人民依法通过一定的程序和方式，行使对国家重大财政事项的决定权。直接的要求则是，重大财政事项必须经过代议机构的同意，或者由其制定法律予以规范。如果没有议会决定或法律授权，无论是财政收入还是财政开支，都可能被指责为违反人民的意志。因此，民主的内涵在于实现人民的自我管理和自主决策，从而推进其权利的实现与保障。④ 对公共财政权力进

---

① 《中华人民共和国国民经济和社会发展第十三个五年规划纲要》中指出，要"深化财税体制改革，建立健全现代财税制度"。
② 参见刘剑文：《论财税体制改革的正当性——公共财产法语境下的治理逻辑》，载《清华法学》2014年第5期。
③ 〔美〕E. 博登海默：《法理学：法律哲学与法学方法》，邓正来译，中国政法大学出版社2004年版，第330页。
④ 参见刘剑文：《宪治与中国财政民主》，载《税务研究》2008年第4期。

行监督的实质在于控制政府的财政权，保护人民的财产权，而其方法在于让人民对政府的财政收支活动拥有最终的决定权。因此，公共财政监督本质上是一种民主制度，它也必须在财税法治的层面上才能存在和发展。财税法治的发展状况是决定公共财政监督能否以及何时实现的一个重要因素，而中国语境下公共财政监督法治化需要财税法治理念的培育和监督思维的民主转型。

1. 财政监督：行政权力监督的关键和切入点

党的十八届三中全会《决定》列专章"十、强化权力运行制约和监督体系"以突显新时期权力监督的重要性。《决定》特别指出，"坚持用制度管权管事管人，让人民监督权力，让权力在阳光下运行，是把权力关进制度笼子的根本之策。"[1] 党的十八届四中全会《决定》则列专章"三、深入推进依法行政，加快建设法治政府"对政府行政权力运行铺设法治轨道。报告特别指出，"加强对政府内部权力的制约，是强化对行政权力制约的重点"。报告还对涉及财政事项的行政权力的制约和监督进行了专门阐述，特别指出"对财政资金分配使用、国有资产监管、政府投资、公共资源转让、公共工程建设等权力集中的部门和岗位实行分事行权、分岗设权、分级授权，定期轮岗，强化内部流程控制，防止权力滥用"。[2] 党的十九届三中全会《公报》同样高度重视对行政权力的制约，提出"全面推行政府部门权责清单制度，规范和约束履职行为，让权力在阳光下运行"。就财政与行政的关系而言，现代政府以依法行政作为其基本职能，而其行政本身需求得财政上之支持。其一，行政行为及过程、政府维持及运转需要财政之财力保障；其二，政府施政的根本目的在于，通过财政开源节流建设社会事业，从而增进人民福祉。稳健而牢固的财政基础是支撑政府施政并促进经济发展、社会安定和国家长治久安的主要动力。政府的行政行为，依照其手段是否具有规制性，可分为给付行政和管制行政，但无论何者，均与财政作用息息相关，也即"无财政即无行政"。[3] 在

---

[1] 《中共中央关于全面深化改革若干重大问题的决定》，人民出版社2013年版，第35页。
[2] 《中共中央关于全面推进依法治国若干重大问题的决定》，人民出版社2014年版，第18—19页。
[3] 参见王桦宇：《论财政法的意义及其学科构建——一种研究思路的展开》，载刘剑文主编：《财税法论丛》（第14卷），法律出版社2014年版，第1—2页。

这个意义上，实现了对财政事项和财政权力的监督，也就达成了对行政权力监督的实际效果。

2. 立法监督：财政监督在本质上是议会监督

财政领域的立法监督权，即由议会掌握的关于国家收支的权力。代议机构财政权的主要内容是批准政府提出的财政预算和决算。根据规定，政府每年的总收入和总支出都要事先得到议会的批准，支出的分配细目也须得到议会的同意。政府预先编制出某一财政年度（又称会计年度）政府收入和支出数额的方案，提交议会审议通过，这就成为预算；同时对上一财政年度内政府收入和支出的数额作出总结，并向议会报告，这就是决算。正是由于包含着对政府收支的监督，这一过程中的财政权力才被称为财政监督权，是除立法权之外议会的另一项重要的、也应该是最有力的监督权力。[1] 西方各主要国家对议会财政监督权内容的规定不尽一致，但主要是审查和批准政府的预算和决算。在传统议会理论中，立法权与审查监督权构成了议会制约政府的重要权力。财政预算关系到治国理政的整体方针和具体事项，锁紧了政府财政收支的"钱袋子"也就控制了国家的公共权力。全面地看，财政监督还包括行政监督、司法监督、政党监督和社会监督等其他多种监督方式，但结合宪法、法律规定及法理，由议会对政府财政公权力进行监督，是其中最为根本和有力的。所以，在本源意义上，财政监督最终实际上是一种议会监督，其他监督行使则是其有效的补充，以增加财政监督的合力和实效。

3. 渐进民主：财政民主是政治民主的突破口

《宪法》第2条第1款、第2款分别规定："中华人民共和国的一切权力属于人民。""人民行使国家权力的机关是全国人民代表大会和地方各级人民代表大会。"[2] 从法律渊源上看，财政民主是宪法所规定的人民主权理论在财政法领域的落实和体现。而《立法法》第8条明确规定税收和财政的基本制度

---

[1] 参见曹沛霖、陈明明、唐亚林主编：《比较政治制度》，高等教育出版社2005年版，第216页。
[2] 我国《宪法》第2条的完整表述为："中华人民共和国的一切权力属于人民。""人民行使国家权力的机关是全国人民代表大会和地方各级人民代表大会。""人民依照法律规定，通过各种途径和形式，管理国家事务，管理经济和文化事业，管理社会事务。"

只能制定法律，从形式和程序上保证了财政的民主性。① 作为宪法的实现途径，财政民主是实现公民权利与国家权力和谐运作的基础，因此宪法下民主的实质是建立在公民财产权与政府财政权互动的基础上。② 在逻辑链条上，财政民主是政治民主的试金石和突破口，在中国进行审慎政治体制改革的语境下，通过财税体制改革实现财政民主为未来的政治民主转型提供了可借鉴的经验。在当下中国，治国理政的基本物质前提是坚实的公共财政后盾，而维系此一后盾永续运行的制度保障是法治化的现代财政制度。改革发展语境下的法治财政，既肩负宏观体制改革的政策性使命，同时又承接国家法治建设的社会责任。加强财政民主建设，需要立法机关、行政机关甚至是司法机关和社会公众等多方共同推进，建立人大、政府和社会联动以及事前、事中和事后衔接的全面监督机制。从公共财政监督的角度，应从各个环节增强对政府收支的行政控制和立法控制，实现对政府财税行为的整体监督和具体问责。③

（四）权利保护：公共财政监督的宪法取向

有效的权力制约和切实的私权保障乃是现代宪法的核心内容。从约束政府权力与保障纳税人权利的宪法角度出发，财政问题从根本上讲是一个财产权问题，是作为国民财富的公共财产的取得和分配问题，是一种消极意义上的私人财产权保护。④ 从财政理论上讲，财政是通过不同的经济杠杆或手段对国民收入和社会产品进行分配的总枢纽。因此，在国民经济和社会各项事业

---

① 我国《立法法》于2015年进行修订，将税收基本制度的法定单列一项，并具体列举为"税种的设立、税率的确定和税收征收管理等"。《立法法》第8条规定："下列事项只能制定法律：（一）国家主权的事项；（二）各级人民代表大会、人民政府、人民法院和人民检察院的产生、组织和职权；（三）民族区域自治制度、特别行政区制度、基层群众自治制度；（四）犯罪和刑罚；（五）对公民政治权利的剥夺、限制人身自由的强制措施和处罚；（六）税种的设立、税率的确定和税收征收管理等税收基本制度；（七）对非国有财产的征收、征用；（八）民事基本制度；（九）基本经济制度以及财政、海关、金融和外贸的基本制度；（十）诉讼和仲裁制度；（十一）必须由全国人民代表大会及其常务委员会制定法律的其他事项。"

② 参见漆多俊：《论权力》，载《法学研究》2001年第1期。
③ 参见王桦宇：《治国理政、财税改革与法治图景——中国语境下的财税法律制度之建构》，载《北华大学学报（社会科学版）》2014年第1期。
④ 参见刘剑文、王桦宇：《公共财产权的概念及其法治逻辑》，载《中国社会科学》2014年第8期。

发展中都涉及财政分配问题,财政负有为国民经济和社会各项事业发展所需资金与财力提供保障的职能,财政工作所要求的依法聚财和合理用财都离不开公共财政监督作为有效保障,预算、税收征收管理、国有资产的运营、保值和增值,公债的发行和上市,以及其他一切涉及财政资金流转的财政活动都需要公共财政监督。作为经济社会中制度结构的重要组成要素,财政法律制度是国家建立和颁布的有关财政分配参与者间关系的行为准则,公共财政监督法律制度则是其中具有监督和管理双重属性的、并起到相应作用的制度体系。[①] 而对处于转型社会的中国来说,财政对收入分配的影响不仅限于再分配环节,而对基本的分配格局都有重要影响,同时还影响到社会整体收入、纳税人整体福祉和基本财产权利的保障。

1. 财产权利:宪法规定需要保护的基本权利

在基本权利体系中,生命权是基本前提,财产权是生存基础,人身自由则是逻辑起点。[②] 在西方国家的宪法理论中,财产权被视为与自由权、生命权同等重要的基本人权。在此一语境下,"以财产为后盾的独立自主是自由的一个必不可少的基础"[③],可见财产权是作为基本权利的核心内容而存在的。2004年3月14日,第十届全国人大第二次会议修改《宪法》时首次吸收了"公民私有财产权"的概念,在第13条第1款明确规定:"公民的合法的私有财产不受侵犯。"同时,还在第3款规定了对私人财产权的适当限制,"国家为了公共利益的需要,可以依照法律规定对公民的私有财产实行征收或者征用并给予补偿"。就公共财政监督而言,应特别注重通过监督来约束政府财政权并借此张扬纳税人权利,通过推动行政权力的规范运行以保障促进国民权利的实现。"财政收支范围、多少和收支方式,都应当体现民意。国家权力和权利虽本源于民众权利,但它一旦形成便具有一定独立性,并往往超越于民众权利之上,同民众权利相背离和异化。这就提出了对公共权力的监督和制约问题。"[④] 私人财产权作为重要的宪法权利,需要通过公共财政监督的方式

[①] 参见贺邦靖主编:《中国财政监督制度》,经济科学出版社2008年版,第3—5页。

[②] 参见汪进元:《基本权利的保护范围:构成、限制及其合宪性》,法律出版社2013年版,第224—225页。

[③] 〔美〕埃里克·方纳:《美国自由的故事》,王希译,商务印书馆2002年版,第31—32页。

[④] 漆多俊:《财政监督法治化问题》,载《财政监察》2001年第4期。

来对具有公共财产权属性的财政权进行法律控制，通过相对间接但切实有效的方式加以特别保护。①

2. 权力制约：财政权作为行政权应受到控制

现代以降，现代国家开始对政府主导财政资源配置的财政观进行改革，将政府财政权的运行严格控制在议会财政决策的规范、审查和监督之下。"财政权是指议会享有的对国家财政的决定权和对政府财政的监督权。财政决定权包括决定国家财政以及预算、税收、关税、借贷的权力，财政监督权包括审查预决算和公共资金审计。其中最重要的是批准政府的财政预算案。"② 这是因为，政府财政权具有天然的自由裁量性和扩张性，应当受到法律制约。正如有学者指出的，一种合理的公共财政权力体制应该具有如下特征：政府享有财政预算法案的编制权与征税权。在授予政府财政预算编制权、税收征缴管理权的同时，确保民主选举产生的代议机关享有财政预决算的审议权与批准权。司法机关享有在行政当局之外单独列支的财政地位，即应保持司法预算的独立性，否则司法权无法真正有效地对行政权实施权力制约。同时，在现代社会条件下，要建构财政权力宪法监督机制。财政权作为典型的行政权，应通过公共财政监督受到合法性和正当性的制约和控制。

3. 权利保护：财政监督是财产权保护的方式

从财政控权的角度来看，要建构宪治体制下的权力监督和制约机制，关键在于通过赋予财政权力主体以有效的控制权，确保政府在财政上向代表民意的立法机关负责，以此保护纳税人的基本权利。公共预算的主要特征之一就是支付费用的人不是那些决定怎么花钱的人，因而民选官员有可能把钱花在与纳税人的愿望不同的地方。③ 在现代市场经济国家，公共财政体制中蕴含着一个深刻的内在矛盾，即国家与社会的分离而导致的政府与人民之间的矛盾——国家的所有财产本为人民所有，政府仅仅是接受人民之委托而行使公共资财的处分权利，从此种意义而言，政府的定位是人民的"代理人"。这

---

① 参见刘剑文、王桦宇：《公共财产权的概念及其法治逻辑》，载《中国社会科学》2014年第8期。
② 周叶中主编：《宪法》，北京大学出版社、高等教育出版社2000年版，第254页。
③ 〔美〕爱伦·鲁宾：《公共预算中的政治：收入与支出，借贷与平衡》（第4版），叶娟丽、马骏等译，中国人民大学出版社2001年版，第17页。

样，公共资财的最终所有者与"代理人"相分离，必然在客观上酿成某种风险，即政府官员因为理性之盲目或自利之动机而产生滥用权力恣意处分公共资财的可能性。在政府与人民之间的矛盾关系中，人民之所失即政府之所得，其间所蕴含的经济、政治冲突，唯有在按照宪法逻辑逐步建立完备的公共财政体制和财政监督权力体系之后，才能趋于缓和，公共财政权力体制也才可能在整体上趋于理性化与民主化。① 通过公共财政监督，可以有效监控和管理公共财产的取得、用益和处分在法律规定的范围内进行，以最大限度地保护全体纳税人的整体利益，进而保护具体纳税人的财产权。

二、法治视野下的概念重构与特征表述

在经济学意义上，财政监督是指财政部门为保障国家财政政策的贯彻落实和财政管理的有序有效，依法对财政运行相关主体的财政财务行为所实施的监控、检查、稽核、制裁、督促和反映等活动的总称。财政监督的主体是财政部门，财政监督的客体是财政运行中的相关主体，财政监督的内容则包括财政收入监督、财政支出监督、会计监督、金融监督、资产监督、财政内部监督、财政绩效监督，财政监督的方式方法则主要包括监控、检查、稽核、制裁、督促和反映。② 法治作为人类文明的优秀成果，有着极为深刻的政治哲学理论基础与历史必然性。法治国家的基本理念包括法律安定性、权力分立、依法行政、基本权的保障、国民权利之司法救济等诸多方面。限制公共权力并保障私人权利，是法治的精髓，也是法治思维和法治方式的核心。不受制约的权力必然导致滥权，甚至是滋生腐败。基于此一逻辑，必须重新厘清和深刻认识法律对政府与公民之间，以及不同权力主体间财政监督关系的规范本质。从权力监督的视角看，法律不仅帮助政府管理和规范社会、企业和公民，更重要的有两点：一是要有法律法规让政府服务于社会，促进社会创业和创新，使社会更有活力；二是法律法规还应当有利于社会和公民，加强对政府以及公务员群体、行政事业性的执法机构和人员的监督，防止其寻租、

---

① 参见刘剑文主编：《财政法学》，北京大学出版社2009年版，第316页。
② 参见贺邦靖主编：《中国财政监督》，经济科学出版社2008年版，第2—5页。

懒惰和不提供应有的公共服务。① 公共财政监督的目的，就在于通过法治规范的现代财政制度设定有效规则，将政府的全部财政行为纳入公开透明的场景，进而达到现代民主宪法要求的权力制约和权利保护的效果。

(一) 概念重构：从技术监督到权力监督

传统政府财政的基本观点是，财政是以政府为中心的内部行政事务，以实现政府职能为目标，围绕政府职能组织财政收入、安排财政支出，这样的政府财政存在明显缺陷，容易产生"部门财政""一把手财政"和"腐败财政"现象。更进一步说，传统政府对财政的理解取决于对国家的不同定位，取决于国家在不同时期所面临的特定任务。就公共财政监督而言，现有的研究往往偏重从财政的技术层面也即技术监督的角度展开，但在更实质的意义上，公共财政监督牵涉政治权力的分配和角力，涉及政府行政权力的约束和控制。从法理上说，权力本身不具有天然的正当性，它必须受到实体和程序方面的限制。只有受约束的权力才是规范的权力，而法律的规范性与规范权力的需求是相契合的。早期的财政概念，更多的是为封建时期的皇室或国王尽到财政管理之责，囿于彼时的客观政治情况，财政监督更多的是会计和技术层面，属于家计财政的范畴；随着经济发展和社会进步，特别是市场革命以后，政府得以形成特定的部门行使财政和审计之责，于是形成了行政监督的概念；而随着人民主权观念和议会议事技术的进步，议会开始实际主导财政监督之责，凡有预算和征税等事项，概由议会进行表决和审议。不过，随着现代经济社会变迁以及预算会计事务的专业性和技术性加强，政府在特定的阶段和特定的时期会对财政预算发挥实际的主导作用，但这也与各国家和地区不同的政治生态和财政监督状况密切相关。

1. 技术监督：家计财政的监督概念

家计财政是"朕即国家"的专制王权在财政类型上的具体体现。此时，专制君主凭借个人财产所获得的经营收入和特权收入，是不受议会制约的财政收入。中世纪西欧各国较为典型的代表是英国，由其可以完整了解此时财政监督的发展脉络。英国议会产生之初的功能仅仅只是约束国王的征收税收

---

① 参见黄文艺：《中国法律发展的法哲学反思》，法律出版社2010年版，第88页。

权,此时尚非民主政治的载体和见证。在诺曼征服后,英国逐步建立起封建国家的财政制度,国库和财政署先后从内务府中分离出来,成为较为独立的财政机构。① 但这一时期的财政具有明显的"家计财政"特征,无论在观念上还是在事实上,"公""私"不分,税款征收由王廷小会议商量,国王最后决定;财政支出也由国王随意决定,既没有财政预算,也没有"公""私"之分,这时,财政权完全由国王掌握。② 家计财政下的财政监督是通过国王所辖的财政机构完成的,代表的是王权利益,行使的监督职责更多体现在国王财富的监督上。1215年6月,《大宪章》在泰晤士河畔签署。其中,最为经典的条款是:除国家法律规定的赋税外,"王国内不可征收任何兵役免除税或捐助,除非得到本王国一致的同意";"为了对某一捐助或兵役免除税的额度进行讨论并取得全国的统一,国王应发起召集大主教、主教、寺院长老、伯爵和大男爵等开会,讨论征款事宜"。③ 尽管学界对《大宪章》的地位存有各种质疑,但毫无疑问的是"无代表不征税"的雏形确实是通过以大贵族为核心的大会议确定的。自此,英国的家计财政制度开始瓦解。

2. 行政监督:国家财政的监督概念

对行政监督的理解,更多地体现在政府内部机构对政府财政行为和活动的自我监督,一般具体表现为行政监察和审计监督。行政监督在世界各国家和地区都普遍存在,是政府内部的必设机构之一,也与该国或该地区的政治经济制度有关。就承载大量国有企业和国有资产的社会主义国家而言,行政监督更多地对应于国家财政的概念。以中国财政制度的演进为例,对财政的理解取决于国家在不同时期所面临的特定任务。新中国成立初期的财政目标主要是稳定国防、恢复国民经济并集中国家财力办大事,而后财政目标转变成为社会主义建设。传统财政制度是在计划经济体制背景下形成的,财政的主要目标是服务于国家计划,为生产建设筹集资金而满足国家职能并推进国

---

① 参见李健人:《英国税收法律主义的历史源流》,法律出版社2012年版,第41页。
② 参见焦建国:《英国公共财政制度变迁分析》,经济科学出版社2009年版,第45页。
③ 参见钱乘旦、许洁明:《英国通史》,上海社会科学院出版社2002年版,第60页。

家建设。① 在1949年以后的相当长一段时间内，中国财政制度是一种计划型财政，国家活动的范围涉及社会的方方面面，而且所有的活动都以国家计划为中心。财政在其中仅仅起到工具性的会计功能，成为贯彻国家计划的"账房"，而此种状况下的中央银行则成为出纳机构。在当时"议行合一"的政治格局下，全国人大作为名义上的最高权力机关，并未起到真正的财政监督功能，实际的财政监督功能更多的是由作为财政主管机关的财政部门来承担的，其中隶属于政府的行政监察和审计机构也承担了一定的财政监督功能。从属性上说，行政监督属于政府内部的自我监督，尽管各监督机构也具有一定的独立性，但从根本上讲，其监督要旨在于保障政府的财政管理秩序，并不直接涉及国家机关之间的权力制衡。

3. 权力监督：公共财政的监督概念

有经济学学者将公共财政与计划经济年代的情形相比较，认为公共财政制度的基本特征在于公共性、非营利性和规范性，并指出上述三个特征构成了相对完善的公共财政制度的"底线"。② 但经济学理论并未深入到财政法治最为核心的财政权力控制的议题上，这也是注重市场效率的经济学研究和注重公平正义的法学研究差异所在。从本质上看，控制财政权力是有效制约国家权力的关键，也是建构宪法国家权力制约体系的核心部分。西方民主的本质就是一场交易，所谓的"个人权利"是在交换之中产生的。被治者交出其经济权力，换取政治权力，并最终以代议制的形式将这一交换行为制度化，使专制权力得以限制，市民权利得以保护，民主机制因此而得到维系。③ 在进

---

① 1952年11月16日，中共中央决定在中央人民政府下建立国家计划委员会（简称"国家计委"）。国家计委负责编制长期规划和年度的国民经济发展计划，对各个部委及地方的国民经济计划有审查和检查执行情况的权力。在计划经济条件下，政府通过国家计委制定和审批计划，计委全面规划国家经济生活中的生产和消费。原国家计划委员会于1998年更名为国家发展计划委员会，又于2003年将原国务院体改办和国家经贸委部分职能并入，改组为国家发展和改革委员会（简称"国家发改委"）。国家发展和改革委员会，作为国务院的组成部门，是综合研究拟订经济和社会发展政策，进行总量平衡，指导总体经济体制改革的宏观调控部门。随着计划经济体制向社会主义市场经济体制的转变，国家发改委一方面致力于推进改革，更新观念，转变职能，充分发挥市场配置资源的基础性作用，另一方面也不断加强和改善宏观调控，有力推进国民经济持续快速健康发展。

② 参见高培勇主编：《中国财税体制改革30年研究——奔向公共化的中国财税改革》，经济管理出版社2008年版，第230—235页。

③ 参见朱萌：《财政权的转移对英国民主发展的影响——13至16世纪英国财政史分析》，载《东北师大学报（哲学社会科学版）》2014年第4期。

一步升华到权属和流转意义的层面上,财政权更是一种公共财产权,是一种应受控制的公权力,其在脱胎于行政权的财政权的基础上形成,但更注重公共财产取得的正当性及分配的正义性。从调整原则上讲,公共财产权的控制体现为公共财产的取得、用益和处分应严格遵循法定主义,以最大限度地保护纳税人的整体利益。[①] 在这个意义上,公共财政的监督是一种权力监督、法治监督和宪法监督。

(二) 特征表述：公共性、权力性与制衡性

随着人们对财政监督问题的日益关注和国家法治化的进程,通过法律程序对公共财政实施监督逐渐成为现代社会的基本要求。财政监督应保持相对严格的法治化形式,一方面,通过规范和约束财政权的方式来对公共财政进行监督,另一方面,公共财政监督亦能促进国家民主法治建设的深化。公共财政监督既需要以法律作为基本的依据,同时财政监督本身也蕴含着公法的基本范畴,即公共权力和私人权利的合理配置。为了保障财政的公共属性,必须对作为财政受托人的政府的财政权力行使予以制衡和监督,这既是公共财政的基本要求,也是财政民主的具体体现。[②] 在财政监督的制衡机制中,如何进行权力制约以及制约本身的正当性问题成为重要的考虑依据。就公共财政监督而言,究其本质,具有如下三个特征：一是公共性。公共性是从财政监督的权源基础进行提炼的,公共财政由于具有公共性方才具有正当性,财政监督则服务于公共性目标的切实保障和实现。二是权力性。权力性是从财政监督的表现形式进行提炼的,没有公权力形式的监督权介入,财政监督无法进行和展开。可以说,由权力机构行使的财政监督权本身就属于一种公权力,这也体现了权力制约权力的意涵。三是制衡性。制衡性是从财政监督的实质内核来进行的,只有通过分权和制衡才能使得财政权力相互角力而寻求平衡,保证财政权力的正当行使。需要说明的是,现代国家生活中的诸多财政活动,如确保财政收入的征税收费活动、决定财政支出的预算决算以及处

---

① 参见刘剑文、王桦宇：《公共财产权的概念及其法治逻辑》,载《中国社会科学》2014年第8期。

② 参见刘剑文：《财税法——原理、案例与材料》(第四版),北京大学出版社2020年版,第152—155页。

理中央和地方政府间财政关系的财政转移支付等财政管理行为以及在政府系统内部进行财政审核等财政监督活动,都具有很强的技术性和专门性。但这是从表观样态上进行的特征梳理,探求财政监督的实质特征仍应深入其公共性、权力性和制衡性的"三性"特征。

1. 公共性:财政监督的权源基础

学界对于公共性内涵的理解是多样化的,公共性本身在不同时空和语境中也呈现变动的样态。① 一般而言,公共性是指因个人与社会之间的紧张和协调关系而生的一种强调社会利益的特征、方法和理论,是哲学和社会科学共通相生的概念语词,也自然导入到经济学界、财政学界和法学界。公共财政是在市场主导的经济发展模式下,与此相适应的国家财政类型,财政资金主要提供市场无法提供的公共品和公共服务。这就将政府财政活动的领域置于"公共"方面,由政府承担起市场经济环境中的公共职责。与公共财政相对应的另一种财政类型应为"建设型"财政,它是指政府将财政资金较多地配置于经济建设领域,政府和市场共同承担私人品生产和提供。尽管建设型财政从理论上来说并不必然地和政府承担公共职能相冲突,即政府既较多地涉及竞争性领域,又能提供较多的公共品和公共服务,满足社会公众的公共需求,但事实上要兼顾两者是非常困难的。在实践中,政府的财政资金总是很不宽裕的,当财政向经济建设领域倾斜时,天平的另一端即社会性支出便会严重不足。于是政府职责旁落,不仅使公众对政府部门的合法性和合理性产生怀疑,更为严重的是,公共服务的不足势必影响到私人部门经济的发展,甚至危及社会的稳定。② 于是,公共性成为政府财政之存在及其管理是否正当的重要理据。学界认为,公共性着重于参与机制和公众基于该机制参与公共活动的过程,唯当"公"或者"公意"是在这种参与中得以达成时才具有公共性,公共性兼为经济社会建设的目标及其实现的重要条件。③ 在此层面上,公共性既是财政和财政监督正当性的法理基础,又是财政监督的运行指引和具

---

① 关于公共哲学及其中国实践,参见袁祖社:《"公共哲学"与当代中国的公共性社会实践》,载《中国社会科学》2007年第3期。
② 参见庄序莹主编:《公共管理学》(第二版),复旦大学出版社2012年版,第173页。
③ 参见李友梅、肖瑛、黄晓春:《当代中国社会建设的公共性困境及其超越》,载《中国社会科学》2012年第4期。

体途径。

2. 权力性：财政监督的表现形式

福家俊朗、室井力等日本学者曾归纳和梳理学界的通常观点：财政作用的目的在于为行政作用提供财源上的依据，本质上并无独立存在之价值；财政作用只不过是一种技术性、机械性的资金提供作用，因而财政作用亦只是一种完全从属于行政作用的"附属作用"或"前提作用"，而仅是具有"非权力的给付性格"。① 也即是说，财政本身不具有权力性特质，而最多是一种工具性财务方式而已。不过，也有观点认为，以上分析仅是从法技术学的角度展开探讨，在法机能上，随着行政职能之扩大化而随之而导致财政规模的扩大，隐藏在非权力之法形式的背后，根源自该等机能之权力性并具体以反证样态之形式日益彰显。诸如，人民享受行政给付多寡与公平、公债在代际负担的分配、中央对地方财政转移支付的体量和结构等，皆成为分析财政作用权力性的重要议题。现代以降，财政行为日益具有权力性，其主要理由如下：其一，伴随国家义务不断扩大，财政资源分配积极深入到行政行为中；其二，租税征收中的应益课税现象日益普遍；其三，现代国家成为最大消费者并通过财政手段日益频繁影响经济社会生活。② 由于财政规模日趋庞大，收支管理的时空跨度和难度骤增，因此财政监督作为约束和控制财政行为的重要环节和机制，也不再是单纯的行政内部事项。随着现代国家财政规模的膨胀，财政权在一定程度上成为最需要制约和监督的行政权，并日渐有学者提出财政法定原则的观点，倡导财政法定的范围应当相应地扩张。财政法定原则要求财政基本事项由法律加以规定，其实质应从财政权法治化的高度加以把握。③ 在此基础上，公共财政监督的权力性则显得更为明显：一方面，监督权力本身具有权力性；被监督的财政权亦同时具有权力性。

3. 制衡性：财政监督的实质内核

传统观念认为，财政监督的根本目标是确保财政政策落实到位，确保党

---

① 参见蔡茂寅：《财政作用之权力性与公共性——兼论建立财政法学之必要性》，载台湾《台大法学论丛》1996年第4期。

② 同上。

③ 参见刘剑文：《论财政法定原则——一种权力法治化的现代探索》，载《法学家》2014年第4期。

和国家的大政方针得到全面贯彻,这是财政监督的灵魂。财政监督的具体目标是完善财政管理,促进财政改革,维护财经秩序,服务科学发展。作为财政管理的有机组成部分,财政监督是财政监督专职机构和财政业务管理机构的共同职责。为了使财政监督工作发挥更大的作用,产生宏观效应、规模效应、震动效应、规范效应和管理效应,财政监督工作必须遵循依法监督、科学监督和规范监督三个重要原则。[①] 以上论点虽然从形式上把握住了财政监督的形式特征,但并未涉及现代语境下公共财政监督的宪法本质。在民主法治视角下,宪法的核心在于分权与制衡,而分权的目的则在于制衡。宪法意义上的财政是国家为履行其公共职能而取得、管理和使用财产过程中形成的国家与公民之间的相互关系;而宪法的功能则是在公共财产与私人财产之间划定界限,防范前者对后者的任意掠取和无度征收。[②] 财政立宪的目的就是确保国家公权力的治理能力及其正确行使,并通过宪法对财政权在不同国家机关之间、中央与地方之间进行合理配置。可以说,立法机关对政府财政预算决算的审议批准制度,是现代宪法国家生活中权力制约制度体系的基石与核心。这一制衡制度推动了民主宪法国家的生成和发展,也同时推动了民主财政模式的建立。[③]

(三) 功能面向:预算、税收与央地财政关系

中国改革开放四十余年的公共财政改革和发展历程表明,中国目前正处于走向现代财政国家的进程中,面临着从整体性和全局性视角规范预算管理制度、从贯彻税收法定原则视角规范财政收入、从全面深化改革视角协调中央和地方政府间财政关系等一系列重大改革任务,在此背景下,健全的公共财政监督机制可以成为上述一系列改革的推动力和确保实现财税法治的重要保障。近年来,我国财政改革的步伐和力度进一步加大,财政监督在保证财政改革的顺利推进、保障财政政策的有效落实、提高财政管理水平等方面发挥了重要作用。与此同时,"现代财税法的调整,不仅要保障国家参与社会产

[①] 参见贺邦靖主编:《中国财政监督》,经济科学出版社2008年版,第5—10页。
[②] 参见王世涛:《财政宪法学研究》,法律出版社2012年版,第51—52页。
[③] 参见文炳勋:《公共财政的宪治基础:人大财政监督制度的改进与完善》,载《财政研究》2006年第4期。

品的分配，还要通过宏观调控，发挥再分配的功用，保障经济公平和社会公平，从而实现其调整目标"。① 公共财政监督除了在直接约束层面上规范和制约政府财政行为，而且还需要在间接促导方面调节收入分配和促进社会公平正义。根据中央部署，未来一段时期，财政体制改革将重点推进三个方面：一是改进预算管理制度，强化预算约束、规范政府行为、实现有效监督；二是深化税收制度，优化税制结构、完善税收功能、稳定宏观税负、推进依法治税；三是调整中央和地方政府间财政关系，保持中央和地方收入格局大体稳定的前提下，进一步理顺中央和地方收入划分，合理划分政府间事权和支出责任。与此相对应，公共财政监督的功能也将围绕这三个方面展开和优化。

1. 预算管理：监督更多转向支出预算和政策

党的十八届三中全会《决定》在论及"改进预算管理制度"时提出要"实施全面规范、公开透明的预算制度"。并进一步指出，"审核的重点由平衡状态、赤字规模向支出预算和政策拓展"。② 预算制度改革涉及方方面面，是公共财政监督的重中之重，也是中国财税体制改革的深水区。囿于特定经济社会发展阶段和法治水平，此前的预算监督往往注重在收支平衡和赤字问题上，没有进一步深入到支出本身的正当性。不过，对于收支平衡的理解也开始过渡到整体平衡理念上，预算平衡规范体系的核心条款在性质上属于"促进型法"的范畴，只要财政赤字规模保持最小化，就能够判断财政是健全的、预算是平衡的。③

2014年8月，有"经济宪法"之称的《预算法》完成了自1994年来的首次大修。第十二届全国人大常委会第十次会议审议通过了《关于修改〈中华人民共和国预算法〉的决定》，经国家主席当日签署后，自2015年1月1日起施行。至此，《预算法》的修改迈出了重要一步。此次《预算法》的修改涉及建立透明预算制度、完善政府预算体系、改进年度预算控制方式、完善转移支付制度、加强预算执行管理、规范地方政府债务管理以及全面规范税收优惠政策等多个方面的内容，从立法理念到技术规则进行了较大幅度的调整。当前和以后一段时期，公共财政监督的重担将放在《预算法》的贯彻

---

① 张守文：《分配结构的财税法调整》，载《中国法学》2011年第5期。
② 《中共中央关于全面深化改革若干重大问题的决定》，人民出版社2013年版，第19页。
③ 参见叶姗：《法律促进预算平衡之基本原理研究》，载《现代法学》2010年第5期。

执行上，进一步加强人大对政府全口径预算决算审查监督权，并将监督重点适时转移到支出预算和政策上来。①

2. 税收制度：监督更多转向统一公平的税制建设

按照党的十八届三中全会《决定》的精神，建设有利于科学发展、社会公平、市场统一的税收制度体系是完善税收制度的主要目标和重点方向。在未来一段时间，税制改革的重点包括如下若干方面：一是进一步推动增值税改革；二是调整消费税征收范围、税率和征收环节；三是加快房地产税立法，适时推进相关改革；四是具体落实个人所得税改革和修法的成果，并完善细化专项扣除等个税具体制度；五是加快资源税改革；六是保持宏观税负基本稳定；七是加强对税收优惠特别是区域税收优惠政策的规范管理。

在完善税收制度的进程中，公共财政监督应当承担如下功能：一是监督税收法定原则的贯彻实施，预防和控制政府超越法律规定或在没有法律规定情形下自行决定税收事项，侵犯纳税人权利，损害政府的公信力。特别是对于税收优惠政策而言，其政策来源依据一律应是专门的税收法律法规规定，各地方政府不得随意出台税收优惠政策，也不得通过财政补贴的方式进行任何形式的税收返还。二是监督税制改革的实施进程。税制改革牵涉方方面面，虽然财税体制改革属于顶层设计的范围，但各部门和各地方在实际推进过程中需要一定的时间，其中的过程仍需要进行必要的监督。三是监督各税种改革措施的落实进展情况。在近几年推进的若干税种税制的改革和立法过程中，各部门、各地方应当按照中央和财税主管部门规定的时间节点按时完成，不得随意拖延，影响到整体税制改革的效果。

3. 央地关系：理顺财政事权与支出责任的适应性

按照党的十八届三中全会《决定》的精神，处理中央和地方政府间财政关系的关键安排是建立事权与支出责任相适应的财政制度。国务院于2016年8月印发《关于推进中央与地方财政事权和支出责任划分改革的指导意见》，对推进中央与地方财政事权和支出责任划分改革作出部署，后续又相继出台

---

① 在改进预算管理和深化财政监督的具体举措方面，还包括：(1) 改进年度预算控制方式，建立跨年度预算平衡机制；(2) 清理规范重点支出同财政收支增幅或生产总值挂钩事项；(3) 完善一般性转移支付增长机制，清理、整合、规范专项转移支付项目；(4) 建立规范合理的中央和地方政府债务管理及风险预警机制。

教育、医疗卫生等事项的财政事权和支出责任分配方案。这项改革的要点有三：其一，合理划分财政事权和支出责任。在转变政府职能，合理界定政府与市场作用边界基础上，充分考虑公共事项的受益范围、外部性、信息对称性和效率原则，合理划分中央地方财政事权与支出责任。其二，在公共事务承担上适度加强中央事权，并界定中央与地方共同事权。明确区域性公共服务为地方财政事权，并相应调整中央和地方的支出责任。其三，保持现有中央和地方财力格局总体稳定。结合税制改革并考虑税种属性，进一步理顺中央和地方收入划分。纵观世界各国，中央与地方财税体制的形态与国家的传统、民情紧密相关。不同程度的财权分权并没有绝对的好坏之分，关键在于是否做到财权与财政事权相匹配、财政事权与支出责任相适应。①

所谓"财权"，就是各级政府筹集财政资金的权力。而"财政事权"，就是各级政府所承担的财政支出责任。究其实质，财权是一种权力，而财政事权是一种义务和责任，赋予政府事权是为有效保障公民基本权利的实现。② 财权与财政事权相匹配，就是要求财政权利和义务、责任在中央与地方之间合理配置。在我国中央与地方财税改革过程中，财权与财政事权相匹配应当成为指导原则。与之相对应，公共财政监督的职能则体现在：一是在合法、合理划分财权前提下，保障财权的贯彻落实和正确使用，进一步强化预算约束功能；二是在科学、规范配置财政事权前提下，监督财政事权和民生事项按照层级和位阶及时安排实施；三是规范财权的纵向配置，监督和优化转移支付过程中的各种不规范情况。

(四) 效用发掘：成本节约与制度发现

1. 公共财政监督的成本节约效用

财政监督法律制度作为一种财政行为，既有其外在必要性，也有其内在必要性。一方面，财政监督首先约束政府人员主要是财政人员的行为，要求其严格按程序和规章制度办事。其次财政监督约束和监督财政资金的支出、使用、管理及其效益。这两方面都保障了具体财政行为本身按照规定运行，

---

① 参见楼继伟：《中国政府间财政关系再思考》，中国财政经济出版社2013年版，第43—58页。
② 参见刘剑文、侯卓：《事权划分法治化的中国路径》，载《中国社会科学》2017年第2期。

不会脱离其预定轨道和预期目的。这主要是从财政监督的外在作用方面说明它存在的必要性。另一方面，即使财政运行没有脱离其预期目的，在实际的操作中，财政资金的效益往往是很难估量的，财政人员在按程序或按规定用途分配资金之后，财政目的是否达到还要考量。财政监督制度为了评估其运作效果，提供了效益考察的可行性方式，其本身对财政的效果作出合理评估。这是财政监督作为财政行为的内在一部分存在的内在性。进言之，财政制度运行要耗费人力、物力和财力，它们的总合构成财政制度的成本，其中包括决策成本、组织成本、监督成本以及服从成本。财政监督的直接效用之一，就是通过规范财政程序，约束财政人员行为及分析财政资金效益，降低财政制度的成本，使其净收益最大化。

2. 公共财政监督的制度发现效用

财政监督具有发现新制度的功能，这是由于一旦财政监督的边际成本过高，长时间超过了财政制度的边际成本，就说明财政制度存在严重缺陷，需要向更加合理的制度变迁，比如当预算外行为冲击预算内时，在特定时期里以"三查"为主要措施的财政监督的成本也是巨大的，甚至难以为继。这样才有了后来的综合财政制度。一旦当某一行为突破了固定财政监督的界限时，就必须进行制度创新，将制度外行为和现象纳入稳定的财政监督之中。可以说，没有财政监督的发现功能，就没有财政制度的合理变迁。在建立公共财政制度的过程中，财政监督的这种发现功能也很明显，公共财政与原来计划财政比较起来，收入范畴和支出范围、结构都有显著变化。公共财政范围更广了，财政监督范围也会扩大，但是财政监督成本必须维持在原来的水平，公共财政制度的净收益才会有所提高。这就要求财政监督的方式和重点发生变化，同时对于公共财政的格局变化又有作用，也就是发现更合理公共财政制度的作用。

三、公共财政监督的模式选择与机构设置

财政民主化是民生财政和公共财政建设的重要内容，财政民主化程度可以通过公民知情权、参与权、决策权和监督权等权利的行使情况来衡量。其中，知情权、参与权和决策权反映了民主财政的主要内容，而监督权则体现

在民主财政的运行过程中。财政监督可以分为内部监督和外部监督。内部监督是指公共部门内部对财政运作的监督,外部监督是指公共部门之外各种主体对财政事务的监督。监督权反映财政活动和过程是否得到监督,以及在多大程度上得到有效监督。公民对财政活动和过程进行监督,可以是对财政事务发表意见,也可以是对财政违法违规案件进行举报。[①] 公共财政监督机构的设置,实际上与财政民主化程度紧密相关,特别是由代表民意的议会主导公共财政监督全过程已经成为主流。综观域外财政监督制度,多数国家和地区以立法型为主,其次就是司法型或准司法型。这三种监督模式的共同特点是,都保证了财政监督机构相对于被监督者有较强的独立性。法治发达国家的财政监督机构和人员,无论是财政监察专员还是公共会计,都注重做到权力法定、责任明确,使监督机构有很强的法律支撑,在开展工作中处于独立和强势地位,有利于对财政监督对象实施有效监督。同时,诸如法国等国家还加强对财政监督机构和人员的再监督。[②] 未来中国的公共财政监督模式选择和机构设置,应坚持将普适原理、一般经验与本土语境相结合的原则,因地制宜并更好地适应财税体制改革和法治国家建设的客观需要。

(一) 模式选择:立法、行政与司法

根据有关国际组织的统计,目前世界上有160多个国家已建立财政监督机关或承担财政监督职能的特定机构,进行公共财政监督。由于各国和各地区政治、社会、经济、历史和文化等存在差异,在实践中形成了不同的财政监督类型,国外专家在早期曾经按照族名、语系、地域和经济体制等因素来进行分类,分为六种:一是盎格鲁撒克逊式。包括英国、美国、爱尔兰和受英国传统影响的部分非洲国家。二是拉丁式。包括法国、意大利、比利时和西班牙。三是日耳曼式。包括德国和奥地利。四是斯堪的纳维亚式。五是拉美式。六是集中民主和集中经济国家式。这种分类方法虽存在历史演进方面的分类性,在财政监督传统变迁特征展示方面具有较高的区别性,但此种分

---

① 参见杨志勇、杨之刚:《中国财政制度改革30年》,格致出版社、上海人民出版社2008年版,第214—215页。
② 参见马向荣:《公共财政体制下的财政监督研究》,西南财经大学2008年博士学位论文,第96—98页。

类方法也有着非常明显缺陷：一是标准不统一；二是多种因素混淆；三是概括性不强；四是特征不突出。① 相对而言，以财政监督机构的隶属关系及其性质定位为标准，对财政监督模式进行分类比较清楚，也简单明了。根据此一标准，可以将财政监督机关分为三大类：一是立法监督，其财政监督由议会主导；二是行政监督，其财政监督由政府主导；三是司法监督，其财政监督由法院主导。另外，学界还存在一种独立型财政监督机制的归纳，其财政监督由专门的审计院或检察院来主导②，但从监督机构的权力属性和运作过程而言，具有准司法的特征，可以简易归类于司法型监督模式。

1. 立法监督：财政监督的议会主导

立法型的财政监督模式，是指以立法机关对政府财政活动进行监督为主导的财政监督，其财政监督过程由议会主导。立法型财政监督最早产生于英国，是现代财政监督模式的主流模式，美国、加拿大、澳大利亚、新西兰、埃及、以色列等都属于这一类。在英国，议会掌握着国家财政预算的最高控制监督权，对预算的编制、执行和决算进行全程控制；在美国和加拿大，财政监督权也主要掌握在国会手中，财政监督有比较详细的法律依据和非常规范的程序安排。立法型财政监督的特点是：第一，建立了立法型财政监督制度的国家，一般都有比较完善的立法机构和立法程序，能够有效保证财政监督机构的职能得到妥适发挥；第二，立法型财政监督的监督机构隶属于议会，其主要功能是协助议会对政府行政部门进行监督，向议会提供信息，并在一定程度上影响其议会的决策；第三，财政监督机构相对于行政机构有很强的独立性，财政监督机构的职责和权限都有法律保证，具有很强的权威性。立法型财政监督范围涉及国家政治经济生活的各个方面，在国家大量干预社会经济活动的当代社会，立法型财政监督具有突出的民主制约功能。③ 相较而言，立法型财政监督模式的监督权威性和法律位阶较高，受到政府及其他方面的干预和影响较少。需要说明的是，在实行此种财政监督模式的国家和地

---

① 参见项俊波、文硕、曹大宽、王雄编著：《审计史》，中国审计出版社1990年版，第359页。
② 独立型监督模式既不同于立法和行政监督，也不同于司法监督，如德国的联邦审计院和日本的会计检察院模式。从权力属性而言，独立型财政监督机构具有高度的独立性，除了向议会和政府提交审计报告，无需对议会和政府负责，只服从于法律。
③ 参见李学柔、秦荣生主编：《国际审计》，中国时代经济出版社2002年版，第157页。

区，除了议会对国家财政实施监督外，政府本身亦会对自身及其部门实施财政监督，只是前者居于主体地位、后者居于辅助地位而已。

2. 行政监督：财政监督的政府主导

行政型财政监督模式，是指以行政机关对政府财政活动进行内部监督为主导的财政监督模式，其监督过程由政府自身主导。行政型财政监督机构隶属于政府，或者隶属于某一具体的行政部门。实行社会主义和计划经济模式的苏联和东欧一些国家，为行政型财政监督典型代表。我国目前也属于这种模式，以财政部和审计署的财政监督作为具体负责机关，此种财政监督的显著特点是财政监督职能与行政机构的其他职能相结合。苏联解体后，东欧国家现在多已转型为立法型财政监督。当然，也有一种更广义的对行政监督的界定方式，即对以政府财政部门监督为主导的财政监督亦归类于行政监督型模式。以法国为例，其财政监督体系非常完备，各监督主体之间分工明确，协调配合。其中，议会进行宏观监督，财政部门进行日常业务监督，审计法院进行高层次的事后监督。法国财政部门在财政收支管理过程中负有重要的监督职责，并通过财政监察专员、公共会计、财政总监和税务稽查等体系诉诸实施，贯穿于预算收支的全过程，在财政管理中发挥着重要作用。[①] 但总体上看，法国的财政监督体系仍以行政监督为主，独立的审计监督为辅。职能强大、机构庞大的财政监察官系统和财政支付系统在财政事务进行过程中确保了财政预算的严格执行和财政资金的安全运行。[②] 法国财政部门对预算收支的监督贯穿于资金运行的全过程，具有监督层次多样、监督管理同步和监督执法严格等特征，在国家财政管理和经济社会管理中发挥着重要作用。[③]

3. 司法监督：财政监督的法院主导

司法型的财政监督模式，是指以司法机关对政府财政活动进行监督为主导的财政监督，其财政监督过程由法院或准司法机关主导。这种财政监督模式的突出特点是：议会只是对国家财政实施宏观监督，具有司法性质的审计

[①] 参见王银梅：《法国财政监督的基本情况及启示》，载《财政监督》2005年第10期。

[②] 参见河北省财政厅课题组、齐守印等：《构建现代公共财政体系——基本框架、主要任务和实现路径》，中国财政经济出版社2012年版，第251页。

[③] 参见法中公共财政监督研讨会中方代表团：《法国财政部门实施全过程监督的做法及其借鉴》，载《中国财政》2007年第2期。

机关对财政监督具有较大的职权，财政部门虽然设有执行财政监督的专门机构，但缺乏足够的法律地位。[①] 司法型财政监督机构有权直接对违反财经法规的人和事进行处理、处罚，属于这一类型的国家有法国、意大利、葡萄牙、西班牙等。司法型财政监督具有以下特点：第一，财政监督机构属于司法系列或具有司法性质。这种形式的财政监督权威性很强，以法律形式强化财政监督，财政监督机构有较强的独立性。第二，财政监督机构具有显著的稳定性。这种形式下，财政监督官员实行终身制，特别是高级法官，其目的是保证财政监督机构的稳定性和监督方针、政策的一贯性，并寄希望于避免在政治或者战争动乱年代可能出现的报复行为，以及保证财政监督官员的人员素质和工作质量。第三，司法型财政监督为议会提供的服务具有微观特征。由于司法型财政监督机构同时负有一定的司法职能和司法权力，需要根据经济责任的履行情况，奖励或者惩罚有关政府官员或其他责任人，因而它提供给议会的服务较为细致具体。第四，司法型财政监督机构不实行准则管理而实行制度管理，它与财政、公共会计同属于公共财务制度。[②] 采用司法型财政监督体系，具有立法与司法分立，充分发挥审计监督职能的优点，但仍应加强与行政监督的协调和配合，否则会导致监督效能的下降。

（二）机构设置：如何理解客观性？

财政监督机构如何设置，是公共财政监督法律制度中非常重要的组成内容。各国和各地区也都有其适合本国或本地区的机构设置和体制安排，并在此后的经济发展和社会变迁中不断加以优化和调整。在财政法上，公共财政监督的机构设置问题也就是财政监督主体的安排确定。在财政监督主体方面，权力机关、行政机关和司法机关是最主要的财政监督主体，与各国、各地区的财政监督模式相对应。其中，对司法机关的理解是从广义的角度来展开，审计法院等类似司法机关在功能上其实也可以作为国家审计机关，但其与作为行政机关组成部门的审计机关又有所不同，具有独立性且只需对法律负责。至于政党监督、媒体监督和社会监督，虽然从形式上也能作为监督主体而存

---

① 参见河北省财政厅课题组、齐守印等：《构建现代公共财政体系——基本框架、主要任务和实现路径》，中国财政经济出版社2012年版，第251页。

② 参见李学柔、秦荣生：《国际审计》，中国时代经济出版社2002年版，158页。

在，但实际上其实施监督的过程仍需要通过上述立法、行政和司法三大机关来具体执行。此外，行政机关和"公家单位"的会计机构和人员也负有一定的财政监督职能，但此种监督主要是一种内部监督，尚不构成法律意义上具有类型化特点的监督形态。但无论是立法监督、行政监督还是司法监督，都特别注重监督机构的两大特征：一是独立性。也即，财政监督机关的工作非常具体，是对政府财政事项和运行过程进行监督，而现代社会下的政府又几乎是无所不包的全能政府，若不具有法律上的独立性，会导致监督机构受到各种影响和压力，导致监督的低效率甚至是无效率。二是专业性。监督机构的首长及其工作人员均应是法律、财税和审计等专业背景出身，否则无法适应审计工作的繁杂性、专门性和事务性的特点，也无法使得财政监督达到理想的专业水准。

1. 立法与行政：选择的平衡点？

在宪法理论中，立法与行政的关系历来非常重要，亦是宪法学者研究的热点议题。就公共财政监督而言，采取立法监督还是行政监督的模式，关键取决于该国或该地区的政治文化历史条件和经济社会发展水平。但从世界范围的财政监督模式来看，立法监督仍然是公共财政监督的主流模式。就中国语境而言，从法律文本理解的角度，《宪法》规定全国人大是我国的最高权力机关，既享有对基本事项的立法权，又享有监督行政机关、审判机关和检察机关的权力。"根本大法"赋予的双重职能奠定了全国人大的宪法品质，也决定了其"一体两翼"的工作目标。要想掌控国家的"钱袋子"，财政监督过程中最为核心的权力无疑是人大的预算监督权，即在预算案的形成、审批和执行的全过程中，人大作为国家权力机关进行监管和督察的权力。[①] 但是，就中国当前的财政监督实际格局来看，人大监督并未达到其应有的水平。随着预算改革的推进，人大预算监督已经开始从原来的程序性监督逐渐迈向实质性监督，但是地方人大的预算监督仍然面临许多挑战。[②] 在预算实践中，基层政府自上而下地向所管辖区域中的下属组织和个人索取资源的行为而形成"预算逆向软预算约束"，如以诱导下级政府配套资金为目的的"钓鱼工程"

---

① 参见刘剑文主编：《民主视野下的财政法治》，北京大学出版社2006年版，第186页。
② 参见林慕华、马骏：《中国地方人民代表大会预算监督研究》，载《中国社会科学》2012年第6期。

等，造成预算制度的失效和扭曲。① 构建中国语境下的公共财政监督体系，重要的是寻求立法与行政的平衡点，逐渐由行政监督转换为立法监督为主，突出人大在财政监督体系中的主导作用。

2. 地位与职责：客观性的检讨？

美国是立法型财政监督的主要代表国家之一，由其联邦预算法律的构造和演变，可以得出美国实现预算法治的两个前置性条件：一是宪法统摄下的预算，二是国会对行政的限制。在这之后，政府才能通过一套正式规则和制度实现法治。② 以1921年《预算与会计法》的通过为标志，美国联邦政府建立了行政预算体制。③ 美国预算审查监督制度的基本特点是：国会下设三个委员会负责预算审查监督，由隶属于总统的管理与预算办公室、隶属于国会的预算局以及会计总署具体办理相关的审查事项。预算审查批准的程序比较复杂，其监督方法强调纳税人的广泛参与。事实上，从美国的立法过程来看，国会议员不仅有权削减或修正总统提出的预算案，还有权增加拨款额。通常情况下，国会议员会特别考虑本选区利益，此种政治过程又称为"肉桶法则"（pork barrel），而国会议员基于选区利益考虑而进行投票权交换又被称为"滚木互助立法"（log rolling），此两种情形的出现都以拨款委员会议员的政治选择而定，呈现多元调和的态势。④ 就中国语境下的公共财政监督法律制度而言，应当渐进确立人大主导下的财政监督体制，下设专门的审计机构，来对政府财政行为作出全面、系统和细致的审计和监督。此种地位和职责的安排，其合法性依据在于政府在财政权行使过程中对宪法和行政法的遵循和服从，

---

① 参见周雪光：《逆向软预算约束：一个政府行为的组织分析》，载《中国社会科学》2005年第2期。

② 参见陈立齐：《美国联邦预算法律：构造、演变及对中国的启示》，载牛美丽、马蔡琛主编：《构建中国公共预算法律框架》，中央编译出版社2012年版，第267—298页。

③ 1974年，国会《预算改革法案》通过，该法案限制了总统在预算上的一些自由裁量权并加强了国会检查政府进行预测和经济调控的能力。1985年，国会通过了《格拉姆—拉德曼—霍林斯法案》来控制预算赤字。此后，该法案又被1990年《预算执行法》取代，以进一步强化预算平衡标准。1996年，国会通过了分项否决法案，赋予总统分项否决的权力。不过，随后这一权力又被宣布违宪。此后，预算权力常常围绕党派路线在国会和总统间更加平等的分配，这使得双方经常进行预算协商。参见〔美〕爱伦·鲁宾：《公共预算中的政治：收入与支出，借贷与平衡》，叶丽娟、马骏等译，中国人民大学出版社2001年版，第116页。

④ 参见杨志恒：《预算政治学的构筑》，台湾财团法人张荣发基金会"国家政策研究中心"1991年版，第180—181页。

其正当性依据则在于人大依法定程序之民主要求对政府财政权的行使作出授权和确认。

3. 人大监督：法治中国的宪法基础

人大监督是指人民代表大会及其常委会根据《宪法》《预算法》等法律法规的规定，对政府编制和执行预算以及其他财经政策的执行而进行的监督。人大及其常委会的财政监督权力是由《宪法》授予的，主要包括：审查和批准财政预算草案以及财政预算执行情况的报告；审查和批准财政预算在执行过程中所作的部分调整方案；对财政预决算情况进行监督；等等。加强和完善人大财政监督法律制度，是切实推动宪法中有关人大监督职权条文实施的重要举措，也是宪法建设与民主政治发展的客观要求。与立法职能的行使现状相比，人大的财政监督权显得较为薄弱，预算审批权未能充分、完整地行使，预算权横向配置不够合理。民主社会、法治国家的构建不是仅靠书面的法律文件就能自动实现的，面对现实中的种种情形，只有切实发挥人大的监督权，才能为公共财政的有序运作保驾护航。① 结合中国的具体语境，未来的人大实施财政监督的完善，应遵循如下的路径：其一，完善人大财政监督制度的基础在于按照民主立宪的原则明确人大与政府财政权力的分配与制衡，规范人大财政监督的职能、程序与运作机制，确保人大财政监督的法治化；其二，完善人大财政监督制度的关键在于解决人大财政监督权力的虚置问题，切实解决人大如何审查预算的问题，充分发挥人大财政监督权的功效；其三，完善人大财政监督制度的重点是国家财政预算、决算的审查与批准，保证国家预算的民主性、严肃性和权威性。②

四、财政监督的覆盖范围与内容构成

关于财政透明度，最常用的是 1998 年乔治·考皮兹（George Kopits）和乔恩·克雷格（Jon D. Craig）给出的定义："财政透明度是指向公众公布政

---

① 参见刘剑文：《财税法治的破局与立势——一种以关系平衡为核心的治国之路》，载《清华法学》2013 年第 5 期。

② 参见文炳勋：《公共财政的宪治基础：人大财政监督制度的改进与完善》，载《财政研究》2006 年第 4 期。

府结构与职能、财政政策意图、公共部门账户和财政计划的公开度。它涉及可以迅速得到可靠的、综合的、及时的、易于理解的、国际可比较的政府活动,选民和金融市场可以准确评估政府的财务状况、政府活动的真实成本和收益,包括它们现在和未来的经济和社会含义(social implication)。"国际货币基金组织(IMF)就采用了此一定义。① 目前,我国财政监督制度涵盖了财政预算、财政收支管理、国有权益管理、会计监管、财政内部管理等各个方面。根据不同的分类标准,财政监督制度可以有不同的分类。首先,按照财政监督业务流程,财政监督制度可以分为财政监督立法制度、财政监督检查制度、财政监督处理处罚制度。其中,财政监督立法制度是由权力机关制定的财政监督执法依据,表现为财政法律、行政法规和规章制度等形式;财政监督检查制度是对财政日常监管和监督检查工作程序的法律规范;财政监督处理处罚制度是对财政行政处罚工作程序的法律规范。其次,按照财政监督规范和控制的对象不同,财政监督制度可以分为财政收入监督制度、财政支出监督制度、会计监督制度、国有资产监督制度、财政内部监督制度、财政监督工作程序制度和地方性财政监督制度等。最后,按照不同的法律层次,财政监督制度可以分为法律层次的财政监督制度、行政法规层次的财政监督制度和规章层次的财政监督制度。②

(一) 覆盖范围:横向口径与纵向流程

长期以来,中国的公共财政监督关注的焦点主要集中在两个方面:一是现有政府收入支出未能全部纳入预算管理的口径,二是即便是已经纳入预算管理的政府收支仍未受到严格的法律监督和预算控制。这种情况的存在,也是与中国的特定国情和政府的财政困境密切相关的。政府没有足够的可支配收入,必然会影响到国家职能的充分发挥。长期以来,政府机构的正常运转在很大程度上依靠预算外收入和制度外收入。但是依靠预算外和制度外收入来保证政府机构的正常运转,显然对政府是不利的,也违背法治精神。预算外资金早在新中国成立之初就已经存在,且在整个计划经济时代总体规模并

---

① 参见杨志勇、杨之刚:《中国财政制度改革30年》,格致出版社、上海人民出版社2008年版,第147—149页。

② 参见贺邦靖主编:《中国财政监督制度》,经济科学出版社2008年版,第5—6页。

不大。相对于统收统支的财政体制而言，预算外资金调动了地方、部门和企事业单位的积极性。改革开放初期，以放权让利为特征的财政体制直接导致了预算外资金的规模，并在以后的沿革发展中有逐渐增大的趋势。以 2015 年 1 月 1 日起施行的新《预算法》为契机，加强人大对政府全口径预决算的审查监督的新提法开始引导新一轮财税体制改革的新步伐，也为公共财政监督提供了良好的理念指引、制度基础和法律环境。从公共财政监督的覆盖范围而言，可以大致区分为横向口径和纵向流程两个部分。其一，横向口径是指哪些政府部门和哪些政府部门收支及行为需要纳入财政监督的范围，涉及公共财政监督和预算管理的空间口径问题；其二，纵向流程是指对财政行为和活动的监督的时序区间，从哪一个时点开始，到哪一个时点结束，涉及公共财政监督的时序流程问题。

1. 立体覆盖：三维视角下的监督范围

近些年来，中国财政监督力度有所增强，在预算执行情况检查、小金库清理、预算外资金收支清查、收支两条线等方面做了大量取得实效的工作，但财政监督的广度和深度仍然不够，其覆盖范围仍不能适应财政经济发展和法治国家建设的需要。在未来一段时间，公共财政监督的范围需要进一步拓展至所有与政府有关的财政资金和财政活动。在实践中，受财政监督职责权限等因素的影响，财政监督工作主要是针对财经领域中的某些突出问题进行专项检查治理，这在当时的形势背景下，无疑是十分必要的。但从总体上看，财政监督的方式方法比较单一，也不尽规范。从方式上看，表现为专项性和突击性检查多，日常监督少；从监督环节上看，表现为集中性和非连续性的事后检查多，事前、事中监督少；从监督内容看，表现为对公共收入检查多，对公共支出监督少，对某一事项检查多，全方位的、动态的跟踪监督少。[1] 在未来一段时期，公共财政监督应注重监督范围的进一步拓展，具体包括：一是监督机构更加多元。公共财政监督的机构应包括立法机关和行政机关，在立法机关应设立专门的预算和审计委员会，在政府机关内部应加强政府财政、审计和监察部门的职能。二是监督层次更加复合。应建构财政收入、财政支出和财政管理三方面全面、系统、协调的公共财政监督体系，并根据经济社

---

[1] 参见苏明：《我国公共财政监督问题研究》，载《财政监督》2008 年第 8 期。

会发展具体情况进行偏重分布。三是监督内容更加全面。公共财政监督的内容既包括对财政资金的运行和分配进行全环节和全流程的监督，也包括针对行政机关、国家公务员以及行政机关任命的其他人员的履行政府职能进行监察。

2. 横向口径：政府全部收支纳入监督

在公共财政监督涉及的横向口径中，越来越多的观点支持应将政府全部收支情况纳入预算控制的范畴。财政业务管理机构主要包括预算管理机构、国库管理机构和会计管理机构。中央财政业务管理机构和地方财政业务管理机构分别在财政部和地方政府财政部门中设立，其监督职责存在一定的差异。概括起来，财政业务管理机构承担的职责主要包括：对财政税收、财务会计法规制度执行情况进行监督管理；对下级财政预算实施动态监控；对预算编制、执行情况进行监督管理；对转移支付资金进行监督管理，对专项资金进行跟踪问效和绩效评价；指导和监督国库业务，并对国库集中收付进行监督管理；对政府采购制度的执行情况进行监督管理；对行政事业单位资产实施监督管理；对行政事业型收费、政府性基金等非税收支进行监督管理；对会计工作进行监督管理，等等。[①] 财政行政监察是国家行政系统内部由专门监察机关实施的，对行政机关、国家公务员以及行政机关任命的其他人员的履行政府职能、行政执法及廉政、勤政状况进行监督检查的一种职能活动。公共财政监督着重负责查处行政机关的财政财务违法违纪行为，行政监察则注重负责查处个人的财政财务违法违纪行为。在财政监督过程中，若发现个人违法违纪情形应及时移交行政监察机关进一步处理；而在行政监察过程中，对于财政财务违法违纪行为，则往往需要依托财政监督部门开展相应工作。审计监督是指国家审计机关依据《审计法》等法律法规的规定，对被审计单位的财政财务收支及其经济活动的真实性、合法性和效益性进行检查、评价的一种监督活动。

3. 纵向流程：事前、事中和事后监督

公共财政监督作为财政管理活动的一个重要组成部分，具有事前审批评估、事中跟踪监控和事后检查稽核相结合的特征。通过事前对预算编制真实

---

① 参见贺邦靖主编：《中国财政监督》，经济科学出版社2008年版，第12页。

性、科学性和合法性的监督，防范、阻止不合法或低效的预算支出，使有限的财政资金发挥最大的使用效益；通过事中对财政预算收支执行情况和财务制度执行情况的即时跟踪监控，分析、研究监督客体在经济运行中是否存在偏差和问题，及时纠正、有效防止各种违法违纪行为的发生；通过事后对财政预算执行结果的监督检查，评估财政资金的效益，查处各种违法违纪行为，并针对检查中发现的问题，分析成因，提出建设性意见，进一步促进政策完善，促进财政管理水平的不断提高。① 就财政监督和审计监督而言，财政监督具有管理属性，通过监督及时发现和纠正财政运行过程中出现的问题，保证财政分配的可续性、正确性和有效性，是政府保证财政资金安全的一道重要防线。审计监督是一种具有独立性的经济监督活动，需要由专门机构和专职人员独立地进行。正是因为财政监督具有管理属性，所以财政监督主要是通过剖析问题、提出建议和完善管理的方式进行监督；而审计监督制裁性质更强，主要是通过惩戒警示，引起重视，促进管理。财政监督涵盖财政资金运行的全过程，事前审核、事中监控、事后检查三位一体，以事前和事中监督为主，事后监督为辅；而审计监督更为关注的是对财政经济运行结果的监督，以事后监督为主。②

(二) 内容构成：规范性、绩效性、均衡性

公共财政监督的内容变迁是一个动态的历史发展过程，是由财政部门、审计部门以及其他政府部门共同构成的监督体系。在公共财政监督过程中，财政监督的主体由一元机构发展为多元格局，财政监督的范围由具体局部发展成抽象综合，财政监督的内涵从形式上的监督发展成为实质意义上的监督。在公共财政监督中，其他政府部门经济监督，主要是指除审计、财政以外的具有经济监督职责的政府部门，如税务机关、国有资产管理部门、金融监管部门等，依据国家有关法律法规，履行各自经济监管职责的活动。财政监督、审计监督同税务监督、国有资产监管、金融监管等其他政府部门经济监督各有职责分工，共同履行经济调节和市场监管等重要政府职能，共同构成政府

---

① 参见贺邦靖主编：《中国财政监督》，经济科学出版社2008年版，第20—21页。
② 参见同上书，第13—14页。

经济监督体系。更重要的是，在当今中国政府主导公共财政变革、纳税人权利缺失的背景下，重新审视财政监督权的属性与构成，是实现法治中国的题中之义。从内容构成上讲，公共财政监督在三个层面上实施有效的控制和管理。一是规范性，是指政府财政行为和活动遵守法律法规规定，符合法治规范的基本要求。二是绩效性，是指公共财政监督除了对合法性作出评价外，还应对其经济绩效作出评估，确保政府财政权行使符合效率性原则。三是均衡性，是指公共财政监督应对政府财政政策的决策和施行进行正当性评估，确保财政健全和财政均衡，维护经济社会发展整体利益。

1. 公共财政监督的规范性

公共财政监督的规范性，是从公共财政监督的形式要求和实质要求两方面来界定的。从形式要求上讲，公共财政监督应遵循法律法规的规定，在法律法规的框架内进行财政监督，不得超越法律法规规定行使监督权力，也不得消极行使法律法规规定的监督权力；从实质要求上讲，公共财政监督应当符合法律上的正当性原则[①]，不得在法治精神和原则之外行使财政监督权力。在进一步引申的意义上讲，公共财政监督的规范性还包括监督本身应当以存在相关法律法规为前提，且借助这些公共财政监督方面的"良法"，实现公共财政监督的"善治"。公共财政监督执法是由其执法主体所采取的具有法律效力的行为，财政监督的法律依据是完成财政监督检查工作的基础和保证。要履行好财政监督职责，除了以宪法、预算法、财政监督法等基本法律法规作为执法的法律依据之外，还必须有财政监督执法的具体标准和尺度。为此，必须修订和完善现有的已过时或不配套的相关财政法律法规，使其相互衔接、相互配套。当前亟待根据新《预算法》，加快修订《预算法实施条例》，并配合修改完善国家金库管理条例等法律规范。对已经不适用的有关会计、审计、税收等方面的法律法规条款，也应该及时清查、整理，根据不同情况修订完善，避免法律法规之间的掣肘，建立一个相互匹配、协调统一的财政监督法

---

① 正当性（legitimacy），并不仅仅等同于合法性或合法律性（legality），而是更多地指向民众对制度的肯定与认同，关涉到民众对于财税制度的形成与调整中的价值判断。哈贝马斯指出，只有同时具备正当性和合法律性的政治秩序才能称得上公平正义，才能使社会长治久安。参见〔德〕哈贝马斯：《在事实与规范之间：关于法律和民主法治国的商谈理论》，童世骏译，生活·读书·新知三联书店2003年版，第533页。

律法规体系，加大财政监督执法的透明度，提高财政监督质量。①

2. 公共财政监督的绩效性

就中国语境而言，自党的十六届三中全会报告提出要"推进财政体制改革，建立预算支出绩效评价体系"②到党的十八大报告提出"支持和保证人民通过人民代表大会行使国家权力"，"加强对政府全口径预算决算的审查和监督"③，亦能观察执政党在推进政府绩效预算全面化、精细化和法治化上的渐进努力。目前的财政监督制度侧重于合规性监督，对财政资金使用绩效的规范几乎处于空白状态，不符合财政监督的实际需要和发展趋势。由于财政支出具有范围广泛、支出绩效多样性的特点，因此财政支出监督应当既包括可以用货币衡量的经济效益，也包括更多的无法用货币衡量的社会效益和生态效益，而且不同的项目有不同的长短期效益、直接效益和间接效益，显然，传统的财政支出监督无法衡量财政支出的绩效。而财政支出绩效评价的优势就在于综合运用定量指标和定性指标，可以保证评价结果的科学性、公正性。因此，公共财政体制下财政监督的发展方向也应该是向绩效监督发展，即财政监督的重点应由安全性、规范性逐步向有效性转变。目前，各地在开展绩效监督试点工作时，检查通知书中的依据表述为预算法，但实际上2018年修订的《预算法》中仅抽象规定了约束力较弱的绩效评价制度，对于约束力更强的绩效监督机制，则仅仅在《审计法》《审计法实施条例》和《预算法实施条例》中作了原则性规定，但有关财政支出绩效监督的原则、范围、依据、组织管理、对象、内容和方法、工作程序、结果运用以及指标体系的设立原则等都没有相应的法律规定，导致绩效监督工作缺乏法律约束与制度保障。

3. 公共财政监督的均衡性

公共财政监督的均衡性是指财政监督本身应注意制度本身的科学性以及对实践指导的妥适性。具体而言，公共财政监督的均衡性涉及三个方面：一是财政监督方法的有效性和合规性；二是财政监督规则的普适性和本地性，三是财政监督结果的公平性和效益性。公共财政监督的效益性要求一般是将

---

① 参见李兰英：《论构建财政监督创新机制》，载《中央财经大学学报》2005年第8期。
② 参见《中共中央关于完善社会主义市场经济体制若干问题的决定》，人民出版社2003年版。
③ 胡锦涛：《坚定不移沿着中国特色社会主义道路前进，为全面建成小康社会而奋斗——在中国共产党第十八次全国代表大会上的报告》，人民出版社2012年版。

重点放在提升受监督部门单位使用财政资金的效益上,财政监督实施机构本身及其监督机制运作本身效率的高低,也应是公共财政监督的重要考评方面和监督效果的重要保障基础。意欲全面提高财政监督不同层面的效益,一方面,就是对于通过财政监督而发现和检查出来的在财政资金使用上的具体问题,在要求相关部门单位尽最大可能加以整改的同时,对相关机构和个人追究相关法律责任;另一方面,要想财政监督效益能够长效和可持续性地实现和保持,则需要进行一系列法律制度的完善:一是主导财政资金运行的实体法律制度系统要尽可能协调一致、与时俱进,并且要使落实到部门、单位及负责人的相应绩效考评制度切实运行;二是在赋予主要财政监督实施主体以配套的、必要的处置、惩戒权限的同时,又要依靠特定制度的设置和运作来切实形成对这些监督主体监督职能的有效监察以及对其监督行政效率的常规考量。①

(三) 重点领域:强化对行政权力的制约

党的十八届四中全会《决定》在论及强化对行政权力的制约和监督时则提出,"加强党内监督、人大监督、民主监督、行政监督、司法监督、审计监督、社会监督和舆论监督制度建设,努力形成科学有效的权力运行制约和监督体系,增强监督合力和实效"。② 在强化对行政权力的制约和监督过程中,财税法律监督成为重要选项。一方面,财税体制改革作为经济体制改革的龙头和政治体制改革的突破口,效果较为直接明显,对体制本身的冲击较为温和,且有"牵一发而动全身"和"一呼百应"的效果;另一方面,改革过程中将"权力关进笼子里"最理想、最稳健和最有效的方法就是遵循法治精神,通过可预期的规则设定来引导和调整社会主体的行为,间接达到改革所需要的实际效果。当前,形形色色的腐败现象大多与财政资金相关,利用公共财力为个人谋利,如人情税、关系拨款、"小金库"、公款吃喝请客送礼等腐败现象的出现,财政监督不力和不到位是重要原因之一。通过财政监督,加强对财政资金运行全过程的监督和控制,让财政资金和权力在阳光下运行,从

---

① 参见郭晔:《对完善我国财政监督体系的几点思考》,载《特区经济》2007年第9期。
② 参见《中共中央关于全面推进依法治国若干重大问题的决定》,人民出版社2014年版,第18页。

源头治理腐败，成为强化治理和反腐倡廉的重要方式。财政监督历来是惩治腐败的重要手段，具有治标和治本的双重功能。从治标的角度看，严格查处违法违纪大案要案，有助于有效遏制腐败问题滋生蔓延。从治本角度来看，通过以检查促管理，以监督促改革，通过权力运行的全过程监督有效保证权力在法治的轨道上行使。①

1. 协调外部监督：凝聚监督合力

财政监督的不同主体，在具体的财政监督中发挥着不同的功能，也相应地产生不同的监督效果。就议会监督和政府监督而言，其优劣性及其实践过程往往就存在诸多争议。不难发现，在议会与政府的博弈过程中，充满议会民主与行政效率之间的平衡，而法治成为弥补民主的一条良好道路。② 财政监督是经济监督体系的重要组成部分，财政监督活动自身也是一个有着多方参与的、宏观和微观兼顾的运行体系。合理的财政监督组织体系的设立及其高效运行是实现财政监督目标的基本前提。要搭建协调统一的财政监督大框架，或称为财政"大监督"体系，需形成立法监督、政府权力监督和社会监督相结合、内部监督和外部监督相结合、专门监督和群众监督相结合的合力。各监督主体各司其职、各有监督侧重点，实现财政"大监督"各层面的有机结合，形成相互监督、相互制约、相互促进的工作格局。与此同时，针对经济运行中的监督热点、难点问题，各监督主体可以联合起来，集中优势，协同努力，发挥综合监督效能。为了发挥出财政"大监督"体系的合力，还要对不同监督层面的监督任务、监督对象、监督内容、监督程序等作出明确的法律规定，形成以人大宏观监督为龙头、以财政内部监督为核心、以审计外部监督为载体、以社会监督为补充的多层次全方位监督体系。③

2. 强化内部监督：严格问责机制

无论是欧洲通过选举制度和预算制度来实行政治问责④，还是美国通过总

---

① 参见贺邦靖主编：《中国财政监督》，经济科学出版社2008年版，第26—27页。
② 参见温泽彬：《论公共财政监督与控制——以宪法为视角》，载《现代法学》2009年第6期。
③ 参见李兰英：《论构建财政监督创新机制》，载《中央财经大学学报》2005年第8期。
④ See Webber Carolyn & Wildavsky Aaron, *A History of Taxation and Expenditure in the Western World*, Simon & Schuster, 1986, p. 318.

统和议会角力实现财政监督①，现代财政监督都朝向更加有规则、有秩序和明确责任的方向发展。根据监督问责主体的不同，中国特色的财政监督问责可以区分为体制内和体制外两种模式。体制内监督问责，包括在宪法上掌管人民"钱袋子的权力"的人大行使的监督问责权以及担纲政府"看门狗"的审计部门的监督问责权。随着我国公共财政实践的深入和财政监督力度的不断增强，财政监督的质量控制和风险防范成为一个不可回避的重大问题。财政监督质量控制是驾驭、控制财政监督工作全过程、提高工作质量、确保实现监督目标的重要手段，它涉及财政监督的所有环节和财政监督人员，贯穿于整个监督作业的始终，具体包括审核计划的确立、方案的制定、实施现场检查、撰写财政检查结论、提出检查意见、追踪被检查单位对检查结论的执行、对检查资料的立卷归档等。② 另一方面，承担公共财政监督任务的行政部门往往较多，包括财政部门、监察部门、财政部派出机构专员办等。各个财政监督机构相互之间缺乏明确而清晰的分工，在实际财政监督工作中"越位"和"缺位"现象并存且均较为普遍。一方面，财政部门、审计机关和监察机关都把工作重点放在事后的审计监察，造成了事前监督与事中监督的"缺位"；另一方面，实践中又可能会出现同一财政事项各个部门都要加以监督，这样互相之间经常产生"叠床架屋"和"越位"现象。

3. 完善审计监督：优化监督技术

以1994年《审计法》的颁布为界限，中国特色的审计监督制度经历了创立和发展两个阶段。③ 经过十多年的努力，特别是《审计法》颁布以后，通过建立健全审计法规，拓展审计领域，规范审计工作，积极探索审计方式和

---

① 参见〔美〕乔纳森·卡恩：《预算民主——美国的国家建设和公民权（1890—1928）》，叶娟丽等译，格致出版社2008年版，第186—196页。
② 参见安秀梅、殷毅、郜可祥：《简论财政监督的质量控制与风险防范》，载《当代财经》2006年第11期。
③ 审计监督最初是属于财政部的内部监督。1983年，国家设立审计署，当时审计署的工作就是接管原来财政部内设的财政监察机构负责财政监督业务。因此成立审计署后，财政部财政监察司相应撤销。直到1986年9月，财政部重新恢复设立财政监察司。审计署成立的目的在于进一步强化财政监督的独立性，由财政监督变为审计对财政的监督。目前的审计机构包括审计署及其派出审计司、审计署驻各地特派员办事处、各省审计厅，各市、县审计局。审计部门的主要职责就是对中央和地方各级政府预算执行情况和其他财政收支情况进行审计监督；对使用财政资金的事业组织的财务收支、中央银行的财务收支以及其他使用财政资金的单位和项目进行审计监督，包括对社会保障基金、环境保护资金、社会捐赠、资金及其他有关基金、资金的财务收支进行审计监督。

方法，我国审计监督逐步走上了法治化、制度化、规范化的轨道。审计监督的内容上，除了对各用款单位财政资金的监督外，也加强对诸如社会保障基金、彩票资金、农村合作医疗基金、环境保护资金、社会捐赠资金及其他有关基金、资金等社会性公共资金的财务收支进行审计监督。根据《宪法》和《审计法》的规定，审计部门隶属于同级人民政府，在同级人民政府行政首长的直接领导下开展审计工作，其中地方各级审计机关还要接受上级审计机关的领导，尽可能保证审计的权威性和独立性。审计监督更是注重审计结果公开，并借助各级人大的力量，强化审计问责，追究相关责任人的责任，起到了非常明显的效果。[①] 综上所述，未来我国财政审计监督的发展方向，主要在于以下三个方面：一是强化审计监督的独立性。目前，我国审计部门领导体制采取的是双重领导体制，以后有必要转变为以垂直管理为主的领导体制。二是提高审计方法的规范性和科学性。电子化技术以及最新的财务会计准则应及时引入，并能与政府审计工作较快融合。三是扩大财务审计的工作范围。后续应进一步加强对财政审计的引入和拓展，并相应明确审计部门在财政审计方面的职责和权力。[②]

五、中国语境下财政监督的现实意义

财政监督是财政三大职能之一，也是行政监督体系的重要组成部分。随着社会主义市场经济的发展，加强财政监督越来越重要。目前，虽然在财政监督工作方面做了许多工作，财经秩序正在向好的方面转化。但也必须看到，在经济领域中违反财经纪律的现象仍然比较普遍，随意免税、偷税、逃税、骗税的现象不断发生，乱收费、乱罚款现象依然存在，财政、财务收支约束不严、控制不力，财政收入混库，财政支出挪用现象时有发生，奢侈浪费、贪污现象滋长，财务核算虚假，会计信息失真，执行财政法规不到位。这些问题的存在与财政监督机制不健全有着很大的关系。因此，在市场经济快速发展和依法行政依法理财的新形势下，加强财政监督是经济管理的需要，也

---

① 参见王国清、祝遵宏：《财政监督发展的回顾与展望》，载《财政监督》2009年第3期。
② 参见赵晨侠：《浅析我国财政审计的发展趋势》，载《财政监督》2009年第15期。

是社会管理的需要。

1. 财政监督是市场经济体制的内在要求

在市场经济条件下，资源配置以市场调节为基础。但是市场经济有许多自身难以克服的缺陷。第一，单纯的市场调节可以解决市场微观平衡问题，但不能解决宏观经济平衡问题。第二，单纯的市场机制不能实现资源的合理配置，市场不能提供公共产品，而且由于现实中的市场对资源配置不能准确一步到位，要有一个不断调整的过程，有时还出现危机，客观上需要政府进行调节、控制、监督和引导。第三，市场机制还会导致收入和财富分配的不公正，影响社会稳定。可见，政府宏观调控和监督管理已成为现代市场经济内在要求的重要部分，要达到资源的优化配置，必须强化财政监督。① 通过监督公共财政，发挥政府财政政策逆周期调节的功能，实现市场经济体制的健康运转。

2. 公平竞争原则要求加强公正的财政监督

市场经济是法治经济，更是公平竞争经济。公平竞争原则客观上要求财政监督必须依照市场法则和国家统一财政制度，平等地对所有主体的财政行为实施监督检查。这既是市场经济对财政监督的客观要求，也是实施公正的财政监督，维护市场公平竞争环境的必然条件。党的十八届三中全会指出要"紧紧围绕使市场在资源配置中起决定性作用深化经济体制改革"，并按照这个要求提出了"处理好政府与市场的关系，关键是使市场在资源配置中起决定性作用和更好发挥政府作用"。这些全新的表述对全面深化改革具有全局和战略意义，是中国特色社会主义的最新成果，也对财税领域的改革提出了新的要求。财政监督部门是财政部门的重要组成部分，是政府经济监督体系中不可或缺的重要一员，作为财税政策的护航者、财政运行的监控者和财经秩序的维护者，保障市场在配置资源中起决定性作用和促进政府更好地履行职能是其根本职责和使命所在。具体体现在以下三方面：首先，监督财税政策

---

① 中共十八届三中全会指出："科学的宏观调控，有效的政府治理，是发挥社会主义市场经济体制优势的内在要求。"这表明，市场在配置资源中的作用和国家的宏观调控在社会主义市场经济体制条件下是相互制约、相互促进、有机地结合在一起的。社会主义市场经济体制下，政府不是充当"守夜人"，而是要以国家发展的战略决策为导向、以财政和货币政策为手段对经济进行宏观调控，如此才能更好地保持宏观经济稳定、弥补市场失灵、熨平经济波动、稳定市场预期，实现经济持续健康发展，充分发挥社会主义市场经济体制的优势。

落实保障政府宏观调控的效果；其次，监督财政收支运行管理促进政府合理参与市场；最后，监督企业会计信息质量维护良好的市场秩序。①

经济学理论和市场运行实践都充分证明市场机制有一定的自发和盲目性，而财税政策是政府宏观调控的最重要工具，财税政策执行的到位与否直接关系到国家宏观调控的效果，进而影响到宏观经济的稳定和市场的总供给和总需求。一国的财政制度是牵动经济、政治、文化、社会、生态文明等所有领域的综合性制度安排。进入新时代以来，将财税体制置于国家治理体系之中，并从国家治理体系的总棋局上定位财税体制，更需要全面发挥政府公共财税的功能与作用。②财政监督部门通过开展财税政策执行落实情况的监督检查，可以揭示和纠正重大财税政策贯彻落实中出现的执行不到位、执行走样、虚假应付等问题，确保政令畅通，促进各项政策措施落实到位，不仅可以保障宏观调控的效果，而且有利于促进市场功能的充分发挥；通过监督企业对政府补贴资金的申报、管理、使用情况，保障财政资金引导和鼓励技术创新、产业升级、环境保护等效应得到充分发挥，引导企业更加注重自主、自立、自强，公平参与市场竞争；通过参与宏观财税政策的制定和完善，如开展政策可行性调研、跟踪执行反馈以及绩效评估等，可以客观分析评价财税政策的可行性、实施效果，及时反映政策落实中出现的新问题、新情况，推进相关政策措施的完善，为进一步的宏观决策制定提供参考和导向作用，增强宏观调控政策的前瞻性、针对性、协同性，提高财政支出的科学性、有效性，避免政府公共财政在竞争性领域形成"挤出效应"。

3. 财政法制监督是实现国家经济管理职能的客观需要

财政作为国家政权的组成部分，不仅具有积累资金、分配资金的职能，而且具有监督资金合理使用的职能。因此，国家通过财政职能，运用财政监督手段，能够随时掌握资金运用情况，从而有计划地积累和分配资金，调节和平衡国民经济的各种比例关系，以实现对社会产品生产、分配和使用的有效控制，为经济建设和社会发展服务。财政监督法律制度的完善能够保证资

---

① 参见严淑琴：《财政监督要促进市场在资源配置中起决定作用》，载《中国财政》2014年第17期。

② 参见高培勇：《论国家治理现代化框架下的财政基础理论建设》，载《中国社会科学》2014年第12期。

源配置过程的公平性和科学性，进而保证配置的有效性。

中共十八届三中全会指出，加强和优化公共服务是政府的重要职能，主要是通过加强和优化公共服务、调节再分配等政府作用，解决市场在公共产品供给和收入分配公平方面的失灵。《国民经济和社会发展第十三个五年规划纲要》中也指出，要增加公共服务供给。坚持普惠性、保基本、均等化、可持续方向，从解决人民最关心最直接最现实的利益问题入手，增强政府职责，提高公共服务共建能力和共享水平。财政是国家治理的基础和重要支柱，科学合理的财政收支管理可以为国家推动公共服务均等化、从宏观上调节收入分配提供坚实的支撑。但是，近年来由于政府与市场的关系处理不够科学明晰，导致我国财政收支管理中存在一些越位、缺位和错位的问题。① 财政监督部门通过对政府的财政预算收支管理情况进行监督检查，可以纠正不合理的财政补贴、税收优惠和财政收入弄虚作假现象，规范各级政府的行为，避免政府对市场的过多干预和拔苗助长现象，维护市场正常秩序，确保市场公平，激发企业内生动力；通过对财政支出项目的前期评估、事中监控、绩效评价、情况反馈等，可以提高财政支出的科学性、有效性，避免在竞争性领域形成"挤出效应"，使市场决定生产要素的流向和资源价格，更好地发挥市场自身的调节功能，推动产业和行业的转型升级；通过对教育、社保、医疗、卫生和住房等事关民生的财政支出的监督，促进公共政策得到有效落实、公共服务普照社会民众，从而有效维护公平正义和社会稳定。②

4. 加强财政法制监督是维护党纪国法的重要手段

加强财政监督是邓小平同志关于中国特色社会主义理论的一贯重要思想。早在20世纪50年代邓小平同志任财政部部长时就严肃指出："财政上的浪费是很大的，因此要加强财政监察。"③ 在社会主义初级阶段，各种利益的矛盾不仅存在，而且在某些方面还比较尖锐、复杂。有些单位和个人，为了个人

---

① 比如，为了完成GDP增长率考核任务，盲目上项目、铺摊子，加剧重复建设和产能过剩；为了招商引资，过多地采取对企业奖励和补贴、减免税收、低价供地等直接干预经济的手段，扭曲了要素价格，干扰了市场机制作用，误导资源配置；为了做大财政收入数字，采取提前征收、列收列支空转、人为调剂入库级次等方式制造虚假繁荣，影响了财政收入质量，干扰了财税秩序，影响了企业的正常经营，降低了国民经济的运行效率和质量。

② 参见严淑琴：《财政监督应保障市场的决定作用》，载《学习时报》2014年5月12日第8版。

③ 邓小平：《财政工作的六条方针（一九五四年一月十三日）》，载《财政》1989年第6期。

和小团体的私利，置党纪国法于不顾，不惜损害国家利益，讲排场、摆阔气，化公为私，大肆浪费，无度挥霍。一些经不起考验的人和不法分子，千方百计钻政策的空子，贪赃枉法，行贿受贿，贪污盗窃。腐败现象总是与经济行为不规范和经济资料不真实密切相关的。任何经济活动都要通过资金往来和账目记录反映出来。而财务管理的核心是通过对经济活动进行确认、记录和计量，来监督经济活动的真实性和合法性，从而杜绝虚列收支、转移国有资产、化公为私、截留收入等违法违纪问题的发生。因此，财务监督是廉政建设的前提和基础，有效的财务监督，有利于对违法乱纪行为实行有效的预防和制约，有利于促进机关、企事业单位的廉政建设。

腐败现象之所以产生，还有一个重要的原因就是权力失去监督或者监督乏力。失去监督的权力必然导致腐败，这已为古今中外的历史所证明。财务监督作为经济监督的主要手段必然在廉政建设中发挥着极为重要的作用：第一，通过财务监督可以揭示差错和弊端，保护财产安全和完整，防止国有资产流失和非正常损失，有效防止资金使用中的铺张浪费，堵塞漏洞，促进勤俭节约，充分发挥资金的使用效益，维护国家利益。第二，通过财务监督能够找出财务管理中的薄弱环节，对违法违纪、乱收费、私设"小金库"等行为进行查处，使财务工作置于法律法规的监督之下，为廉政建设营造良好的氛围和环境。加强财政监督，对经济活动中的违法违纪问题，不仅能够即时发现和揭露，而且能够采取有效措施予以纠正和打击，从而消除腐败，维护党纪国法。

第二章　理念改革：财政控权与监督规则的中国转型

财政权属于一种国家权力，其运行过程与其他权力一样都需要由权力的设定、执行和监督等一系列具体环节构成。从权力的设定来看，宪法、国家机构组织法等法律法规规定了国家以及有关机关享有决定征税、编制和批准预算、财政支出决策等诸多权力。① 从权力的执行来看，国家的财政税收机关是最主要的财政权执行部门，但是所有的国家机关都存在着与财政权执行相关的工作程序和职责，这构成了对财政权在动态上的限制；从权力的监督来看，需要不同的主体对财政权运行的过程进行控制，包括行政内部、司法以及审计等多角度的法律监控。将权力监督作为权力运行过程中的一个具体环节，有助于更好地理解监督对于权力存在的重要意义。立法上的设权、授权必须与限权、监督紧密结合起来才能保证权力的规范性及其实施的正当性。监督是确保权力规范的基本途径，财政监督则是确保财政权正当性的关键所在。而财政监督的本质则在于通过法律对财政权力进行必要的控制。因此，对财政监督而言，需要从财税法治的角度来探究如何构建财政权的法律控制机制。在通过财税立法来实现财政监督的过程中，需要从理念的层面来反思财政权的基本属性，寻找控制财政权的特殊性法律途径，尤其是要从财政民主、财政平等以及财政绩效等理念出发来探讨和完善财政监督的制度结构。

---

① 就公法的特质而言，有"授权即限权"的理念，因此这种设权或者授权从另一个角度来看也是对权力的限制。此外，对财政权的限制还包括了税收法定、预算法定以及支出法定等一系列基本原则，主要是从立法的角度对财政权的运行过程进行最为基本的限制。

一、财政监督与财政权的法律控制

一般而言，财政监督可以包括两种含义，传统的财政监督是指财政部门监督管理财政行为；而财政法治下的公共财政监督则是通过法律实现对财政行为的全面监督，通过规范财政行为来实现对国家权力运行的监督并最终保障纳税人基本权利，即以"限财"来"限权"。本书研究对象所选取的是财政监督的后一种含义。与传统的财政监督含义相比，这是一种更为明确、具体和务实的概念，其意义和价值也都更为广泛。应当看到，国家的所有行为都离不开公共财政的支持，而公共财政的本质是一种政府的理财行为，通过理财来实现治国的目标，即学者所提出的"理财治国"的财税法理论。① 政府所有的权力行为归根结底是财政权力的运行。对财政权的控制可以实现对政府整体权力进行约束的效果。因此，对财政活动本身的监督，其意义绝不仅限于财政领域，而是会扩及整个政府行为的全部。正是从这个意义上，我们可以说，通过规范的财政行为可以实现对权力运行的有效监督。

（一）权力监督与权力的法律控制

从历史的发展来看，权力的存在方式及其形态在不同时代有着极大的差异。在前资本主义社会，权力是以专制的方式存在于君主及其利益集团的意志之中，这是一种专制的权力形态，在当今时代已经日渐式微乃至完全消失。在专制的权力形态中，权力在本质上是完全集中的，不存在通过分权、制衡等方式限制权力的可能性，当然也就没有权力监督的问题。如果说存在一种形式上的监督，那也是君主（上级）个人的思想开明或者是其考验大臣（下级）是否忠诚的政治伎俩，与权力是否规范运行无关。在资本主义建立之后，权力存在的方式开始转变为民主制下的权力形态。这种权力存在形态所强调的是权力来自国民的授权，国家只是受托人民主权。它要求的是权力的分立和制衡。正如孟德斯鸠所指出的："当立法权和行政权集中在同一个人或同一

---

① 参见北京大学财经法研究中心编：《税醒了的法治：刘剑文教授访谈录》，北京大学出版社2014年版，第167页。

个机关之手,自由便不复存在了;因为人们将要害怕这个国王或议会制定暴虐的法律,并暴虐地执行这些法律……如果司法权同立法权合而为一,则将对公民的生命和自由施以专断的权力,因为法官就是立法者。……如果司法权同行政权合而为一,法官便将握有压迫者的力量。"① 值得注意的是,在民主制的权力形态下,权力分立还远远不够,必须采取必要的措施对权力进行制衡,而能够制衡权力的仍然是权力本身。于是现代政治制度通过议会制度、合宪性审查制度等来实现权力制衡的效果。

不难发现,民主制的权力形态与专制权力形态的一个基础性差异在于前者的权力体系存在一个"权力配置"的问题。也就是说,民主制下的权力配置与专制的权力形态不同,它必须通过法律作为权力配置的载体。权力需要通过包含公意的法律所具有的权威来获得民众的认可以确保执行的效果。如果权力失去了法律载体,那么权力就形同虚设。② 同样,马克思主义关于权力存在的思想也是以法律作为载体的。尽管由于马克思主义法律观通常是以国家和法律消亡为终极解释,它强调权力对社会的回归,这样可以从根本上解决权力压迫的问题,但是马克思主义法学同样承认法律对权力的规范,并且非常重视这种规范的意义。马克思和恩格斯都认为,国家权力理论本身不是自足的,权力只是一个工具,国家的存在只能维护个人权利而不能牺牲甚至侵犯个人权利,这构成了国家权力存在的基本前提和正当性基础。③ 出于对国家机关工具性和自利性的认识,要保障公民自由就必须对权力进行规范。从终极意义上说,要确保权力规范运行的实际效果,就必须设置权力监督的环节和程序。

1. 权力监督的法理:权力监督与财政控权

通过法律来控制权力以达到权力法治化是公法的一个基本目标。所有公权从设立开始就产生了如何限制和规范的问题。或者说,在公法上,"授权"与"限权"在程序上具有同一性。因此,权力产生的同时就产生了权力法律控制问题。依法对权力进行监督本身也属于权力法律控制的范畴。从一般意

---

① 参见〔法〕孟德斯鸠:《论法的精神》,严复译,上海三联书店2009年版,第125页。
② 参见周永坤:《规范权力——权力的法理研究》,法律出版社2006年版,第50页。
③ 参见〔德〕恩格斯:《集权和自由》,载《马克思恩格斯全集》(第41卷),人民出版社2006年版,第394页。

义上，我们可以说，权力监督属于权力法律控制的一种形式。然而，从另一个角度看，权力的控制是公法设权的初始过程，是否达到理想的效果则需要在权力运行的过程中加以评估。这就需要在设权与限权的基础上施以效果检验机制。权力监督原本是对权力规范化效果的检验，同时它可以反过来构成对权力主体的约束。通过权力监督这种效果检验的过程可以发现权力行使中的问题，进而引发纠正和问责机制，达到回归公权本位并借以震慑潜在的违法者的成效。在前述逻辑中，监督与法律控制存在一定的区别，前者是在后者基础上建立的效果检验机制。从广义来看，法律控制可以包括监督这一特殊形式，也就是说，监督是法律控制的形式之一。不过，如果单纯就监督这一特殊范畴而言，其中所包含的要素则比一般意义上的法律控制更加复杂。因此，我们倾向于认为监督是超越一般法律控制意义之上的权力约束模式，它较之于禁止、命令以及责任性的法律规范而言具有更加深入的意义，将其作为一个特定的领域展开研究也具有独特的意义。需要申明的是，将监督作为一个独立的范畴展开研究并不是排斥法治在监督中的作用。监督本身的确需要在法治的框架内展开，超越法治的监督不仅难以发挥功效，反而可能造就一个不受约束的"特权监督"。这既是一个理论上的误区，也将对监督实践产生危害。政治学研究结果显示，为了控制官员的权力，通过施加"政治化"因素来实现控权目标的效果远逊于政治责任等具有法治因素的方法。①

2. 以权力制约权力：内部监督与外部监督

权力规范包含丰富和复杂的内容。如果将权力规范理解为一种状态的话，那么这种近乎理想的状态需要通过一系列的措施来达到。从法治运行的环节来看，在立法上，授权与限权是对权力的规范；在行政上，对权力运行的程序控制是对权力的规范；在司法上，审查行政行为的合法性也是对权力的规范。需要特别注意的是，权力监督既是法治的基本范畴，同时也是超乎于法治运行环节的课题，它既存在于立法中，也存在于行政过程，还体现在司法程序中。因此，我们可以把监督理解为对权力运行的全方位控制。从行为主义的视角出发，监督是一种行为实施过程，它所涉及的是监督行为在实施过

---

① 参见〔英〕安德鲁·海伍德：《政治学》（第三版），张立鹏译，中国人民大学出版社2013年版，第283—285页。

程中所发生的各种关系。一般认为，监督在模式上包括内部（自我）监督和外部监督。前者是指权力主体或者其内部机构对自身行为进行检查，评估其合法性。就个人而言，内部（自我）监督实际上是一种权力主体的自我道德反省，这不属于法律层面的问题；就组织而言，内部（自我）监督是受到权力主体（被监督者）制约的，其中存在着难以克服的矛盾。在这种监督模式之下，监督关系被内化为一种自我关系，其有效性是值得怀疑的。在外部监督的情形之下，又包括两种不同的形式，一种是单向监督，另一种是互相监督。在单向监督中，存在着"谁来监督监督者"的理论难题，因为监督本身也是一种权力形态，监督者的行为也需要受到制约，于是单向监督可能陷入无限循环的死结，仍然无法解决对权力终极监督的问题，甚至有可能催生出不受制约的特权，带来更大的负效应。在互相监督的场合下，面临的困境和风险是监督者与被监督者勾结，从而导致监督失效。可以说，以上两类监督模式在现实中都广泛存在，都有其合理性，同时也都存在一定的弊端。从结果上看，权力规范化的效果是最终的目标，无论采取何种方式，只要能够达到这一目标，那么就实现了法律对权力的控制。

3. 以权利制约权力：权力公开与社会监督

对于监督的理解不仅可以从行为的视角展开，同时也包含效果维度的视角。从行为视角来看，权力监督是指对权力的运行过程施以外在的控制行为；而从效果的视角来看，权力监督则是指权力处于一种受监督的状态，实现了权力因受监督而无法恣意而为的效果。换言之，除了将监督作为必须以特定方式实施的行为来看待之外，还可以将其作为一种可能的状态和结果，通过更为有效的方式来实现具有监督效能的目标。效果视角下的权力监督超越前述内部监督和外部监督两种监督模式，通过将权力及其行使过程公开来实现整个社会对权力的监督，可以称之为社会监督或者公众监督。社会监督并不具有直接的行为意义，监督不是以外在的特定行为的方式发挥作用，而是保持权力及其运行的公共性状态，它建构起的是公众可以随时介入以查验和评估行为是否正当的可能性。可能性意味着对行为查验和评估的不确定性，这种不确定性会带来权力主体在心理上的不确定和压力，使其感受到权力的行使时刻处于公开和受公众约束的状态。尽管权力主体可能会存在侥幸心理从而仍然实施滥权行为，但是其被发现的可能性在公开的社会监督模式下会大为增多,也就是说,这种侥幸心理也受制于权力公开的现实。效果视角下的权力监督在本质上是权力的公开,权力公开与权力监督存在逻辑和实践上的统一。通过权力公开实现权力监督的原理在于权力本身与公众利益或公众权利直接相关,即以公众权利来制约权力。通过权力公开来实现对权力的监督具有较为理想的效果,然而权力公开本身却需要更多的力量来推动和维持。权力主体往往不愿权力运行受到公开的社会监督,这成为权力公开以实现监督的一个难题。

通过对监督内涵的挖掘,不难发现,行为视角下的内部监督与外部监督以及效果视角下的社会监督都各具优势,也各有难题存在。现实中的权力监督模式往往采取综合路线,这样有利于取长补短、扬长避短。党的十八届三中全会《决定》提出:坚持用制度管权管事管人,让人民监督权力,让权力在阳光下运行,是把权力关进制度笼子的根本之策。很显然,执政党的政策意图也体现出权力监督的两个基本面向:其一,要通过法律控制来实现对权力主体行为的监督,即以法控权;其二,通过将权力运行公开化,促进全面而充分的社会监督,方能达到约束权力的效果。需要注意的是,无论哪种意义上的监督,都不应该脱离法律的范围。因为监督的本意在于将权力运行纳入法治化的轨道,监督本身构成了法律控制的一个重要环节。从这个意义上说,权力监督也是对权力进行法律控制的一种方式。

(二) 财政权的属性及其监督原理

权力监督是一个具有一般意义的法律问题。然而,对权力监督的研究不能止步于抽象的层面,必须深入到具体的权力类型及其属性中去发现其中的特殊规律,唯有如此,权力监督才具有了客体上的针对性,也才有可能发挥最基本的效应。由于权力本身的类型是多样的,不同的权力在基本属性和运行程序上具有一定的差异。笼统的权力监督理论不仅无益于保障监督实效,反而可能产生出更为恶劣的特权,甚至摧毁权力运行的基本逻辑。权力监督作为一种法律控制权力的治理模式,也需要进行具体分析和探讨,从权力本身的属性和特征出发来研究权力监督的具体方式。因此,对权力监督的研究首先应当着眼于被监督的权力本身,从客体自身内在的属性来发现和寻找制约权力的规律,对不同类型权力的监督进行差异化的制度选择和设计,这应当是财政权力监督的基本思路。

1. 公共权力：财政权的基本属性

如前文所提及的，美国学者艾伦·鲁宾指出，公共预算的主要特征之一就是支付费用的人不是那些决定怎么花钱的人，因为民选官员有可能把钱花在与纳税人愿望不同的地方。① 这一观点指出了公共财产权中所存在的特殊问题。决定和实施财产权的主体被局限在一个有限的范围之内，如果不透过充分的民主机制则无法确保公共财产的受益主体符合纳税人的愿望。然而，出于财政资金运行的效率要求，行政权往往在财政权的行使中占有很高的比重；退一步说，即便是立法机关的财政权行使，亦存在违背民众基本权利、违反法律规范的风险。这就是鲁宾所指出的现代市场经济国家中公共财政体制所蕴含着的深刻的内在矛盾。从根本上说，这是国家与社会的分立导致的政府与人民之间的矛盾。政府理财具有一种"替代性"的特点，其中包含委托代理关系下的机会主义风险。公共财政在实质上演变为政府代替公众理财的活动，而政府是由官员组成的，他们并不具有特别的道德品质和管理技能，完全可能由于理性缺失或者自利动机等而引发滥用公权随意处分公共财产的可能。公共财产与私人财产存在着"零和博弈"的关系，也就是说，公共财产每增加一分，私人财产就减损一分，其中所包含的价值冲突只有通过规范的权力运行方能得到缓和，财政体制也才可能具有基本的理性。就此而言，财政权所具有的公共财产权属性是研究财政监督必须考虑的重要因素。

2. 财产属性：公共财产权的思维

财政监督是对财政权力运行的一种法律控制机制，是对财政权进行规范的有效手段。首先，财政权属于公权，从更为本质的意义上来说，财政权是公共财产权。在传统的行政法理念中，财政被当做一种行政性权力来看待，看到了其中的管理性因素而忽视了更为重要的财产性内容。我们认为，应当重申财政权的财产属性，强化财产权为权利主体服务并实现其物质价值的特点。财政权回归财产权是我们认识财政权特征的一个重要过程。同时应当注意的是，财政权的公共财产权属性与私人财产权的属性具有很大的区别。后

---

① 参见〔美〕艾伦·鲁宾：《公共预算中的政治：收入与支出，借贷与平衡》，叶娟丽、马骏等译，中国人民大学出版社2001年版，第17页。

者是一种私权，利益由私人享有且权能为私人行使，即便存在代为行使的情况，代理人与本人以及第三人的关系也受到代理制度的规范和制约。

公共财产权主要是指对公共财产的取得、管理以及利用的有关权力。① 由于公共财产权在主体上的特殊性，不能简单地以私人财产权的规律来理解。首先，不存在一个具体的公共财产权主体。在传统观念上，我们习惯于将公共财政称为国家财政，这样，国家便成为财政的主体。但是这种观点将公共财产与私人财产在法律属性上混淆了。因为国家是虚位主体，无法出于其自身的目的享受财产带来的利益。公共财产权的受益主体只能是私人主体而不能是公共主体。其次，公共财产权所满足的是公众的需要。财政是"举众人之财，办众人之事"，它是在国家层面上统筹分配和利用财富，最终的受益者应当是具体的主体，但是它代表了一般的公众来承受公共财产带来的利益。最后，公共财产权的外在表现形式是管理性的财政权力，它体现为国家有关部门对公共资金的汲取、管理和使用。尽管从宗旨上说财政活动必须服从于公共利益的需要，但是在上述过程中有关机关享有直接的决定权。

总而言之，财政权具有财产性、公共性和管理性的综合属性，其中财产性体现的是财政权的物质属性；公共性体现的是财政权的主体属性；管理性体现的是财政权的执行属性。只有全面和完整地认识财政权的上述性质，才能寻找到对财政权进行有效监督的制度路径。

3. 法律控制：财政权的监督原理

从财政权的结构来看，它包括了财政收入权、管理（预算）权以及支出权等各项具体的权力内容，对财政权的监督也必然是对上述各项权力进行监督。财政收入的范围包括了税收、行政性收费、政府性基金等诸多类型，从税收法定原则的一般性要求来看，所有的政府收入都应当以法律为依据，可称之为收入法定原则。对财政收入权的监督即主要体现为对财政收入是否具有法律依据的监督，法律之外的政府收入均被认为违法而不具有正当性。预算是整个政府财政活动的枢纽，它连接着收入和支出，控制着资金的分配和流动。预算权的运行本身即具有财政监督的功能，通过程序理性来确保整个

---

① 参见刘剑文、王桦宇：《公共财产权的概念及其法治逻辑》，载《中国社会科学》2014 年第 8 期。

财政活动的实质理性。不过预算权是一种复合性权力，它包含预算编制权、审查权、批准权、执行权等丰富的内容，大致上可以将这些权力类型化为预算决策权、预算执行权和预算监督权。在上述权力中，批准权、否决权和调整权是具有决策意义的权力，必须掌握在权力机关的手中；编制权和执行权属于行政性的权力，可由政府享有；审查权属于事前监督权，由立法机关享有，监督权一般在事中或事后实施，由审计部门享有。① 只有这样才能形成预算权配置的合理结构，确保各预算主体在法治的框架下行使权力。财政支出是体现整个财政活动价值并实现其功能的核心部分，财政收入和财政管理（预算）在某种意义上都是为财政支出服务的。因此，财政支出权是关于财政支出事项的决定权，其规范性如何往往决定着整个财政权力的规范程度。财政支出一般包括政府采购、财政投资、财政拨款和财政贷款等，从支出法定的原则出发，不同的支出类型都需要相应的监督，以确保其实质上的合法性。

就形式层面而言，国家通过宪法所建立的法律体系是确保权力规范化运行的基本保证，按照宪法制度的逻辑逐步建立合理与完备的财政法律制度体系方能实现对财政权的有效规范。因此，财政权力监督的一个重要的方面是通过宪法的实施来促进财政法制度的有效运转，从而实现对财政权在法律层面的控制。概言之，对财政权力的监督在最为基本的方面应当依赖整个财政法律规范和制度体系的作用，只有法律框架下的财政权力监督才能确保财政运行的正当秩序。任何试图创设具有超越性的高权来实现财政监督的设想或许同时会产生更多的问题。

（三）财政监督与财政权法律控制的关系

就表面而言，财政监督是对财政活动合法性的监督，而财政活动具体体现为财政行为及其过程。财政行为具有实体意义，它影响着公共财产的支配以及相关主体的受益性。财政过程则具有程序意义，它制约着财政权力运行的各个环节。财政行为和财政过程在法律上的表现就是财政权的运行程序。从财政行为的基本过程来看，包括财政收入、财政支出和财政管理三个主要

---

① 审计部门要想更好地行使监督权应当考虑改变其隶属关系，将目前的行政型监督转变为立法型监督，即审计机关独立于政府，直接向人大负责。

方面，对应于法律上的财政收入权、财政支出权和财政管理权。财政权法律控制可以看作是对前述三类权力的控制，财政监督也就是对上述三类权力的监督。因此，我们可以说，财政监督从本质上说是对财政权的三种动态形式进行监督，构成对财政权运行的法律控制。在此认识的基础上，我们仍然需要辨析财政监督是否具有相对独立的法律价值。

1. 独立性：财政监督与财政管理

就财政监督的地位而言，是否构成一种独立的过程是存在疑问的。学者有时将财政监督纳入财政管理的范围，有时则将其作为一个相对独立的部分。① 从财政管理和财政监督的关系来说，前者是一个更为宽泛的概念，财政管理可以包容财政监督。这样一来，监督就成为管理的一种具体方式，即"通过监督的方式进行管理"。这种理解更倾向于前述行为视角的管理，是一种单向的监督，存在着"谁来监督监督者"难题。即便是由议会这样的最高权力机构来做监督者，也存在很高的监督成本，且监督效果难以保证。如果我们转换思路，赋予财政监督以独立于财政管理的意义，则使得财政监督更倾向于前述效果视角下的公开性监督，这有利于为财政监督开放更多的路径和可能性，实现良好的监督效果。

如同权力监督与权力法律控制的关系一样，我们认为财政监督本身应当属于法治的范畴，因而可以说财政监督是对财政权法律控制的一种形式。或者说，财政权的法律控制包含了通过法治方式对财政权进行监督的含义。不过，为了对财政监督进行更为细致的分析，我们仍然有必要从理论上将法律对财政权的授予和规范视为一重法律控制，将对财政权的监督视为与之相对的二重控制。简言之，财政监督是对财政权的再规范，是对一重法律控制下的效果检验。之所以作出上述理论建构，是基于对财政监督的特殊认识。与一般的权力监督相比，财政监督的特殊之处在于监督的客体是对公共财产的支配行为。因为财政权从财产属性上看是对公共财产的支配的权力，包括收入权、支出权和管理权。

如前所述，对权力进行监督或者控制的方式有很多，法律控制是一种较

---

① 例如在财政关系的划分上，学者认为财政管理关系主要包括财政预算关系、国库经理关系和审计监督关系；而在财政法体系的划分上又将财政监督法与财政预算法、财政支出法以及财政收入法相并列。参见刘剑文、熊伟：《财政税收法》（第五版），法律出版社2009年版，第9—13页。

为可靠和有效的方式。以法控权的优点在于能够将监督者与被监督者都约束在法治的框架内，实现权力之间的分立与制衡。在以法律控制权力的具体方式上，对权力监督的模式应当是多样化的，不仅可以从行为视角来设计内部监督和外部监督的各种机制，同样应当从效果的视角出发，考虑采取公开化和保证透明度的方式来实现对权力的控制。就财政监督而言，可以从传统的立法、执法等法治运行层面实现对财政权力的监督，也可以从预算、决算等财政特有的程序进行监督。除此以外，通过信息公开、审计以及监察等方式来对财政权力进行监督也是必不可少的控制机制。

2. 财政法：财政监督的法律体系

尽管具有独立的价值和意义，财政监督无法脱离财政权法律控制的性质约束。财政监督本身也需要经受合法性的考验。换言之，财政监督必须是在法律之下的"依法监督"，而非超越法律之上的"特权监督"。既然如此，财政监督也需要遵循法治的逻辑，具备合乎法律理性的监督主体、监督权、监督程序以及相应的监督责任等要素。财政监督的法律要素存在于财政监督法律体系之中。其中，监督主体包括权力机关、行政机关和司法机关，监督权可以由上述监督主体分别行使，不过在权力的性质、内容和程序上则有所区别。一般而言，权力机关的监督权是最为根本的，行政机关的监督权限于执行层面，而司法机关的监督权则具有相对独立的价值。上述财政监督的法治要素共同构成财政法律监督体系，形成由宪法统率的制度结构。

在现代国家，宪法是国家权力的法律来源，它制约着全部国家权力的内容及其运行。财政权首先应当处于宪法的监督之下，受到宪法上公民财产权保护的根本约束，因此财政权的法律控制首先表现为财政权的宪法控制。宪法在国家中处于根本法的地位，具有最高的法律效力，同时也只有作为最重要公民基本权利的财产权才会在宪法文本或实践中得以体现。然而宪法具有高度概括性，其对财政权或者说权属视角下的公共财产权的控制体现为最基本的原则控制。具体而言，公共财产权的控制体现为公共财产的取得、用益和处分应严格遵循法定主义，以最大限度地保护纳税人的整体利益。[①] 与宪法

---

① 参见刘剑文、王桦宇：《公共财产权的概念及其法治逻辑》，载《中国社会科学》2014年第8期。

监督紧密相关的是在宪法之下需要通过具体的财政基本法等一系列宪法性法律的制度来构成完整的财政监督法律体系，以实现对财政权最为根本的监督。

从财政法体系的内部结构来看，财政监督法是与财政基本法、财政平衡法、财政预算法、财政收入法、财政支出法相并列的财政法制度。这种划分是按照财政运行的基本环节，结合法学上的效力要求和功能定位所形成的层次结构。① 如果从财政监督与财政权法律控制的关系来看，在上述各个制度中都存在着财政监督的问题。首先，在财政基本法中，应当规定体现其重要性和基础性的财政监督基本原则和基本制度；其次，在财政预算法中应当包含预算监督和国库经理规则的内容，它们都具有财政监督的重要功能；最后，在财政收入法和财政支出法中，对财政收入和支出类型，如财政采购、财政投资等的监督管理所体现的是对私有财产的具体保护，这也构成财政监督的重要内容。

二、财政监督与财政民主理念

财政民主是财政法的基本原则之一，是政治上的民主原则转化为法律要求进而在财政领域的延伸和体现。现代各国的宪法无不确立了民主原则的基础性地位。民主不仅作为一项静态的制度凝结在法律条文之中，同时还具备丰富和动态的过程。在财政领域，民主制度的贯彻要求一国的重大财政事项必须经过议会的同意才能付诸实施，否则即属于违法。所谓财政民主，是指政府按照民众意愿，按照宪法法律的规定，经由民主的妥适程序，运用民主的制度设计来实现对财政的有效治理。就法理层面来看，财政事项涉及公民财产权和政府财政权的相互关系，政府通过公共财产权的形式取得公共财产，是政府公权力对私人财产权的合理侵犯，是故必须建基于民主统制的基础之上而取得正当性基础。从财税法制度的体系化出发，财政民主的理念当然包含了对财政权进行法律控制的要求。财政监督具有保障民主视野下的财政权法律控制的实际效果的功能。

---

① 参见刘剑文、熊伟：《财政税收法》（第五版），法律出版社2009年版，第10—11页。

(一) 财政民主的理念与内涵

民主最初体现于政治领域，也即，政府行为的合法性只能源于主权人民行使其自治权所授予的权威。[①] 我国《宪法》第 2 条规定："中华人民共和国的一切权力属于人民。人民行使国家权力的机关是全国人民代表大会和地方各级人民代表大会。人民依照法律规定，通过各种途径和形式，管理国家事务，管理经济和文化事业，管理社会事务。"该条文是我国民主实行制度的基本依据。它不仅宣示和确认了国家权力属于人民的态度，同时指出了人民行使权力的具体路径和范围。从该条文的含义出发，财政民主所要求的是财政事项经由全国人民代表大会和地方各级人民代表大会审议决定。因此民主原则又被称为财政议会原则，即议会对财政事项具有审议和决定的权力，为了保障议会的财政权力，法律必须设计出相应的机制予以检验。财政监督作为对财政民主原则落实的检验和保障机制，成为重要的财政法制度。

1. 财政民主与公共财政的关系

从表面来看，国家的历史类型主导着财政的本质。在更深的层次上，社会发展所蕴含的民主性因素是推动财政发生质变的重要力量。近代以来，财政的功能随着社会变迁而逐步演进，财政法亦与社会发展的动向有着密切的互动关系。[②] 在经历了奴隶社会与封建时代的家计财政、计划经济体制下的国家财政之后，现代国家普遍认同公共财政的理念，即财政是为满足社会公共需要而存在。这一过程伴随的是财政民主理念的深入。公共财政是"为市场提供公共服务的政府分配行为，是社会公众的财政，是与市场经济相适应的财政类型"。[③] 从家计财政到国家财政，再到公共财政的演变，既是财政本质的进化，也是财政功能逐渐具备公共性的过程。财政功能的这种民主化转型，反映出社会发展的趋势，是民主制度生命力的体现。公共财政的核心在于财政为满足公共需要的目的而存在，公共性成为财政的突出属性。民主同样是具有公共性的制度，是现代国家制度基础。需要加以强调的是，公共财政不

[①] 参见郭维真、刘剑文：《宪政视角下的财政民主及其构建》，载《中国党政干部论坛》2007 年第 9 期。

[②] W. Friedmann, *Law in a Changing Society*, University of California Press, 1959, p. 22.

[③] 张馨：《财政公共化改革》，中国财政经济出版社 2004 年版，第 29 页。

仅具有经济、政治和社会性的职能，同时也具有法律价值。正如学者们所看到的那样，财政在社会中的作用不断突破原有的范围，在更广泛的领域中发挥作用。"财政，作为一个学术分支，作为一门科学，处于狭义经济学和政治科学的分界线上，可称为政治的经济学。"① 实际上，不仅如此，财政除了能够实现经济上的资源分配和政治上的保持稳定之外，还具有法律的制度属性。换言之，财政不仅具有经济功能、政治功能，还具有法律功能。那么，财政的法律功能如何体现？在现代市场经济的条件下，国家与企业、公民等纳税人之间通过财政和税收来维系的财产关系要求对私有财产和公共财产进行明确的法律界分，划定各自的权利边界。同时，通过对于主要以税收形成的公共财产的管理和支配来实现国家的各项职能。在上述过程中，财政运行的过程必须经由议会以民主的方式推进，财政法治的目标才能够实现，财政民主在此意义上构成了一项法律原则。可见，公共财政的属性决定了财政民主的本质，而财政民主的法律原则确保财政的公共性。现代财税法以市场经济、民主政治和法治社会为基本背景，财政民主与公共财政的良性互动由此形成。

2. 财政民主与财政权的法律控制

财政民主作为法律原则既具有一定的抽象性，同时也必须落实为具体和可操作的制度。财政权受制于法律从根本上说就是受制于民主的约束。洛克指出，"政府没有巨大的经费就不能维持，凡享受保护的人都应该从他的产业中支出他的一份来维持政府。但是这仍须得到他自己的同意，即由他们自己或他们所选出的代表所表示的大多数的同意。因为如果任何人凭着自己的权势，主张有权向人民征课赋税而无须取得人民的那种同意，他就侵犯了有关财产权的基本规定，破坏了政府的目的"。② 可见，对政府财政权的限制来源于人民的财产权。如前所述，财政民主体现为议会在财政活动中的作为。议会对财政的控制主要体现为以下两个基本的方面：第一，对预算进行审查、批准并监督其执行；第二，通过财政立法来规范财政权力的运行。这样，财政民主就具体化为财政权的民主化法律控制。通过预算对财政权的法律控制是一种程序控制，即体现了以程序制约实体的控权思路。在预算过程中，又

---

① 〔美〕詹姆斯·M. 布坎南：《民主财政论》，穆怀朋译，商务印书馆1993年版，第180—181页。

② 〔英〕洛克：《政府论（下篇）》，叶启芳、瞿菊农译，商务印书馆1964年版，第89页。

分为不同类型的权力行使，如预算编制权、审查权、批准权等。我们习惯于将上述过程称为预算监督。而在立法层面上，以设权、授权和限权为特征的公法制度也同样发挥着对财政权监督的作用，可称之为立法监督。由于预算和立法都经由立法机构审议通过，都具有法律效力，因此可以认为议会的预算监督和立法监督构成了财政权法律控制的基本结构。

财政民主要求财政权力在民主的框架内规范运行。但是这种规范性的实效如何则需要检验和进一步的确认。财政监督包含对财政民主程度的检验。如前所述，权力监督属于权力法律控制的一种方式，这是从监督的法定性和法治化角度出发得出的结论，其要义在于将监督权作为法治的一个环节而非超越于法律之上的特权。简言之，监督本身也需要在法治的框架内进行。但是监督又与一般的法律控制不同。其特殊之处在于，监督是在权力已有规范的基础上再次发起的一种规范或称权力的再规范。它的独立意义和价值在于对权力规范的效果进行检验和保障。从这个意义上，我们可以说，监督是权力规范效果的检验和保障机制。就财政权而言，在财政民主原则之下所实施的财政权法律控制是财政权的基本规范，而财政监督则构成了对财政权力的再规范，是对财政权力规范效果的检验和保障。鉴于监督的法定性和法治化要求，财政监督仍然是源于财政民主这一基本原则展开的。

3. 常态化：财政民主理念的终极实现

财政民主不仅仅是财政法的原则和理念，更是一种需要实现的理想。从财政法治的角度出发，财政民主的理想实现必须依赖财政法律规范发挥作用。然而规范是否具有实效以及能否在实践中发挥作用则是一个充满不确定性的问题。凯尔森在研究中指出，法律规范只能在属于一个整体上有实效的规范体系的条件下才被认为是有效力的。因此，法律规范的实效是其具有效力的一个必要条件。[1] 从法律实效的角度来观察财政权的法律控制，可以拓展我们对财政法治认识的视野。如同学者指出的，法律规范与法律的实施往往存在一定的差异。法律规范不能获得实际效果，则成为"具文"。[2] 当然，法律规范的实效不仅依赖于法律本身，还需要社会经济、政治以及文化等多种因素

---

[1] 参见〔奥〕凯尔森：《法与国家的一般理论》，沈宗灵译，中国大百科全书出版社1996年版，第44—45页。

[2] 参见瞿同祖：《中国法律与中国社会》，中华书局1981年版，第2页。

的配合才能确保持续的法律实效。不过，对于法律实效的保障，法律本身也需要相应的制度设计。有关设权和授权的法律规范要想发挥实效，则需要依赖监督，而监督本身也存在于法律规范之中，是确保法律规范实效的机制和对权力的再规范。财政民主作为财政法的一项基本原则，其实现过程一般包括两个层次。一是被写入相应的制度文本，表明其获得了社会的价值认可；二是在实践中得以体现，表明其获得了社会的行动支持和遵从。从终极意义上说，财政民主原则的落地还需要实际的社会效果。作为授权和限权的法律规范仅仅在文本层次上实现了财政民主，这是远远不够的。推进行动层面上的财政民主则需要进一步完善财税法的制度规范，在既有的财政授权和限权规范的基础上还需要强化财政监督的特别规范来实现财政理念的终极实现。

在这里，非常有必要将作为法律规范的财政监督与一般的财政授权和限权的法律规范区分开来，审视财政监督在规范意义上对于财政民主的独特作用。与"无救济则无权利"的法理相同，在权力的法律控制领域，也可以说"无监督则无实效"。财政民主的社会效果必须依赖监督性规范给予保障，这是财政监督独立于一般的财政权法律规范的特殊意义。因此，财政监督之所以必要和重要，全在于其所发挥的是法律规范体系内对财政权进行控制的最后一道屏障的作用。在财税法领域，尤其需要发展出适合财政权力监督的独特性法律规范来实现财政监督的常态化，确保财政权力的法律控制规范具有良好的实效。

（二）财政民主的法治化路径：财政监督的确立与实现

财政民主不仅需要实现，而且要以法治的方式来实现，这就是财政民主的法治化路径。以法治的方式来实现民主，不仅能够确保获得可靠的民主果实，也是进一步巩固民主的必要条件。就公共财政而言，个体与共同体在财产权利配置上所达成的具有公法性质的社会契约，这种公共性决定了其民主性，同时也规定了其实现的方式只能是法治化。我们所关注的财政民主不仅仅是纸面上的口号或标志，更是行动中的力量与价值。因此，制度的建立只是财政民主实现的应然判断，更为重要的则是制度实施中的实然后果。从财政民主的终极价值出发，所有公共财产的收入、支出和管理都应当具有合理性、合法性与合宪性，通过公开、公平和公正的途径，实现有规、有序和有责的目标。为此,在一般规范的基础上,需要确立财政监督的特别规范,通过有效的方式增进规范效力,实现财政民主的基本价值。

1. 财政监督的形式:预算监督与审计监督

财政监督是在财政领域实施的监督,在具体的形式选择上需要结合财政活动的特点来进行。考察法治发达国家的经验和国际通行的做法,在财政领域的监督通常依靠两种基本的形式:预算监督和审计监督。预算监督是通过对预算的编制、审查和批准来实现对财政资金收入、管理和使用过程中权力规范性的检验,以确保财政权法律控制规范的有效性。审计监督则是由审计机关通过具有专业性的监督方式实现的财政监督。预算监督和审计监督都是财政领域的专门性监督。预算监督一方面是通过对预算的控制来实现,其要点在于议会预算监督权的行使;另一方面,预算公开和参与式预算也具有财政监督的功能,并且从监督效果上看,后者效果更好,社会认同感和民主含量也更高。审计监督是通过审计机构运用审计专业技术对财政活动实施的监督,其关键在于从技术角度发现财政活动可能存在的问题,督促财政权力的规范运行。由于审计活动具有的较强的专业性和技术性,往往使得人们容易忽视其具有的法治性。其实,审计活动具有极强的法律属性。[①] 从审计本身存在的意义来看,作为一种财政监督机制,它与财政法中的其他制度在目标上是完全一致的,都是为了防止财政权的滥用和失范,是一种督促财政机关依法履行职责的外在机制。[②] 总体而言,预算监督和审计监督构成了我国财政监督的基本方式。

除此之外,在一个国家的权力体系中,议会作为权力和立法机关,也可以通过其他方式来实施财政监督。[③] 在行政体系内部,上级财政机关对下级财

---

① 根据我国《审计法》第 2 条的规定,审计机关对国务院各部门和地方各级人民政府的财政收支的真实、合法和效益,依法进行审计监督。其中,真实性、合法性都是典型的法律范畴,而效益性随着财政绩效理念的引入,也成为法律所关注的内容。

② 参见刘剑文、熊伟:《财政税收法》(第五版),法律出版社 2009 年版,第 25 页。

③ 例如,我国《各级人民代表大会常务委员会监督法》中就规定了各级人大常委会的监督,除了审查和批准决算、听取预算执行情况的报告以及听取和审议审计工作报告之外,还可以采取对法律法规实施情况的检查、对规范性文件的备案审查、询问和质询、特定问题调查以及撤职案的审议和决定等方式实施监督。上述各种监督方式都可能应用于财政领域而形成对财政权的监督。

政机关、专门的监察机关对其他行政机关也可以实施财政监督。① 这些监督往往是作为预算监督和审计监督的补充方式存在的。通过上述监督发现的财政违法行为线索,可能启动预算监督和审计监督程序,从而实施更为严格和专业的财政监督。

2. 财政监督的独立性及其再规范效力

从财政法定的角度出发,财政监督本身也属于财政行为之一种,需要以法定的方式来确立和行使有关权力。② 不过财政监督从功能上可以与一般的财政权力规范相分离。③ 这就意味着,财政监督作为一项制度具有与一般的财政法律规范所不同的特别意义,它在财政权力运行的环节外部形成对权力的约束机制。

财政监督的这种独立性主要体现在以下几个方面:第一,财政监督在主体上的独立性。尽管财政部门自身可以开展上下级之间的监督活动,但是其可靠性远不如来自其他部门的监督。这种主体上的分立是监督原理自身逻辑的要求。也就是说,在自我监督或者内部监督的环境中,由于监督者和被监督者在主体上的重合所带来的利害关系可能导致监督失效。第二,财政监督在行为上的独立性。一般意义上的财政行为主要包括收入、管理和支出三个方面,而财政监督则是独立于上述三行为之外的。因此,从这个角度来看,财政监督本身不属于财政行为,它不是对财政资金直接支配的权力行为,而是对财政收入、管理和支出行为进行监控并督促其依法实施。财政监督行为处于财政收入、支出和管理行为的外部,这样才能保证监督的效果。第三,财政监督在程序上的独立性。财政监督所启动的是监督程序而非一般的财政权力运行程序。即使没有监督程序存在,财政活动也可以按照其自身的程序来运行。财政监督是在既有制度基础上为实现财政法律规范的实效而额外设

---

① 我国《监察法》第11条规定:"监察委员会依照本法和有关法律规定履行监督、调查、处置职责;……(二)对涉嫌贪污贿赂、滥用职权、玩忽职守、权力寻租、利益输送、徇私舞弊以及浪费国家资财等职务违法和职务犯罪进行调查……"前述职责范围涵盖了财政领域,构成了财政监督的组成部分。

② 参见刘剑文:《论财政法定原则——一种权力法治化的现代探索》,载《法学家》2014年第4期。

③ 财政法的规范功能和监督功能在目标上完全一致,区别在于具体方式上,前者主要通过制定行为准则而实现,后者则有意设置一种外在的强制,督促财政机关切实履行职责。参见刘剑文、熊伟:《财政税收法》(第五版),法律出版社2009年版,第25页。

计的外部性制度。财政监督程序与财政程序本身应当是有所区别的。

财政监督的独立性决定了其对财政权而言是在基础规范之上的高级规范。从法律规范的层级性来看，财政监督具有对财政权的再规范效力。在一个相对完善的财税法体系中，财政监督制度是必不可少的。首先，就预算本身的性质来看，它既是财政权力运行的基本轨道，同时也构成了独立的预算监督体系。预算法尽管属于财政管理法的范畴，是通过预算这种特定的形式来约束财政权力的运行，但是在客观上具有财政监督的效果。其次，从预算法的程序性与财政收入和财政支出所形成的实体利益相对应的角度来看，预算法的程序控制具有对财政实体行为的监督功能。因此，从制度功能的划分而言，预算法既可以被列为财政管理法而成为对财政权力监督的一般性制度，也可以单独划入财政监督法的范畴。从独立财政监督的属性来说，预算法具有对财政权力再规范的效力。从审计监督的性质来看，它完全独立于财政收入、管理和支出等具体环节，是通过专门途径来实施财政监督的。审计机关本身并不作为国家财政管理机关直接参与专门性的财政收入、管理和支出活动①，而是担负着对上述活动监督的职能。这较为明显地体现出审计法律规范相对于一般财政法规范的高级性和再规范的特征。

3. 财政监督的民主性与公开性的实现

预算监督和审计监督作为两种基本的财政监督形式，对于检验和确保财政权力运行具有极其重要的作用。从两种监督形式的差异来看，首先，预算监督贯穿财政过程的始终，可以开展财政监督的空间较为广阔，包括事前监督（预算编制、初审、审议批准等），事中监督（预算执行）以及事后监督（审议和批准预算执行情况报告和决算案）；审计监督则主要是集中在财政活动实施完毕之后，所开展的监督属于事后监督。但是审计监督的专业性和技术性决定了审计是发现财政违纪和违法行为的"利器"，所有财政收支活动的

---

① 当然，审计机关本身也是国家机关的组成部分，也依赖财政资金的支持才能开展工作，其所实施的财政行为包括执行预算、财政收支等。此处主要是指审计机关不参与专门性的财政收支、管理等活动。还应注意的是，审计机关自身也面临着被监督的问题。但是对审计机关的监督不能由其自行开展，而是需要由独立的社会审计机构来实施。在我国，为了健全审计署预算执行和其他财政收支情况的外部监督机制，审计署需要聘任特约审计员和专业人员组成检查组，对其预算执行和其他财政收支情况进行检查监督。参见中华人民共和国审计署办公厅：《审计署2013年度预算执行情况和其他财政收支情况检查结果》，载《中华人民共和国审计署审计结果公告》2014年第21号（总第195号）。

原型都可以通过对票据、凭证、账簿以及报表的审核反映出来，使得财政权力运行的轨迹得以显现。其次，预算监督作为一种程序控制，可以影响财政实体行为。未能通过审议和批准的预算草案因不具有法律效力而不得执行，同时预算草案在审议时可能被修改，这都将影响预算的执行和实体性财政收支活动。审计监督不能直接影响财政收支行为，而主要是发现预算执行和其他财政收支过程中的问题。在我国行政型审计体制下，审计机关也无权直接处理这些问题，只能根据权限将问题或者问题线索移交有关部门查处。从上述对比来看，无论是预算监督还是审计监督都体现出较强的"以权力制约权力"的特点，即都是通过在财政过程中设计一种权力机制来预算财政收支和管理权力。这种片面依赖权力机制实施财政监督的思维与财政民主的理念不甚契合，需要推动一种权力公开化的转型。

预算公开是财政民主的应有之义，也是公共财政的基本要求。预算公开不仅能够纠正纳税人相对于政府在公共财产范围内的信息偏在，维护纳税人最为基本的知情权，而且能够有效约束政府的财政活动，进一步形成有力的财政监督。审计公开是审计机关将发现的违纪和违法的财政收支行为以审计结果公告的形式向社会发布，接受人民监督。① 从公共财政的经济学理念到财政民主的法律原则，其所包含的核心在于财政的公共性。财政的公共性决定了财政公开的基本立场和正当性。作为财政监督形式的预算监督和审计监督，在更为具体的层面上可以创造出更多样的方式来实现其监督职能。除了权力型监督之外，应当从财政民主本身的要求出发，坚持权利型的监督，即以预算公开和审计公开作为财政监督的基本立场。这不仅能够避免权力型监督可能带来的"监督特权"的问题，同时也有利于降低监督成本，提高监督效率。

(三) 财政民主理念下的监督机制

从法治自身的逻辑来看，监督作为法治的一环处于法治运行的过程之中，它并非法治的最终目标。法治指向"良法善治"的社会秩序，而监督只是一种促进和保障。监督的效果依赖于监督功能的发挥，而监督功能不仅与静态

---

① 我国审计署于 2002 年 3 月 19 日发布并施行了《审计结果公告试行办法》，之后发布的《审计结果公告》被称为"审计风暴"。这从一个侧面说明了审计公开作为财政监督的良好效果。

的制度结构有关，还需要通过动态的运行机制来推行其运转。如同财政活动的动态性一样，财政监督也必须处于动态机制当中方可有效发挥作用。在法治的环境中，监督机制的实现依赖各种制度要素的配合，其中，推动监督机制发挥作用的主要举措是加强和落实监督权。

1. 财政监督权及其民主化

从一般意义上说，监督权是监督主体依法享有的对某种行为进行监督的权力。监督权属于公权力，目的在于实现特定的公共秩序和公法利益。这种公共性目标的达成，必须通过民主化的路径。从监督权的公法属性出发，监督主体本身也应当具有公共性。这种公共性既可以表现为国家机关以公法主体的身份来实施监督，也可以是不特定的社会公众实施监督，其中，后者更具本质意义。在财政领域，由于财产所具有的公共属性，公共财政在物质层面表现为公共财产，在权力层面表现为公共财产权，在法律层面表现为公共财产法。这种从公共财政到公共财产的理论深化将财政监督权从抽象监督权中分立出来，并且与人事任免、行政行为等领域的监督权区分，构成了一种财产支配权力意义上的特定概念。因此，对于财政监督权的认识不仅可以从传统的监督权理论出发，而且可以从更具现代性财产视角展开。监督权具有国家基本权力的性质，因而最先在宪法领域中展开。宪法上的监督权包括了质询、听证、调查以及弹劾等形式，主要是针对行政部门官员的违法或渎职行为。[①] 其中，财政领域的违法和渎职也可能被包括在内而受到上述监督。这是从宪法监督权角度来认识财政监督。由于财产法在传统上被局限于私法领域，对财产权的保护更多的是运用物权法、合同法以及侵权责任法等私法规范。但是随着社会的进步以及人们权利意识的生长，财产权不再局限于私权的观念约束，而是向公法领域拓展，从消极权利演变为积极权利。尤其是宪法中关于保护私有财产的规范使得人们逐渐意识到财产权还可能来自公权的侵害。与此同时，纳税人权利意识苏醒使得人们开始对税收等公共性收入有了权利上的主张。与私法上的民事法律行为导致的私法关系变动所不同的是，财政行为引发了权利性质的改变，即财产权会由私权转向公权。对于这种具有新特点的公共财产权的监督显然不同于以往的宪法监督。公共财产权摆脱

---

① 参见张千帆：《宪法学导论——原理与应用》，法律出版社 2004 年版，第 301—303 页。

过去国家在财政领域的单向和强制的行政性特点,从更为务实的财产属性出发来界定财政权。这一理念转型也为财政监督权注入了新的内涵。财政监督不再局限于以往的权力型监督,而是向更为开放的权利型监督转化,其民主性也得到增强。

2. 权力视角:预算监督权

预算监督权是一项极其重要的财政监督权,不过相对于直接支配财政资金的财政收入权和财政支出权来说它仍然具有独立性。[①] 也就是说,议会不能够逾越法律所设定的预算监督权的范围去直接干预和决定财政资金的使用和管理。预算监督权的这种独立性表明,它是一种间接控制财政收支行为的权力。[②] 也正是在这个意义上,我们说预算监督具有与一般的财政权法律控制不同的一面。

预算监督权是一种主要由议会行使的财政监督权。从历史上看,议会制度在英国最先形成的时候主要就是为了限制国王征税,预算制度即由此逐步建立。在现代社会中,议会的职能在立法领域表现得较为突出,议会因而也被称为立法机关,立法成为议会的标志性活动。不过,审议和批准预算一直是世界各国议会最主要的职权。西方国家的民主就是从议会掌握国家的财政收支开始的。可以说,预算监督权是整个民主制度的最早体现。追溯预算制度的起源可以发现,预算制度与税收法定原则几乎同时在英国起步,后者主要意在控制国王和政府的征税权,而前者旨在控制国王和政府的财政支出。英国13世纪的"大咨政会"就确立了一个控制君主支出的原则。[③] 可见预算在当时的主要目的就在于监督君主的支出。到14世纪后期,开始出现政府向议会提交预算的做法,一直到18世纪初期,英国财政部每年都要向议会提交预算案以供其审查,并且逐渐成为惯例。[④] 18世纪末期,英国首相威廉·皮特在议会通过《统一基金法案》,规定把全部收支统一编制在一个文件中,这是历史上最早的预算文件。19世纪初,英国财政大臣向议会提出了一份完整

---

① 财政收入权和财政支出权是最为直接的财政权力,也是财政监督的主要内容,分别由税法等财政收入法以及财政支出法根据收入法定和支出法定的原则予以明确。

② 参见刘剑文主编:《民主视野下的财政法治》,北京大学出版社2006年版,第186—187页。

③ 参见翟继光:《财政法学原理——关于政府和纳税人基本关系的研究》,经济管理出版社2011年版,第45页。

④ 参见蒋孟引主编:《英国史》,中国社会科学出版社1988年版,第401页。

的预算报表，标志着现代预算制度在英国基本确立。① 从现代预算制度的产生过程中可以看出，预算的主要功能就是监督政府的财政收支。从那时起，预算一直是作为财政法律制度的外部机制存在的。随着预算制度的发展，它在财政收支中的作用越来越重要，逐渐从财政的外部走到内部，成为财政法制度不可缺少的组成部分。与之伴随的是预算的监督功能与其收支计划的功能并存，并且后者由于其具有经济上的意义而更为引人注目。预算的监督功能也渐渐从纯粹的外部监督转向财政管理。② 不过，从法治的视角来看，预算的监督功能极其重要，它控制着政府的全部收入和支出，既是规范财政权的基础规范，也是监督财政权的高级规范。

预算监督权在范围上贯穿预算过程的始终，包括预算编制监督权、预算审议和批准权以及预算执行监督权。其中，议会主要通过对预算的审议和批准来实现对财政行为的实体性监督。从理论上说，议会在审议预算草案的过程中，可以对预算草案批准通过、提出修改甚至加以否决。这就从实体上影响了预算的效力。在预算编制的过程中，议会主要通过其下设的专门委员会从宏观和整体上监督预算是否按照法定的原则、程序和方法编制；在预算的执行过程中，议会主要通过询问、质询或者要求政府部门定期报告预算执行情况，在特定情况下，议会还可以要求政府及其部门就重大事项履行临时报告义务。③ 议会在预算编制和执行过程中行使的预算监督权主要是一种程序性的权力，但是它可能引发对预算的实体性影响。

一个财政年度的预算执行完毕后，财政部门应当将预算执行情况的报告和决算草案提交议会审议批准，这是整个预算过程的最后一个环节，是一个具有监督管理性质的动态过程。④ 由于预算执行情况报告和决算案是对年度预算执行情况及其结果的系统和全面总结，因此对决算的审查也构成预算监督的一部分。在决算时，预算的财政资金已经执行完毕，因此如果审查决算时

---

① 参见〔美〕杰克·瑞宾、托马斯·D. 林奇主编：《国家预算与财政管理》，丁学东等译，中国财政经济出版社1990年版，第490页。

② 这或许也是现代财政法不再把预算法作为单独的财政监督法，而是将其纳入财政管理法的一个原因。参见刘剑文、熊伟：《财政税收法》(第五版)，法律出版社2009年版，第13页。

③ 参见刘剑文主编：《民主视野下的财政法治》，北京大学出版社2006年版，第193—195页、第204页。

④ 参见刘剑文主编：《财政法学》，北京大学出版社2009年版，第141页。

发现存在财政违法行为，议会有权启动质询、调查等程序要求追究违法行为的责任。

3. 技术视角：审计监督权

审计并不是独立的财政权力，而是存在于财政权力外部的一种监督机制。通过审计监督机制形成的审计监督权在国家权力结构上与财政收支和管理权之间形成分立和制衡。在审计监督的权力安排上，各国做法不完全相同，相通之处在于各国都赋予审计机构以独立的法律地位，尤其是独立于财政部门，同时审计机构应当对议会而不是政府负责。这既是监督权本身应当具有的性质，更是财政民主原则的要求。监督的前提在于独立，审计机关的独立性是其发挥作用的条件。进一步而言，审计机构独立性的程度决定着财政监督的效果。从发达国家的经验来看，审计机构向议会负责意味着审计机构是独立于行政部门的。例如美国的联邦审计署对国会直接负责并报告工作。[1] 德国联邦审计院与联邦议院、联邦参议院以及联邦政府处于同等地位。在这种情况下，审计监督具有较强的独立性，属于立法型审计。法国的审计法院依据审判机构法典的规定行使职权，协助议会和政府监督财政法规的执行。日本的会计检察院根据宪法设立，对财政支出方向和效率进行审计，审查支出结构是否符合产业和社会政策，各项预算执行是否经济合理，是否符合法定支出标准。[2] 这种审计机构的设置属于司法型审计，强调司法对于财政监督的作用。可见，审计机构的法律地位决定着审计监督权的性质，立法型和司法型的审计通过审计监督来影响立法和司法，从而达到财政监督的目的。在上述两种情况下，审计机构都独立于行政部门，从独立性的要求上看，都实现了良好的监督效果。如果审计机构仅仅是独立于财政部门而仍然隶属于政府，那么这种行政型审计就具有一定的局限性。由于政府财政部门本身是预算的编制和执行机构，向政府负责。而审计机构如果也需要对政府负责，那么这种监督则很有可能在政府的"协调"之下被虚化。因此，审计监督权应当尽可能与行政权相分离，而靠向立法权和司法权。

为了实现良好的监督效果，审计监督权在保持必要的独立之外还应当做

---

[1] 参见王名扬：《美国行政法（下）》，中国法制出版社1995年版，第941—942页。

[2] 参见财政部监督检查局课题组：《公共支出治理研究》，载贺靖邦主编：《财政监督文集》，中国财政经济出版社2007年版，第44—46页。

到公开。公开性的审计监督具有两个层面的价值。首先，审计监督权作为一种公权本身也可能被滥用，审计公开有助于避免这种滥用；其次，审计公开如同预算公开一样，将财政收支情况向社会公布，接受社会监督，这有利于更好地发挥监督的效能。从财税法治较为成熟国家的经验来看，无论是立法型还是司法型审计，都应当将审计报告和整改情况通过媒体向社会公开，这不仅构成对财政收支行为的约束，同时对审计人员自身也起到了很大的监督作用。审计公开是增强审计活动透明度的方式，向社会公告审计结果将是审计发展的必然趋势。在不违反有关保密规定的情况下，定期公布重大审计项目的审计结果，既可以用社会舆论督促审计对象纠正问题，同时起到教育和震慑其他单位的作用，又可以因审计结果公开披露而促使审计人员在审计工作中更加严谨和重视审计质量，从而有利于提高审计机关的权威性。审计公开既是财政监督的形式理性逻辑，同时也实现了程序正义，具有财政法治的典型价值。

（四）民主视野下的中国财政监督制度转型

财政民主不仅要求财政权力本身的规范化运行，还需要确立有效的财政监督制度。之所以赋予财政监督以独立的制度价值，就在于它能够通过自身的逻辑实现财政权力规范运行的法律实效。在中国当前的财税法治建设中，财政民主的实现主要依靠人大发挥其作为权力机关和监督机关的作用。通过做实人大的预算监督权来实现财政民主的目标，关键是要处理好人大与政府之间的关系。

1. *财政法定：人大财政监督权的制度基础*

财政法定原则，或称财税法定原则，其要求是财政领域的基本事项应由立法机关通过法定程序制定的法律加以规定。[①] 在人大财政监督权的制度设计上，我国《宪法》《各级人民代表大会常务委员会监督法》（以下简称《监督法》）和《预算法》的规定形成了较为完善的监督体系。根据我国《宪法》的规定，全国人大及其常委会的职权包括：监督宪法的实施、审查和批准国家

---

① 参见刘剑文：《论财政法定原则——一种权力法治化的现代探索》，载《法学家》2014年第4期。

的预算和预算执行情况的报告以及国家预算在执行过程中所必须作的调整的方案。地方人大在本行政区域内，保证宪法、法律和行政法规的遵守和执行；县级以上的地方各级人民代表大会审查和批准本行政区域内的预算及其执行情况的报告。这是《宪法》作为根本法，对财政监督权的顶层设计，确立了人大作为立法机关和权力机关同时也具有监督职能的法律地位。《监督法》是根据《宪法》规定，赋予各级人大常委会专司监督的法律。根据我国《监督法》的规定，各级人大常委会对决算草案和预算执行情况的报告主要审查预算收支平衡情况、重点支出的安排和资金到位情况、预算超收收入使用和安排情况、部门预算制度建立和执行情况、向下级财政转移支付情况以及本级人大关于预算批准的决定的执行情况等。由于人大常委会相对于人大的常设性，具有更加便捷的监督机制，因此在财政监督中能够深入到财政活动的细节之中。

《预算法》对人大财政监督权的规定更为专业，与预算的专门性和技术性相契合。根据我国《预算法》的规定，全国人大常委会监督中央和地方预算的执行；县级以上地方各级人大常委会监督本级总预算的执行；全国人大及其常委会对中央和地方预算、决算进行监督；县级以上地方各级人大及其常委会对本级和下级预算、决算进行监督；乡、民族乡、镇人大对本级预算、决算进行监督。在具体的监督方式上，赋予各级人大和县级以上人大常委会就预算、决算中的重大事项或者特定问题组织调查的权力；在人大和县级以上人大常委会会议期间，人大代表或者常委会组成人员可以就预算、决算中的有关问题依法提出询问或者质询。在调查、询问或者质询过程中，有关政府、财政部门和相关人员应当如实反映情况、提供必要材料和答复。

从总体上看，从人大的立法机关和权力机关的法律地位出发，人大享有的财政监督权在监督的层次上较为深入，也具有一定的专业化倾向，这既体现在专门性的预算监督和审计监督，也包括一般财政法立法监督。除此以外，在未来的制度完善过程中，可以考虑赋予人大在预算审议中的修改权、否决权，以及就财政审计提出问责的权力，这样能够进一步强化人大的财政监督权，提升其在财政监督工作中的地位，从而理顺人大与政府在财政监督上的关系。

2. 现状评析：人大履行监督职权之检讨

对于现行制度中赋予人大的财政监督权，关键是在实践中"做实"，也就是说，要让人大的财政监督权切实约束政府的财政行为。在实践中，人大财政监督权存在的最大问题是在预算审议和批准过程中过于形式化，没有起到真正的监督作用。尽管《预算法》规定了财政部门在人大会议前需要将预算草案提交人大专门委员会进行初步审查，不过从实践情况来看，这种初步审查一般难以涉及预算草案中关于资金分配等实体性内容，而仅仅是程序性的审查。在正式的人大会议中，审议的时间更加有限，难以保证人大代表对预算草案提出详细的意见。不仅如此，在对预算草案进行表决时，由于实行"一揽子通过"的办法，人大代表无法对单个项目提出独立的意见。这种不科学的表决方式也制约了人大监督权的效果。在有些地方，人大履行预算监督权在实践中有不少在现行制度之外的创新做法，部分取得了较好的效果，但是需要在法治层面上加以评估。例如，在预算编制阶段，人大通过专门委员会"提前介入"，行使预算编制监督权，固然是一种在财政监督过程中获取信息和沟通的做法，但是否会造成进一步虚化人大对预算的审议批准权，从而在事实上完全架空人大的预算监督权，是值得反思的。尤其是，人大专门委员会和人大常委会预算工作委员会等机构在性质上与人大是不尽相同的，这种人大及其常委会的具体工作机构在性质上更近似于行政性机构，由其来行使人大的部分监督权需要特别谨慎，要防止人大的预算权被常委会的工作机构代替或超越，从而造成人大财政监督权形式上强化而实质上弱化的结果。①

在审计监督方面，人大还缺乏与审计机构的工作衔接机制。从中央层面来看，自2002年开始实施审计结果公告制度以来，审计署自2004年开始每年均公开中央预算执行和其他财政收支审计公告。对于其中存在问题和整改情况，审计公告中只是作了简单的说明和建议，缺少明确和彻底的解决手段。由于审计署隶属于国务院，且根据权限其只能出具审计报告、下达审计决定书和提出建议，并没有进一步的处理权限。而全国人大常委会作为中央预算执行监督机构，对审计公告中指出的问题也缺乏有效的问责机制。这导致审

---

① 关于人大在预算监督中的"提前介入"，参见林慕华、马骏：《中国地方人民代表大会预算监督研究》，载《中国社会科学》2012年第6期。

计监督只起到了发现问题、建议整改的作用，而不能从根本上杜绝违规和违法现象的产生。从历年的审计结果公告来看，同样问题重复出现的情况很多。① 在地方层面，人大的财政监督与审计监督之间也存在较为明显的脱节，使得财政监督难以发挥整体性的效用。②

从总体上看，人大的财政监督职能在现实中的表现与财税法治的要求存在较大的距离，集中的表现是过程的形式化和缺乏问责性。这使得财政行为既缺少过程控制也没有效果保障，政府权力在财政运行中往往超越人大，部分财政监督权也仅局限在政府系统内部。这造成了我国财政监督空洞和失效的不良后果。

3. 制度变革：做实人大财政监督权

要做实人大的财政监督权，就要把人大的财政监督从程序性引向实体性，从形式化推进到实质化。作为权力机关，人大的主体是代表，因此做实人大的财政监督权的关键在于强化人大代表审查预算的专业性和实质性。就预算而言，首先需要人大代表具有审议预算的业务素质。在我国，由于人大代表不实行专职化，也欠缺专业化的要求，因此，在审议预算的过程中可能会遇到专业性障碍。为了避免这种障碍所导致的审议过程形式化，应当注重人大代表的专业背景，保证一定数量的具有财政、税收、法律及其管理背景的人大代表参与预算审议。在我国现行制度下，能够承担这一任务的主要是人大财政经济委员会等专门机构。因此对于专门委员会的成员应当确保其有充分审议预算的权力。我国《预算法》第 22 条规定，全国人大财政经济委员会和省、自治区、直辖市人大有关专门委员会对预算草案初步方案及上一年预算执行情况、预算调整初步方案和决算草案行使初步审查权，并要求相应的政府财政部门对提出的意见及时反馈，且将反馈意见印发人大代表。上述规定尽管确立了人大与政府在预算草案初步方案上的沟通机制，但并未赋予人大代表对预算草案的修改等具有一定强制性的权力。也就是说，人大代表在财政监督方面还缺少硬性的制度设计，这必然带来权力虚化。

---

① 参见审计署网站"审计署公告及解读"栏目：https://www.audit.gov.cn/n5/n25/index.html，访问时间：2022 年 10 月 23 日。
② 参见王波：《地方人大财政监督与地方政府审计机关财政审计相结合的思考》，载《学习与实践》1999 年第 10 期。

因此，做实人大财政监督权的思路是赋予人大对预算提出修改等硬性的权力。由于修改预算可能涉及财政资金的分配，包含着实体性的财政权。修改的前提是了解预算编制的原理和要求。人大作出修改预算的决定也需要经过适当的程序和方式。对此可以考虑从四个方面加以改进。一是在预算编制方面要求财政部门提交详细的预算草案并尽可能保证草案的清晰易懂，从而降低预算审议的专业性障碍，使得人大代表能够参与到预算的编制中；二是在人大代表中组成预算审查的专业小组并设置专门和独立的预算审议程序，对预算草案进行专业化和实质化的审查；三是加大预算公开的力度，将预算草案向社会公开，接受社会监督；四是在预算审查过程中引入必要的辩论和听证程序，将预算沟通过程公开化和透明化。

人大的财政监督权是代议制民主下的人民财政监督权的受托行使方式。为了督促受托人更好地行使这种权力，应当引导和推动公民参与到财政监督的过程中，建立参与式财政监督。在当前我国的一些地方，尝试建立多样的参与式预算模式，这可以引导公民有序参与到预算的编制、审查和执行监督的各个环节，赋予公民个人以通过预算参与对财政活动进行不特定性监督的权力，增加违法和违纪财政行为被发现的概率，有助于约束政府财政行为。因此，做实人大的财政监督权不仅要从作为"机构"的人大及其常委会、各专门委员会等机构的强制性权力入手，同时还要加强作为个体的人大代表的财政监督权，并通过这种个体性的监督带动社会公众监督政府财政行为，真正实现财政民主理念下的财政监督。

三、财政监督与财政平等理念

平等是人类社会始终追求的美好价值，因其内含着对公平正义的维护，更成为法治的一项基本原则。在私法上，平等强调的主要是当事人的意思自治及其互不强制的法律地位；而公法上的平等则具有更强的实质公平与正义的意味。无论在公法还是私法中，平等都构成现代法律制度所要求的行动底线，是衡量正义的重要指标。在财政法中，平等在制度上主要体现为一种公平的对待。① 在税法中，平等原则广泛适用，既包括征税的平等，如量能课税原则；也应当包括用税平等，即受益原则。在财政平衡法上，平等原则包含了地区间公共服务均等化的目标，它要求中央与地方以及地方之间财政资源的平等分配。现代财政法具有多元的价值维度，从分配正义的角度来看，财政法的公平价值是非常显著的。为了推进财政平等，有必要将该项法律原则与财政监督的机制相结合，探索构建促进财政平等的财政监督法律制度的路径，并结合中国的现实状况推动相应的制度转型。

（一）财政平等理念及其法律原则

平等是近代人类社会追求的基本价值之一。在资产阶级革命过程中，平等与自由作为政治诉求被提出之后，随着资本主义国家的建立以及对这一理念的深入认同，"平等"成为一种法律原则。近代各国宪法，无不将平等作为一项基本原则。如法国1789年《人权宣言》第1条规定："在权利方面，人人与生俱来而且永远自由平等。"宪法上的平等原则所体现的还是一种政治诉求，具体表现在选举等一系列政治性权利和自由之中。

在法律的层面上，平等作为基本原则得以确立首先反映在私法领域内。在私法体系中，平等首先是作为一种意思自治的理念和技术被限定在私法的范围内，通过赋予各类主体以法律拟制的统一性人格，主体享有自我处置私权的自由，不受其他任何主体的强制，以便其开展交易活动。同时，法律对于所有参与交易的主体施以平等保护。② 与之相对应的是，在公法领域，国家及其政府部门与相对人之间形成管理性的不平等关系。一般认为，在传统的公法关系中，行政机关与相对人之间是不平等的，前者享有强制性权力，而后者需要服从前者的意志。其中的法理基础在于，私法关系中所蕴含的是个体与个体之间的矛盾，为保障私人自由，法律一般不施以强制；而公法则是为了调整个体与共同体之间的关系，为了形成良好的秩序，要求个体应当服从于共同体，因而必须有强制作为保障。

---

① 参见熊伟：《财政法基本原则论纲》，载《中国法学》2004年第4期。
② 例如，在民法上，平等的含义是民事主体之间彼此独立，民事主体意思自治，任何一方不得将自己的意志强加于对方。这是一种法律所赋予的地位上的平等，也包括对各类主体给予平等的法律保护。

从法律制度的性质和分类出发，上述原理有利于区分公法和私法两类不同制度，具有逻辑上的意义。不过，公私二元分立的制度观念制约了平等概念在公法体系中的发展。然而，无论是作为一个法律概念还是法律原则，平等并非仅仅局限在私法理念和技术的形式层面上，而是同样作为具有实质意义的价值存在于公法之中。

1. 相对公平：公法中的平等原则

从法律制度的整体视角来看，平等原则不是私法领域中的独有概念，公法中同样存在平等原则的空间。不过，公法中的平等原则具有与私法不同的含义。"私法的精髓在于主体地位的平等，只有地位平等，私法之当事人的任何一方才不得把自己的意志强加于对方。因此平等原则最集中地反映了民事法律所调整的社会关系的本质特征，也是市场经济条件下平权关系当事人的必要前提条件。"[1] 在私法中，平等原则并非当事人的实际地位平等，而仅指法律地位的平等。这种平等是法律拟制的或者形式上的。公法上的平等原则主要是从精神或者价值层面来展开的。这一原则所要体现的是法律对于所有主体的平等对待。具体而言，平等原则在私法和公法中的区别在于：首先，平等原则在私法中主要侧重形式意义，体现法律的"形式理性"，而在公法中在凸显其实质意义，强调公平正义；其次，私法调整的领域中，由于双方具有平等的法律地位，平等相对比较容易实现；而在公法的范围内，行政主体与相对人之间存在性质和地位上的差异，并不符合平等的实质要求。[2] 因此，在公法上，平等不再作为一种法律技术赋予公法关系中的当事人以形式上平等的法律地位，而是要求权力与权利之间的互动。在公法的关系中，平等原则的作用主要体现在两个方面：第一，约束和限制公权力一方，要求其按照法定的程序实施而不得滥用；第二，保障和实现私人权利，防止其受到来自公权力的肆意侵犯。

宪法上的权利平等原则是公法平等原则的基础。有学者统计世界上142个国家的宪法文本发现，将"法律面前人人平等"或者"平等权利"写入宪

---

[1] 范进学：《私法理论对法理学的贡献》，载《法学论坛》1997年第4期。
[2] 参见莫于川、田文利：《公法共同价值论要》，载《法学论坛》2007年第4期。

法的国家有117个，占80%以上。① 在宪法中，平等既是一种权利，也是一项原则。"平等是一种神圣的法律，一种先于所有法律的法律，一种派生出各种法律的法律……由全国人民大声说出的平等这个词就成为一种原则、一种信条、一种信念、一种信仰、一种宗教。"② 在行政法中，随着认识的不断深入，学者们更倾向于发现行政主体与相对人之间关系的平等性，并指出行政法律关系中的"不平等"是建立在"平等"基础之上的，"不平等"实际是为实现最终的"平等"而使用的手段。不仅如此，这种"不平等"并非普遍存在于行政法律关系中，尚有行政合同、行政许可、行政给付、行政服务等诸多体现"平等"的、契约式的行政手段与之并用。③ 在财政法上，财政平等原则体现着对正义的追求，它在制度上体现为一种平等的对待，包括财政收入方面纳税人的平等牺牲、财政支出方面权利人的平等受益以及财政程序中的平等处理等。④

可见，平等原则在公法上具有广阔的适用空间，它体现着制约公权、保障私权的法治精神，通过公开公平的程序实现个体与共同体在利益上的平衡。值得注意的是，平等原则在公法上具有深奥和丰富的内涵，可以从权利平等、机会平等、保护平等多个角度展开分析。但就财政法而言，平等原则主要体现为两个层面：第一，国家与私人之间的平等，通过财政法定原则来约束国家权力⑤，保障私有财产权；第二，私人之间的平等，通过量能课税、受益者负担、公共服务均等化等原则来确保私人获得平等对待。

2. 财政平等原则的法理基础

财政法具有公法的特质，具有规范和制约财政权力的制度功能。如前所述，公法上的平等原则主要在于制约公权并保障私权，就财政法而言，在公共财产的取得和支配过程中，公权的运用必须符合财政平等原则。在税收征收方面，税收法定原则居于首要地位，它所体现的是纳税人对国家课税权的

---

① 参见〔荷〕亨利·范·马尔赛文、格尔·范·德·唐：《成文宪法的比较研究》，陈云生译，华夏出版社1997年版，第146页。
② 〔法〕皮埃尔·勒鲁：《论平等》，王允道译，商务印书馆1991年版，第20页。
③ 参见崔卓兰：《论确立行政法中公民与政府的平等关系》，载《中国法学》1995年第4期。
④ 参见熊伟：《财政法基本问题》，北京大学出版社2012年版，第49页。
⑤ 参见刘剑文：《论财政法定原则——一种权力法治化的现代探索》，载《法学家》2014年第4期。

同意与认可。这种同意与认可是建立在纳税人与国家平等基础上的。在现代税法学理论中,关于税收法律关系的性质,越来越多的人倾向于"债务关系"而非"权力关系"。① 这种认识发生转向的根源之一就在于财政平等原则在财政法上逐渐被接受。通过税收法定原则对征税权的制约,国家和纳税人之间的平等关系得以维系。其次是量能原则的确立,它要求根据纳税人的财产能力来平等地决定税负的轻重。② 从国家的角度来说,量能原则表现为量能课税;从纳税人的角度则体现为量能负担。由于直接税具有调节财产和收入分配的功能,因此量能原则所要求的是纳税人之间的平等,具有社会财富平等分配的意义。

在财政支出方面,受益原则要求费用的征收与缴费人受益之间的关联关系。换言之,只有享受了特定公共服务或者设施便利的人才负有缴纳费用或者基金的义务,不得要求与此无关的个体承担。在财政程序方面,集中体现财政平等原则的是财政公开和透明原则。无论是征税的程序、公共资金的预算管理还是财政支出,都应当具有公开性,使得公众能够明确感知税收的存在及其负担轻重,通过产生和维系这种敏感的"税意识",才能有效监督政府的财政行为。③

从公共财政的背景出发,财政在满足社会公共需要的过程中,应当为全体社会成员平等地提供公共产品。在财政法中,这体现为政府基本公共服务均等化的法律要求,也是财政平等原则的重要体现。在一国范围内,如果基本公共服务不能做到均等化分配,那么不仅会严重制约经济社会的协调发展,而且违背了财政平等的基本原则,导致财富分配的不公平,不利于保障特殊群体的基本人权。④ 财政平等原则要求实现国家基本公共服务的均等化,从根本上是实现中央与地方财税关系的平等化和法治化。除了构建合理的税制结构之外,完善的财政转移支付制度对于实现这种财政平等的目标也具有直接的作用。对于单一制的大国而言,由于经济发展的不均衡必然带来地区上的

---

① 参见刘剑文:《财税法专题研究》(第二版),北京大学出版社2007年版,第162—168页。
② 参见 David N. Hyman, *Public Finance: A Contemporary Application of Theory of Policy*, 6th ed., Harcourt College Publishers, 1999, p. 663.
③ 参见许建标、朱为群:《透明可见:税制构建的基本原则》,载《现代经济探讨》2012年第1期。
④ 参见阳建勋:《完善基本公共服务均等化之经济法路径》,载《法学》2008年第5期。

贫富差距，而国家政权组织形式将这种矛盾指向了中央与地方在财税问题上的权力配置。因此需要构建财力与事权相匹配、事权与支出责任相适应的制度，通过理顺央地之间的分配关系来实现基本公共服务的均等化，进而满足财政平等的要求。

3. 财政平等原则的法律判准与实现机制

现代财政法不仅具有规范财政权力的功能，同时还具有实现分配正义的价值。财政平等原则在规范财政权力和促进公平分配方面处于极其重要的地位。要在上述两个方面发挥作用，财政平等的理念和精神必须融入财政法的规则之中发生效力。作为法律原则的财政平等，只有延伸到具体的法律规范中才能具有现实生命力。在财政法的规范结构中，作为公权的财政权力同时具有职责属性，是不可放弃的权力。"财政授权"暗含着财政义务与责任的设定。因此，有关设立财政权力的法律规范对于政府而言在类型上属于义务性规范，具有强制性。财政权力的行使需要遵循法定的程序，通过对财政权力的程序性控制来约束和规范政府收支行为，这在财政法的制度体系中表现为预算权的配置。要实现预算权的合理配置就需要妥善安排预算在编制、审批、修改和执行中的各项权力。这种权力配置规范的属性也具有强制性。可见，从规范财政权力的角度来说，财政平等的原则是通过对财政权的强制性约束实现的，也就是说，政府在财政法规范中不仅享有权力，同时还始终处于义务和责任的约束之中。财政权力本身不具有至上性，而仅仅是实现保障权利目标的手段。衡量财政权力的运用是否符合财政平等原则的标准就在于人民的需求是否得到平等的满足，财政权力是否保障了人民平等地获得基本的公共服务。

财政平等原则通过具体的财政法律规范所提供的程序和标准来约束财政行为，实现了对财政权力的初次法律规范。但这并不能保证财政权力主体在现实中必然严格按照法律规范的行事。初次规范的作用仅仅在于为财政权力划定了边界，需要在此基础上进一步寻找实现规范效力的途径。正如前文在权力监督与权力一般法律控制的关系中提到的，监督的目的在于确保在实践中遵守法律，增强行为的规范性，避免随意性。因此，财政监督是建立在财政法律初次规范基础上的再规范制度。要落实财政平等原则，需要通过对财政权力运行是否符合初次规范进行严格的监督和效果检验。由于财政法上的平等原则是公法原则，它所强调的既不是法律地位的平等，也不是法律关系在形式上的平等，而是财政权力行使的过程和结果是否符合实质公平。因此，财政监督的着眼点应该是财政运行的程序及其所带来的权利和义务状态。具体而言，包括税收征收程序、预算管理程序、财政支出程序、转移支付程序以及经由上述程序实现的纳税人权利义务状态。如果在财政权力的过程中违反了初次规范，或者导致了纳税人未能获得平等对待因而权利受损的法律后果，那么该财政行为就违背了财政平等原则，需要启动财政监督机制来纠正上述违法的财政行为。

从更为本质的层次上说，如果财税法的制度设计未能提供有利于财政平等的规则，那么财政立法及其制度本身就违反了财政平等原则。基于此，实现财政平等原则的首要因素是确保立法中的财政平等，也就是要民主立法和科学立法，以落实宪法上的平等原则；其次是在财政执法中的平等对待，即符合平等处理原则。① 在财政立法的过程中，需要通过税收法定、预算法定以及支出法定等宪法性原则来约束财政立法行为，使其不仅确立财政平等原则，还要落实到具体的法律规范之中。这种对立法的监督需要从宪法监督的角度展开，并且应当配合合宪性审查的司法程序方能有效实现财政平等原则。

（二）财政平等与财政监督的理论关联

财政平等作为一项财政法的基本原则具有抽象性和概括性。然而，在财政领域的实践中，社会需要的是在个案中"看得见的平等"。从财政权力的角度来看，平等原则主要体现为财政权行使的现实效果符合平等原则的要求。财政平等原则不仅是引导财政法制度建构的重要理念之一，同时也具有指导和补充财政法规则的功能。不过，对于财政平等原则的认可并不意味着其在实践中的落实。因此需要从具体的规则层面保证财政平等原则落地。财政监督具有落实财政法规则效力的作用，构建科学高效的财政监督机制有利于在实践中推进财政平等，实现财政法律制度的实效。在财政法律关系中，从宏观上来看，有三对关系是最为基本的，即国家与纳税人的关系、中央与地方

---

① 关于财政平等原则，日本税法学者金子宏通过"税公平主义"来阐述，特别强调了税法上的平等和公平原则与立法和执行的关系，其所谓的"税公平主义"与财政平等原则具有相近的含义。参见〔日〕金子宏：《日本税法》，战宪斌、郑林根等译，法律出版社2004年版，第64—70页。

的关系以及立法机关与行政机关的关系。在财政平等原则之下，上述关系都包含着追求平等的要求，也需要构建相应的财政监督制度来促进各类主体之间的平等。

1. 保障基本人权的监督机制：国家与纳税人的关系

国家与纳税人的关系是财政法中最基本的关系。在现代税收国家，财政收入的大部分都来自纳税人劳动创造的财富。通过税收积聚形成的公共财产均源自纳税人的私人财产。可以说，国家与纳税人之间的关系是公共财产形成的基础性关系，也是所有财政法律关系得以建构的前提。从传统的观点来看，国家享有取得财政收入的权力，这种权力具有强制性，是国家以法律及其背后的暴力机制作为后盾来确保其实现。纳税人如果违反这种法律，就会受到国家强制。以此观念为基础来看待国家与纳税人的关系显然是不平等的。在现代国家理论中，国家权力并不具有终极意义，并且既非"天赋"也非"神授"，而是来源于人民。人民主权理论认为人民是国家的主体，是一切国家权力的来源，财政权力也不例外。可见，作为国家权力的财政权来自人民的授予，其自然也应该服务于人民并且受人民监督。① 这种政治性的观念所阐释的原理同样可以适用于财政法学领域。所不同的是，人民的概念与纳税人之间略有差别。如果从宏观意义上来看，二者之间在范围上是相近的，财税法只是为了凸显人民所负担的纳税义务而构建了一个独特的范畴。

值得注意的是，财政平等原则并非要求国家与纳税人之间具有平等的法律地位，这在事实上也是不可能的。国家作为共同体其中已经包含了作为纳税人的个体。在国家与纳税人的关系上，财政平等指的是国家的财政收入权力需要经过纳税人的同意，它来源于财政民主原则，但是又与之有所区别。民主原则侧重于人民在国家中的主体性地位，而平等原则强调的是国家财政权与私人财产权的利益平衡。为了实现这种平衡，需要通过财政法定原则来对国家财政权实施控制。根据法治的基本原则，所有的"法定"原则不能来源于法律本身，而需要寻找更高的制度依据。因此，财政法定本身应当属于宪法性原则，通过宪法原则来制约立法。

在国家与纳税人之间，财政平等原则主要是依靠宪法监督的方式来实现

---

① 参见刘剑文、熊伟：《税法基础理论》，北京大学出版社2004年版，第36页。

的，也就是说，立法机关的财政立法、预算审批等行为应当受到来自财政法定的宪法原则的制约，并且在可能出现违宪的情形下需要建立相应的审查机制。在这种宪法监督机制下，财政法在具体的制度设计上需要保证税制的公平合理、预算资金分配的妥适性等。例如，在税收立法中，要考虑直接税与间接税的比重以及税率选择与确定的合理性；在预算审批中要考虑预算的规模及其项目设置是否恰当等，因为"个人必须'决定'政府财政预算的适度规模，以及财政预算组成项目"。[1]

2. 保障公共服务均等化的监督：中央与地方的关系

在财政平等原则的含义中，涉及政府间财政关系时，对于联邦制和单一制国家有不同的观念。在联邦制国家，地方与中央之间具有较为松散的关系，各自拥有相对独立的财政权力，因而通过财政分权形成财政法上的"财政联邦主义"；而单一制国家则强调中央对地方的决定权和支配权，形成财政法上的"财政集权主义"。无论是财政联邦主义还是财政集权主义，所要解决的都是中央政府与地方政府之间的财政关系，意图达到财力与事权相匹配、事权与支出责任相适应的均衡状态。中央与地方的财政关系是财政法中的重要方面，数额及财政权力的纵向配置，影响公共产品在不同地域之间的分配，决定着不同地区人民能否平等享受到基本公共服务。在财政联邦主义理念中，税权的分配是一个核心问题。[2] 因此，如何通过税法在中央与地方之间科学划分税权和税收收益是实现财政联邦主义的前提。其次，对于公共产品和服务的提供，财政联邦主义也认为需要区分不同的级次。中央政府一般负担全国普遍性的公共产品和服务，如国防、一般福利、基础教育等，而地方则根据本地经济和社会发展的具体情形在中央级次的公共产品基础上补充提供地方特别的公共产品。在实现政府间纵向财政关系均衡的同时，还需要考虑不同地域间的政府财政关系，即横向的财政均衡，这需要建立完善的转移支付制度。按照财政法定的要求，上述制度均须通过立法的方式，以法治化的方式推行财政联邦主义，以体现财政平等原则。

按照重要性原则，政府间财政关系涉及财政权力配置的基本问题，属于

---

[1] 〔美〕詹姆斯·M. 布坎南：《民主财政论——财政制度和个人选择》，穆怀鹏译，商务印书馆1993年版，第13页。

[2] 参见张守文：《财税法疏议》，北京大学出版社2005年版，第67页。

财政体制的范畴。在法律渊源的角度来看，应归属于宪法调整较为适当。央地之间的财政关系不仅影响着国家治理的效率，还关系到全体社会成员尤其是贫困地区和弱势群体基本人权的实现程度。在普遍认同财政基本原则的共识之下，应该探究的问题是如何确保财政平等原则首先在法律的制度设计中得以体现，其次是体现财政公平的制度能够在实践中发生效力。针对这种需要的财政监督机制主要依靠作为立法机关的议会通过监督宪法的实施以及对立法的监督来实现。在公法的视野中，实质意义上的法律治理越来越倚重宪法对立法权的约束，尤其受到基本人权的制约。①

3. 对授权立法的监督：立法与行政的关系

立法与行政的关系直接关系到财政平等原则实现。现代国家一般通过代议制来决定国家重大财政事项。因此财政决定权掌握在议会手中。然而，在现代国家治理中对效率的追求往往导致行政权力的过度膨胀。立法机关与行政机关的这种冲突需要在现实中寻求妥善的平衡之道，既要确保立法机关的权力落实，防止行政机关的肆意侵入，又要满足现代社会对国家治理效率的需求。由此而产生的问题便是如何平衡议会的决定权与政府行政权之间的关系。实践表明，权力越集中越容易导致滥用，因此权力分立成为制度设计的普遍选择。西方国家的三权分立制度是一种典型的权力分立与制衡的制度设计，具有一定的合理性。该体制本身就包含了权力之间相互监督的思路。通过议会享有立法权与决定权，政府享有行政权以及法院享有的司法权来形成权力相互监督与制约的闭环。财政领域的分权也基本套用这种模式。在立法与行政的关系上，最为根本的是要确保议会对立法权的掌握，特别需要防范行政机关对立法权的僭越。

从 19 世纪末开始，在财税立法中出现了授权立法的现象。"政府为了应付某种紧急情况或实施某种实现需要保密的政策起见，有时从议会得到用行政管理法规规定租税或变更税率的权力，特别是关于进出口税的征用和税率需要随时调整，往往委托行政机关决定。"② 一般认为，议会授权立法行为要特别谨慎并且对授权立法附带多项严格限制。对于财政基本事项和重大事项，

---

① 参见黄俊杰：《财政宪法》，台湾翰芦图书出版有限公司 2005 年版，第 285—287 页。
② 王名扬：《英国行政法》，中国政法大学出版社 1987 年版，第 108 页。

议会一般不得授予行政机关代而为之。从历史的发展来看，税收立法部分采用授权立法的方式既有权力博弈的因素，也是客观上社会变革导致政府职能急剧扩张的产物。在财政决定权方面，一个典型的表现是预算案的调整。由于客观情事的变化，议会难以立即通过法定程序作出修改预算的决定，而现实需要政府立即作出资金安排。在这种情况下，政府往往只能先行作出不符合原来预算的决定，之后再通过议会完善有关程序。因为"权力分立只是政治智慧的一个规则，当公共政策有坚实的理由要求该规则让路时，它就必须让路"。① 应当承认，授权立法在应急性和临时性的事项上具有积极效果。不过，这种便利性不应当成为随意扩大授权立法的理由。除了必须遵循授权立法的基本规则之外，权力机关应当强化对授权立法过程和内容的监督。这需要在明确立法程序和权限的基础上，强化立法机关的职能，从根本上说需要构建一个强势的议会来监督和约束政府的行为。

（三）促进财政平等的财政监督法律制度构建

无论是财政平等原则还是具体体现这一原则的法律规范都仅仅是对财政权力在文本层面的规范和要求，它不代表财政权力在实践中真正贯彻了平等原则。只有构建并实施有效的财政监督机制，对财政行为及其效果进行监督，评估其对于财政平等所要求的具体标准的符合程度，并在监督过程中引入公众参与，实施公开透明的监督程序，对监督结果开展有效的问责，才能保证财政平等原则的法律实效。具体而言，促进财政平等原则的实现需要从财政监督主体的多元性、程序的公开性以及结果的问责性入手。这几个方面既体现着财政平等原则的精神，也推动着财政平等原则的实现。

1. 监督主体的多元性

通过监督机制而构成的关系中，主体之间往往不是一一对应，而是呈现多元形态。从监督的原理出发，唯有保持这种多元的监督主体结构，被监督主体及其行为才可能保持规范性。就财政监督而言，从理论上说能够处于监督主体地位的包括立法机关、审计机关、司法机关，如果从特殊监督方式上

---

① 参见邓世豹：《授权立法的法理思考》，中国人民公安大学出版社2002年版，第33页。

来看，还包括社会公众。[①] 其中，立法机关和司法机关的监督属于传统的权力式监督，是在权力分立和制约理论框架下的监督机制。社会公众的监督属于现代参与式的监督，是在政务公开、政府职能转型的背景下逐渐形成的监督机制。[②] 两种不同类型的监督体系具有各自的特点，促成了监督主体的多元性。不同监督主体之间的程序转换可以确保监督主体的多元性，增加了发现被监督违规行为的可能性，有力约束了被监督对象的权力行为。需要注意的是，监督主体的多元性并不仅仅意味着多个监督主体的简单并存，同时还需要它们之间形成合理有效的结构，相互之间能够发生必要的程序转换，以保证整个监督机制处于动态运行的过程中，形成动态的监督过程。这有利于确保监督程序的流畅，避免在个别环节发生阻塞而影响监督的效果。从监督机制的运行过程中出发，不同的监督主体之间还应当存在相互转化的可能性。例如，预算监督中发现的问题可以进入审计监督程序或者在审计监督中发现的问题可以转入司法监督程序。如此一来，对于可能存在的财政违法行为至少设置了防范、发现、纠正和查处四个基本的监督节点，大大提升了监督的效率。

在财政监督领域内，基于权力性质及其配置结构，不同的监督主体各具优势和特色，同时也各有局限。立法机关的监督权处于主导地位，能够行使全面和决定性的监督权，但是由于其处于相对远离财政执行程序的位置，因此一般只能通过预算监督来行使其监督权，难以发挥直接和高效的作用。审计机关掌握财政预算与政府会计的专业资源，能够直接切入财政过程，发现其中存在的问题，但是其地位往往与被监督者处于平级，甚至还可能受制于被监督者，因此难以产生有力和彻底的监督效果。司法机关具有权威性和程序终局性，能够通过裁判程序赋予财政监督以确定的效果，不过，出于司法权的被动性，往往需要依赖大量的前期工作和专业资源的支持方能有效配合

[①] 社会公众的财政监督既可以从监督主体的角度理解，也可以从监督方式的角度理解。从监督主体的角度而言，基于公共财政理念，任何组织或者个人都可以实施财政监督行为。从监督方式来看，社会公众的监督主要依靠财政公开，包括预算公开、审计结果公开等。

[②] 在现代国家治理的过程中，政府信息公开、行政过程透明度以及建设服务型政府的观念逐渐取代了传统的封闭型、强制性和管理性的政府管理。在这种趋势下，参与式治理成为一种极具竞争力的国家治理理念。同样，参与式监督也构成了其中的一个重要环节。参见王锡锌、章永乐：《我国行政决策模式之转型——从管理主义模式到参与式治理模式》，载《法商研究》2010年第5期。

财政监督。可见，要形成全面有效的财政监督机制，必须依赖多元化和有层次的监督主体相互配合，形成科学合理的监督结构。

2. 监督程序的公开性

监督程序是监督机制的法律过程，对构建有效的监督机制有着直接而重要的影响。在法治化的视野里，程序正义首先表现为程序公开。这不仅是确保实体正义的必要条件，也是程序正义本身的逻辑。就监督而言，它原本属于法治的一个环节，是确保法律实效的重要机制，因此监督必须依法进行，而不可逾越法治的基本框架。监督程序的公开性内含有两个层次的公开，第一是监督对象自身程序的公开，第二是监督程序的公开。在财政监督中，监督程序的公开性首先要求一般财政运行程序的公开，其次是对一般财政活动监督过程的公开。由于现代国家对财政的法治化要求，财政活动本身有其法律过程，从最基本的方面来看，包括预算编制、审查和批准以及执行。在执行程序中，又包括各种征收程序、国库管理程序以及财政支出程序等。上述这些程序是确保财政运行的基本需要。对于财政监督而言，首先要求这些程序公开，或者说财政监督本身就包含促成上述财政程序公开的意义。更为明显的是，有些财政监督程序本身就套嵌在财政程序之中。如预算监督就是在预算程序中对财政活动实施监督。预算程序本身就是财政程序，并且是基本的财政程序。没有预算程序，财政是无法运转的。只有财政程序本身做到公开，才有可能建立起有效的监督机制。不仅如此，财政程序公开是成本最低的监督方式。正所谓"阳光是最好的防腐剂"，财政公开也是最好的财政监督。财政程序公开是相对于纳税人或者全体人民的公开，这种公开直接体现财政平等的原则。它意味着纳税人不再仅仅是财政法上的承担纳税义务的主体，同时也是拥有用税监督权的主体。

财政监督程序公开的第二个层次是指监督本身的公开。相对于财政程序，财政监督具有外部性的特征，在一定程度上独立于财政程序本身，如审计监督和司法监督。就权力型的财政监督而言，监督程序的公开目的在于确保监督权的正当行使，同时防止监督者被收买而与监督对象相勾结所导致的监督失效。这一点在审计监督中体现得尤为明显，"公开既可以有效监督审计对象，也可以有效监督审计机关"。① 审计监督的可靠性不仅来源于其专业性，更重要的是其公开性。审计结果公告制度是审计监督程序公开的一个重要内容。由于审计监督和司法监督程序本身有其相应的规范，由审计法和诉讼法等制度加以规定，而非局限于财政法制度之中。因此，在推进财政监督程序公开性的过程中要注重财政法与其他有关法律的相互配合。②

3. 监督后果的问责性

良好的监督效果不仅取决于"谁来行使监督权"以及"如何行使监督权"，还要看对于监督过程中发现的问题如何处理。换言之，在多元性和有层次的监督主体以及公开化的监督程序基础上，还需要确保对监督后果的可问责。法治作为一种治理方式，最基本的原理就在于对违反规则的行为施加不利的法律后果，以达到弥补损失和惩戒的目的。监督机制尽管可以看作是独立于一般法律规范发挥作用的特殊制度，但是评估监督机制的效果仍然需要以监督后果作为基本标准。从监督机制的原理出发，它包含了防范、发现、纠正和查处四个基本的环节。其中，"防范"主要在于建立预防机制或者提前发现并抑制可能出现的违规行为；"发现"的目的在于从证据和事实的角度控制权力；"纠正"主要是使权力回到正常和规范的轨道上；"查处"是对被监督者施以不利后果，以震慑潜在的违规者以及确保权力能够规范运行。公共管理学者认为，"建立一个负责的政府——对公民负责的政府——是现代国家建设的最终目标"。③ 这里的"负责"首先是财政上的负责。如果一个国家对人民在财政上不能负责，那么就谈不上是一个负责的政府。而"负责"需要靠"问责"予以保障。如果政府行为不能被问责，那么也就谈不上要求政府负责。实际上，问责作为一种机制最早的表现就是财政问责（financial accountability）。④ 可见，在财政问责的概念中，就包含了财政监督的含义。

作为财政监督的一个必要环节，问责不仅是一种政治责任，同时也是一种法治要求。"权责一体"是法律在设计和授予权力时遵循的一项原则。掌握

---

① 袁曙宏：《审计监督的独立性和公开性是关键》，载《审计研究》2004 年第 4 期。
② 例如有关政府信息公开和司法公开的制度实际上就含有促进预算公开、有关财政案件的审判公开的作用。因此，对于监督程序的公开性研究不仅要着眼于财政法制度本身，还有其他相关的法律制度建设。
③ 参见马骏：《政治问责研究：新的进展》，载《公共行政评论》2009 年第 4 期。
④ 同上。

财政权力的主体对财政权力的行使及其后果负责，权力的缺位、越位以及错位都可能给权力主体带来责任性的后果。这种后果可以是程序性的，如预算案因被否决而不能获得通过；也可以是实体性的，如某项违规的财政支出被取消；还可能是惩罚性的，如有关官员被处分甚至处罚。在有效的财政监督体系之下，财政权力主体是受到严格监控和约束的，这主要源自问责所带来的强制效果。在公共财政的观念里，政府理财不同于企业和私人理财，它是政府受托代为理财。在这种委托关系中，政府在享有财政权的同时，民众也享有与之对应的监督权，并且这种监督具有制约财政权力的法律效果，它促成政府和人民在财政事项上的平等关系。因此，有问责机制作为最终的保障，财政监督才可能真正有效和有力推进财政法治。

(四) 平等视野下的公共财政监督制度转型

在中国当前的公共财政监督体系中，必须坚持法治化的思维与原则。其中，财政平等的法律原则所蕴含的是通过对权力、义务和责任等法律资源的均衡配置来实现对财政权力的约束，确保财政法律规范的实效性。如果把财政简单地理解为国家或者政府单向度、强制性和封闭化的空间，那么财政监督也就成为政府内部的权力博弈，而不具有公共性的特质了。财政平等所要强调就是将财政作为一种公共性领域中的话题，向纳税人和全体社会开放。在这种语境中，财政监督所体现的就是均衡的权力配置、开放的公民参与和有效的问责机制。中国的公共财政监督转型以及制度建构必须融入这种背景并且以财政平等作为重要基础。

1. 监督理念：对政府财政权的法律控制

在财政关系中，最为基本的是国家与纳税人之间的关系，财税法的首要目的是保障私人财产权不受国家权力侵犯，是在民法对财产权横向保护基础上进一步对财产权提供纵向保护的制度。其次，财税法是保障公共财产权的制度，它需要确保经由国家权力而征收的财产用于公共目的和满足公共利益。上述两个方面是从财税法的角度拓展财产权保护的视野，是对传统意义上的财产权保护逻辑局限的突破。在传统观点中，人们一般指关注政府对私人财产的征收中的两个问题，一是政府取得财产的程序是否正当，二是给予的补偿是否合理。解决了以上两个问题之后，政府取得的财产则与私人无关，它忽视私人主体在财产领域对政府的有效监督，未能进一步追踪和监督政府使用这些取之于私人主体的财产的过程。①

以政府税收为例，这意味着在完成对私人财产的征收之后，所形成的公共财产权完全处于政府的掌控之中。数额庞大的公共财产在使用和分配的过程中缺少了来自纳税人的必要监督，那么税收的公共性何以体现呢？传统的财政法将财政作为行政的附庸，财税法也必然是行政法的分支，公私主体之间的不平等关系也由此得以确认。但是，当我们认识到财政的公共性，确立起公共财政理念的时刻，国家与纳税人之间的关系注定要由不平等转化为平等，纳税人必须在公共财产权保护过程中有一席之地。作为公共财产的贡献者，纳税人对于财产的管理、使用和分配具有当然的监督权。因此，财税法既是对传统民法保护财产权的局限超越，也是对传统的"管理型"行政法的突破。它所要求的不仅是政府对相对人的行政行为应当受到监督，政府的理财行为也应当受到监督。

公共财产权是以财产的管理、使用和分配为内容的，然而基于财产权主体的特殊性，它仍然是公权，具有被滥用的可能性，并且这种权力的滥用在很多情况下没有直接的受害人，如公共财产的浪费。因此公共财产的利益相关者只能是财产的初始权利人，由其担任公共财产的监督者具有逻辑上的合理性。财政平等原则在制度上要求财税法首先应当在整体上构架起对公共财产权监督的基础性制度。这在我国目前的法律体系中主要是通过《宪法》《立法法》《监督法》以及相关宪法性法律的完善来实现。特别是需要在财税领域中依然缺位的税收基本法、财政基本法以及财政支出法等几个关键性制度上加以补充，形成结构相对完整的财税法律体系。

2. 监督目的：切实推动保障和改善民生

在财政支出的方向上，民生支出具有普遍受益性而格外受到关注。民生支出一般指向与人民生活直接相关的领域，如教育、医疗卫生、社会保障、就业以及住房等，其核心内容是将财政资源向社会民生倾斜。② 民生支出与传统的建设性支出对应，构成一个相对独立的观念。通过在绝对数上增加民生

---

① 关于财产权保护的传统观点及其逻辑局限，参见刘剑文、王桦宇：《公共财产权的概念及其法治逻辑》，载《中国社会科学》2014年第8期。

② 参见陈治：《论民生财政的实践模式、路径选择与法治保障》，载《法商研究》2013年第6期。

支出的总额、在相对数上提高民生支出占据整个财政支出的比重以及明确某项民生支出的具体目标等方法，政府以财政行为实施改善民生的目标。由此而形成的"民生财政"构成了财政法研究中的重要问题。从权利的角度来看，保障民生即是保障全体社会成员的基本人权，"民生财政"意味着基本人权的财政保障，更加直观地体现着财政平等原则，具有宪法层面的价值。"民生财政"来自"民生问题"，表现为看病贵、上学难、房价高、就业不稳定、缺乏基本生活保障以及收入分配差距加大等。解决上述问题除了需要依靠各项具体制度之外，还需要政府施以财力，即通过调整财政政策尤其是改善财政支出的结构来回应社会的民生需求。自20世纪90年代以来，我国财政支出结构一直以经济建设支出为重，民生支出没有受到应有的重视。这固然与"以经济建设为中心"的根本任务相一致，不过，经济建设并非社会发展的目标，而是一种手段。归根到底，人的自由和全面发展才具有终极价值。因此，"民生财政"不仅是回应性的，更是根本性的。

　　在整个财政法体系中，民生财政关涉诸多环节，相应的监督机制也应当从多个方面加以完善。首先，在预算法中通过参与式预算表达民生需求，并将其作为编制和特征预算的依据。参与式预算不仅具有一般的财政监督功能，更有利于将民生保障等带有财政平等的理念注入财政监督体系之中，推进财政平等原则。其次，在转移支付制度中，应当着力构建民生性财政转移支付体系。财政转移支付的基本目标是保证在一个主权国家里不同地区人们所享受的公共服务水平大体相当，尤其是能够享受均等化的最低标准的公共服务。这是体现财政平等原则的重要指标。为保证民生性财政转移支付的效果，应当对财政转移支付制度设置相应的评价机制和量化指标。对上级政府而言，主要从过程和效果两个方面来对财政转移支付进行考察，确保真正实现缩小地区公共服务能力差距的目标；接受转移支付的政府要定期公开已接受的财政转移支付款项及其使用情况，同时，可以赋予受益主体（包括公民、法人和其他组织）针对财政转移支付进行监督，提出意见和建议之权。[①] 最后，建立民生财政的绩效评价与激励约束制度，通过公众评判等特殊方法来实现

---

① 参见刘剑文：《强国之道——财税法治的破与立》，社会科学文献出版社2013年版，第206页。

对保证民生财政的监督和制约。① 在民生财政中，公民的受益性与监督机制能够有效结合，确保这种财政监督机制的可靠性。

3. 监督体系：面向基本公共服务均等化

财政法上平等原则不仅指向国家与整体纳税人的关系，同时也包含纳税人之间的公平。这种财政平等的意义在于缩小人们在基本人权实现程度上的差异，将社会矛盾控制在人们的心理承受能力之内，它有助于创造一种平等和谐的竞争环境，具有非常重要的现实意义。② 在财政收入方面，由于税收、费用征收以及政府性基金等具有各自不同的功能，平等原则的体现有所差别。例如，税收主要是通过量能负担原则来体现财政平等原则的，而费用征收和政府性基金则主要通过受益原则来体现。对于不同类型的收入，税法、行政收费法等依照各自的逻辑来贯彻和体现平等原则。不过，从财政支出的角度来看，财政平等原则主要体现为一种受益上的平等。例如在地区间财政关系上，应当保证最低限度的财力均衡；在不同的社会阶层之间，应该保障每一个群体具有同等的机会和待遇；在最低人权的保护方面，应当保障每一个公民的生存权、受教育权等基本人权，为弱势群体提供必要的帮助和救济；在财政集中采购方面，必须通过公开透明的标准和程序，保障每一个适格供货商中标机会的平等。③

我国当前面临着城乡差距、地区差距和贫富差距不断加大的客观现实。从根本上说，这是由于经济发展不平衡所导致的。政府作为社会整体利益的代表，除了通过必要的经济干预手段确保公平的市场竞争环境之外，还应当以财政手段促成基本公共服务的均等化。从法治的角度观察，基本公共服务属于基本人权所涵盖的范围，是体现一个国家在公平正义方面的基本指标。为解决基本公共服务不均等的问题，首先需要有规范的转移支付立法，其中包含着对转移支付的财政监督。我国中央与地方的财税关系缺乏法治化的博弈程序，因此转移支付行为随意性较大。从根本的层面上说，央地之间在财政权力的配置上不尽合理。尤其是对于中央较为强势的权力缺乏制约，地方政府争夺中央资金和项目的手段也缺乏规范。因此，需要从基本制度的层面

---

① 参见陈治：《构建民生财政的法律思考》，载《上海财经大学学报》2011年第2期。
② 参见刘剑文、熊伟：《财政税收法》（第五版），法律出版社2009年版，第20页。
③ 参见熊伟：《财政法基本问题》，北京大学出版社2012年版，第51页。

上规范转移支付中的各种权力，并设置科学有效的监督机制，包括构建全方位多层次的监督体系、健全监督问责制度、完善监督机构的设置以及协调监督信息系统等。[1]

四、财政监督与财政绩效理念

在传统的法学研究中，法律的主要目标和价值被限定为公平和正义，因此无论从制度还是行为上来看，绩效都没有成为法律重点关注的因素。[2] 从财政制度的本位出发，财政运行可能产生的效果具有综合性，至少包括了经济、法律以及管理三个维度。其中，财政的经济效果属于财政学和税收学的研究范畴；财政的管理效果是考评财政行政管理的指标。法律维度上的财政绩效是财政运行的法律效果，换言之财税法律体系一般被认为是以公共财产的取得、分配和使用过程为主要规范对象的制度框架，其关注的核心问题是财政运行的形式和过程的法律效果。此外，财政还可能具有社会效果。财政运行的社会效果是从社会整体出发对财政活动的评价，往往与财政的经济效果与法律效果密切相关。因此，财政绩效是一个具有综合性的概念，不应当将之仅局限于经济或者管理上的效果，而是需要从经济效果、管理效果、法律效果和社会效果相结合的综合视角展开分析。[3] 不过，从财税法实现分配正义的目标来看，公平正义的资源分配必然导向良好的分配绩效。因此，从财政绩效的角度来审视财政监督的法律问题有利于拓展财政法治的内涵。换言之，财政行为的合法性不仅体现为形式上的"合法（律）性"（legality），更体现为实质上的合法性或"正当性"（legitimacy）。在财政法治的视野里，引入财政绩效这一范畴为实质合法性的评估提供了相对合理的标准。财政监督也不仅仅是形式上的监督而更加具有实质意义。

---

[1] 参见陈桂生、田利：《论财政转移支付监督体系的重构》，载《理论导刊》2011年第9期。

[2] 不仅如此，在法学研究中对与"绩效"相近的"效率""效益"等概念也常常认为主要属于经济学的范畴而很少给予关注。这固然有利于坚持法学研究的基本范畴，突显法学研究的重点，却可能导致与实践的脱节。

[3] 由于公共财政以满足公共需要为目的，与私人财务活动所不同的是它不得以营利为目的。因此，财政制度的经济效果在财税法的功能上是次要和辅助性的。从这个意义上说，财税法的主要属性是公共性和治理性而非经济性与调控性。

(一) 财政绩效的法律含义

财政绩效是财政行为或制度在实质上达到的效果。这种效果从内容上看具有综合性,同时也是多元视角观察得出的结果。当然,不同角度只是学科划分的相对界限,在实践中,对财政绩效的评估不应当局限于某一种或者某几种特别的角度,而应该尽可能全面地分析。如果从法律所欲实现的正义目标来看,绩效更加注重实质正义,是实质法治的要求。[①] 财政法不仅仅从程序角度规范财政权力,更需要考察其在分配正义与纳税人权利保护过程中的实际效果。分配不仅是一个过程,需要体现程序公正,同时也是一种结果,需要表达实体正义。纳税人权利的实现也不仅止于程序性保护,必须从纳税人获得的实益出发予以评估。在传统上以司法为中心的法治理念中,程序正义受到特别的重视,而在现代社会中,实体正义逐渐成为法律关注的核心。因此,绩效与法治之间的联系也更为紧密。特别是在公共财政的背景下,财政行为其实是对公共财产的取得、管理和支配的行为,对公共财产而言,政府理财的绩效具有特殊的价值,它涉及公共财产是否妥善地被用于公共目的,并达到了满足公共需要的目标。因此,有必要挖掘财政绩效的法律含义,提出财政监督的绩效维度。

1. 财政绩效与财政法治的关系

在传统上,法治被认为是调整社会关系的最低限度的规范体系。然而,理想的法治状态所追求的是良法善治。亚里士多德对法治所提出标准是良好的法律获得普遍的服从,可以将之概括为"良法"和"善治"。良法善治不是彼此分割而是相辅相成的。唯有良法才能实现善治,也只有善治才能证明良法的存在。在财政领域,善治具体表现为良好的财政秩序和效果,即以民主宪治为基础,实现全民福利和社会发展的财政秩序。这就要求财政法不能仅仅是满足于调整财政关系的法律规范形式,更为本质的内核在于实现社会发展和全民福利的价值。如果财政行为局限于形式上的合法性而忽略了其价值指向,那么财政法也将沦为政府管理人民的工具,而非人民约束政府的手

[①] 关于法治的实质和形式问题,学者研究认为,法学研究正在从传统的形式法治向现代的实质法治转型,这一过程具有客观必然性。参见江必新:《论实质法治主义背景下的司法审查》,载《法律科学(西北政法大学学报)》2011年第6期。

段。因此，衡量一国财政的标准除了形式上的合法性之外，必须拓展到更为本质的价值层面。在推进国家治理体系和治理能力现代化的过程中，全社会对于政府的法治期待不断增加。法治不能仅仅满足于形式意义上的合法性，更需要做到实质意义上的正当性。尤其是在公法领域，行政权力从传统的强制性、管理性逐步转化为契约性、服务性，法治所要求的不仅是表面的合法性，更有实质意义上的合理性。从另一个角度来看，绩效作为一种范畴本身就应当包含在法律制度之中。例如，法律绩效评估通常是在法律实施一段时间之后，对法律本身的质量、社会效果作出评估，发现其中存在的问题，并为法律的立、改、废提供依据。① 因此，绩效与法治并非彼此对立，而是相互融合的关系，绩效评价的内容本身就包括了对法律制度的绩效评价，而法律所欲达到的法治目标则构成了绩效评价的重要标准之一。可以说，法治化的程度越高，法律制度的绩效性就越好。

财政绩效是衡量财政领域是否达到善治的一个重要标准。在我国，财政绩效较多地受到公共管理和经济学的关注。不过，学者们对于财政绩效的理解并不完全相同，选用的评价流程和评价方法有所区别。有的重视管理的效率，有的重视管理过程的规范性，并且都没有把财政绩效评价结果用于预算决定。② 可见，在我们的研究中，绩效性与法治化的关系似乎很远。这也许构成了法学研究中的一个缺失。其实，科学的绩效评价结果对于法治发展具有十分重要的作用。从根源上说，绩效评估的目的就是为了改善法治的效果。在财政绩效的评估中，绩效预算、绩效审计等都与法治的要求密切相关。绩效较好的预算案和决算案有利于推进预算法治化；对财政绩效的审计不仅实现了形式上的财政行为合规而且以更高的实质性要求约束了财政权力，避免了法治的"形式主义"问题。总而言之，绩效性与法治化的关系十分密切，绩效性是超越形式法治具有实质法治的重要范畴。

2. 正当性：财政绩效的核心内涵

公共财政的要义在于财政满足公共需要，这是公共财政与私人财务的本

---

① 参见汪全胜：《法律绩效评估的"公众参与"模式探讨》，载《法制与社会发展》2008 年第 6 期。

② 参见马志远：《英美财政绩效管理模式选择的实践与借鉴——从组织效率到绩效成果》，载《中国行政管理》2013 年第 9 期。

质区别。公共财政所欲满足的公共性目标构成了公共财政绩效的重要内涵。从公共财产权的角度来看，权力主体的公共性决定了它与私人财产权之间的差别。私人财产权在绩效上主要表现为私人主体的营利性，而公共财产权的绩效则主要体现在公共需要获得平等的满足。申言之，私人财务的绩效主要以营利性、效率性及其优先满足来实现经济上的目标，而公共财政绩效则需要通过公开性、公平性、公正性来实现法治上的目标。不仅如此，公共财政还区别于国家财政。在计划经济体制下，财政的主要职能是进行以国家为主体的、对包括生产资料和生活资料在内的一切社会资源的分配。在这种以国家财政为经济发展主导力量的经济体制中，人们对财政绩效的关注主要集中在经济效果上，整个国家财政与国有企业的财务混为一体。财政没有自己独立的绩效价值，而是依附于企业的经营性业绩。在这种状况下，财政绩效附属于企业的经济绩效，不具有独特的必要性。

公共财政摆脱了国家财政的观念束缚，使得市场经济体制与国家权力相互分离，财政绩效也自然具有了与原来根本不同的性质。在这种变革的背后，是从自产国家向税收国家转型的现代化轨迹。独立于市场经济体制的公共财政在绩效上也显示出其独特的必要性。尽管公共财政仍然是以财产权及其价值作为运行的物质基础，但是公共财政形成了相对独立于经济发展的制度实践。它不再以利润为追求的主要目标，而是从满足公共需要的角度来配置财政资源。在公共性的要求中，分配的正当性逐渐取代利益性，财政绩效也更加注重公平而非效率。由于财政在外观上主要体现为一定数量资金的分配，因此资金的使用效率一直是财政无法回避的话题。公共财政并非完全不考虑效率在绩效中的地位，而是要正确处理公平与效率的关系，达致二者相互平衡的状态。换言之，在公共财政的语境中，公平的位置更加突出。因此，正当性也就构成了公共财政绩效的核心内涵。

3. 分配正义：财政绩效的法治标准

财政绩效不仅是抽象的法律原则，同时也需要化解为具体的目标以获得落实。如前所述，形式法治向实质法治转型具有客观必然性，财政绩效在这一转型过程中所凸显的是作为核心内涵的正当性。然而，在财政领域，正当性如何解释？即使从经济学的立场出发，我们也可以理解财政是一种社会财富分配活动。分配是经济活动的基本环节之一，同时它是经济活动中与法治关系最为密切的一个部分。谈到分配,首先涉及的就是分配依据的选择,即主体凭什么参与分配?不同的主体凭借何种正当的原因取得社会财富?其次,分配秩序如何形成?只有选择社会公认的分配依据才能保证分配活动有良好的秩序,而不至于招致激烈的反对。最后,分配结果是否公平公正?相对公平公正的结果是分配所追求的基本价值。在市场经济体制下,国家放弃了对生产经营活动的直接参与,政府自身也不具有创造物质财富的能力,社会财富完全是通过市场要素的自由流动与结合而产生的。相对于国家的公共性而言,社会财富首先表现为私人主体的财产权。国家通过征税、收费等方式参与上述财富的分配,因此而形成了私人财产与公共财产的界分。财政过程是社会财富分配的过程,财政法则是实现分配正义的制度体系。在分配正义的内涵中,平等、公平、自由和效率均是其构成要素。在最为朴素的观念中,平等是衡量正义的基本标尺,公平是确保人类活动积极性的重要因素。自由则被视为整个法律中正义哲学的中心,而效率是对财产权利用的重要结果。财政绩效与上述分配绩效在本质上是一致的,因此,可以把分配正义确立为财政绩效的法治标准。

法律是资源配置的手段,具有促进分配正义的功能。"正义是社会制度的首要价值。法律和制度,不管如何有效率和有条理,只要它们不正义,就必须加以改造和废除。"[1] 分配正义不仅是法律效果,同时也是社会效果。如同形式法治和实质法治的关系一样,法律效果与社会效果似乎也被认为存在着矛盾。其实,形式法治向实质法治转型的必然性是法哲学认识论的判断,而在实践论的层面上,形式法治与实质法治是统一的。[2] 如此看来,所谓法律效果与社会效果的矛盾其实是一个伪问题。法律效果与社会效果冲突说明正义的标准存在偏差,需要加以调整而不是从效果上寻找差异。分配正义的实现不仅是财政法的观念,更是一种实践。因此从财政绩效作为一种财政实践的效果来看,将分配正义当做财政绩效的法治标准也是恰当的。

(二) 预算绩效与财政监督的互动关系

财政法对财政的认识分为三个基本的层次。第一,财政是一种行为,是

---

[1] 参见〔美〕罗尔斯:《正义论》,何怀宏等译,中国社会科学出版社1988年版,第3—4页。
[2] 参见陈金钊:《为什么法律的魅力挡不住社会效果的诱惑?——对法律效果与社会效果统一论的反思》,载《杭州师范大学学报(社会科学版)》2012年第2期。

为了满足公共需要而进行社会财富分配的系列行为，包括财政收入、财政支出和财政管理；第二，财政是一种制度，是财政行为所遵循的规则体系和依赖的主体机构；第三，财政是一个系统，它包括了财政活动中各有关主体之间的关系。财政绩效也可以分别从行为绩效、制度绩效和系统绩效的角度来观察。而财政绩效与财政监督之间形成了一种互动的关系。也就是说，财政绩效需要通过实施财政监督加以促进和保障，同时财政绩效也引导构建有利于财政监督的法律制度。在实践中，无论是哪种意义上的财政绩效，都需要通过具体的财政运行方式来实现。同样的道理，财政监督制度也必须在具体的财政活动场景下加以完善。

预算是财政得以运行的一个基本载体。从某种意义上说预算就是财政的全部。① 尤其是在全口径预算管理之下，政府的全部收支均来自预算。可以说，预算是财政收支的执行过程，同时也起着财政监督的作用。学者认为，预算涉及的法律问题很多也很复杂，但是归结起来主要呈现为两个方面，即合法性保障和效率性评判。② 从绩效的角度考量，以上两个方面都体现着绩效预算的内涵。从预算绩效与预算监督的辩证关系来看，预算法正是通过推动预算绩效来实现其财政监督功能的。同时，通过构建有效的预算监督来保障预算的绩效。

1. 应有之义：公共预算要求财政绩效

绩效预算是建立在结果导向之上的预算管理模式，它将预算绩效的评价视为一个关键性要素。需要指出的是，预算的绩效不仅体现在预算资金使用的效率和效果上——这只是绩效的一个方面，如果对预算绩效的关注仅此而已的话，那么公共财政就与私人财务没有区别了。同时，政府收支活动是否遵守了基本的程序和规则也应当是预算绩效的一个体现。换言之，我们不同意将预算绩效简单地理解为预算资金使用的效率、效果，因为这只是经济上的一种考量。公共预算所要满足的公共性需求远远超出这个范围。如果一笔预算支出花在了不应该花的地方，即使它具有很高的经济效益，也是没有绩

---

① 有学者将预算划分为若干程序，从程序法的角度来研究预算可以发现，其中涵盖了几乎全部财政活动的内容。参见邢会强：《程序法视角下的预算——兼论〈中华人民共和国预算法〉之修订》，载《法商研究》2004 年第 5 期。

② 参见孟庆瑜：《绩效预算法律问题研究》，载《现代法学》2013 年第 1 期。

效的支出。①

由于预算具有综合性，政治学认为预算活动是一种政治的产物，主张从预算决策和执行的角度进行研究。例如，瓦尔达沃斯基在经验研究基础上总结出"预算过程实际上是一个政治过程"；经济学更关注公共预算的资源配置方式及其效率，比如科依提出了预算资金分配领域的经典课题——"科依问题"：应该在什么基础上决定将资金分配给活动 A 而不是活动 B？围绕这个问题，形成了以政治为基础来分配资金的政治预算理论和以经济为基础来分配资金的理性预算理论。② 在管理学领域，预算被认为是一个理性的决策过程，包含了控制、管理、规划等因素，重视预算的功能、绩效和计划。综合以上三个学科领域，有学者认为公共预算制度既是政治利益平衡方式，又是政府经济活动计划，同时也是一种行政管理方式。③ 在法律领域看来，现代公共预算必须是经过法定程序批准的，政府在一定时期的财政收支计划。这个计划由政府首脑准备，然后提交立法机构审查批准。它必须是全面的、清晰分类的、统一的、准确的、严密的、有效的和有约束力的；必须经立法机构批准与授权后方可实施，并公之于众。④ 有的学者从预算的作用、审议批准过程、效力以及公共财政发展要求的角度研究认为，预算具有法律性质，预算本质上即为法律。⑤

尽管"绩效"概念所表达的思想最早产生于经济和管理科学中的"效率"，但是其发展和演变已经超出原有含义。特别是在与相应主体结合时，绩效所表现的含义具有特定性。⑥ 在公共财政理念之下，预算必然是公共预算。公共预算的绩效从性质上说属于组织绩效，而且是公法组织绩效。在这种绩

---

① 例如，在市场经济条件下，公共财政不能进入市场竞争性领域"与民争利"。如果一笔财政投资获取了巨额的经济回报，而这本应当是可用民间投资的领域，那么这种财政的绩效也是不好的。
② 参见武玉坤：《预算资金分配的内在逻辑：政治还是经济？》，载《中山大学学报（社会科学版）》2010 年第 2 期。
③ 参见彭健：《政府预算理论演进与制度创新》，中国财政经济出版社 2006 年版，第 223 页。
④ 转引自王绍光：《从税收国家到预算国家》，载马骏、侯一麟、林尚立主编：《国家治理与公共预算》，中国财政经济出版社 2007 年版。
⑤ 参见李卫民：《试析预算的法律性质》，载《福建政法管理干部学院学报》2009 年第 2 期。
⑥ 例如组织绩效、政府绩效、人大监督绩效等概念中，绩效的含义各不相同。在公法主体的绩效评价体系里，合法性更甚于经济性。参见周长鲜：《人大预算绩效监督考评体制的全方位考察》，载《四川理工学院学报（社会科学版）》2010 年第 3 期。

效评估的指标中，规范性和法治化占有相当重要的位置。可见，对公共预算而言，绩效也许主要不在于资金使用产生的经济效果，而主要是合法性，并且这种合法性需要从实质和形式意义上进行双重评价。也就是说，从预算层面来看，公共财政所涉及的资金收入、管理和支出符合财政法的基本原则，同时在程序上是公开和透明的。

2. 协同推进：预算绩效促进财政法治

在传统的财政法制度结构中，立法试图解决的重点问题是规范财政资金的分配过程，并保证公共财政资金合法合规运行。对于财政运行的目标以及是否实现预期的效果以及目标与效果之间的吻合度与偏离度均缺乏必要的绩效评价机制，尤其是未能将这种评价结果与预算资金的拨付和财政问责相关联。① 在法律运行的程序中，绩效评价的作用不止于对法律制度的质量评价，更为重要的是将这种评价结果作为完善法律实施的科学依据。同时，对相关主体在执法活动中的行为进行回溯审查，并在辨清事实的基础上追究其违法行为的责任。在财政法的体系中，预算的功能是规范政府收支行为，同时通过预算约束政府的行为。预算规范和约束政府行为的能力如何则需要通过预算执行的效果加以评估。因此，预算绩效的评价结果是实施财政监督的基础。如果没有科学的绩效评价，就无从发现政府在编制和执行预算过程中的行为是否有所失当，或者取得了相应的绩效评价而未能将其运用于预算的改进以及对不当行为问责，那么预算绩效的意义将大打折扣。可见，预算绩效对于预算监督具有引导和塑造的功能。科学完善的预算绩效评价机制及其合理运用能够避免预算监督权在实际运行中被架空，从而有效促进预算监督制度的实际效果。

追求和注重绩效的预算管理方式被称为绩效预算。从发达国家的经验来看，绩效预算通常依赖较好的法治环境方能实施。② 绩效预算的陷阱支出在于要求各个部门的预算编制和管理重心从资金投入转向资金效果，这种转型使得政府的行为更加规范，并且更加注重资金使用的效率。③ 预算绩效报告的公

---

① 参见陈治：《构建民生财政的法律思考》，载《上海财经大学学报》2011年第2期。
② 美国之所以能够率先产生绩效预算的理念并加以实施，与其成熟的法治文化有着密切的关系。参见李慧、张志超：《美国绩效预算的经验、困难和启示》，载《华东经济管理》2007年第10期。
③ 美国联邦机构在预算请求和预算绩效成果之间建立更为直接的联系，试图利用绩效信息来提高管理效率；澳大利亚将绩效信息广泛应用于预算决策，将评估结果应用于支持新的提案和财政节约等。参见孟庆瑜：《绩效预算法律问题研究》，载《现代法学》2013年第1期。

开也将使得纳税人有机会监督政府财政行为,从而进一步约束政府理财的行为。因为政府的预算绩效报告构成社会公众监督政府的重要依据。① 当然,更为理想的效果是将绩效信息充分运用到预算的编制和决策之中,以绩效导向来强化预算的约束功能。然而从实践来看,这的确需要较高的成本。不过从目前的经验来看,绩效预算仍然是有价值的理性选择,至少可以将其作为未来预算决策的依据,同时可以向纳税人传递预算程序中的信息。

3. 相辅相成:财政监督提升预算绩效

预算绩效具有提高政府预算行为效率的功能,但是这种功能的实施需要以绩效评价结果作为依据来改进现实中的预算安排。如何确保预算绩效评价结果的科学性以及如何将预算绩效评级结果恰当使用则不是预算绩效能够独立解决的问题,需要相关的制度联动。预算绩效与预算的财政监督功能是密切相关的。有学者将其统称为预算绩效监督体制。② 从根本上说,无论是预算绩效还是预算监督,目的都是让议会在预算中更好地行使决定性权力。在实践中,现代国家的议会不仅是一个立法机构,同时也是一个政治性主体。在预算决策方面,议会难免会受到政治因素的影响,如为了避免政治冲突而迁就政府预算中某些不合理的部分。尽管从管理的角度看,议会不可能在预算的所有问题上做到尽善尽美。但是从法治的角度出发,这种做法缺乏规范性。为了维护预算法治的权威性,在每一个具体的预算安排上都应当追求理想的善治目标。为了最大限度地减少预算决策中的非规范性,确保议会切实从维护公共财产利益的角度行使预算权力,有必要赋予议会相应的预算监督能力。除了法律规定的预算审议和批准程序之外,议会行使预算监督权的方式可以更加多样化。在代议制下,议员的监督能力可以通过密切联系选民得到扩展。从根本上看,这是人民监督政府的权力逻辑。以监督权来促进预算绩效的提升就是改善原有的审议程序,通过社会监督的方式发现预算中可能存在的绩效较差的不合理安排,使得这种绩效较低的预算安排进入公共讨论和评价的视野,有利于获得纠正的机会。更为重要的是,财政监督可以对绩效差的预算编制和执行主体及相关责任人实施问责,通过法律责任和政治责任约束来

---

① 参见孟庆瑜:《绩效预算法律问题研究》,载《现代法学》2013 年第 1 期。
② 参见周长鲜:《财政预算绩效监督体制:西方发达国家议会的经验与启示》,载《经济社会体制比较》2010 年第 5 期。

有效改善预算绩效。从预算绩效和预算监督的关系来看，二者之间具有较多的互通性。如果说预算绩效是从政府管理的视角寻求约束和管理政府的新途径，那么预算监督则是在传统的法治道路上坚持限制政府权力的基本目标。预算绩效与预算监督的结合能够有力地将现代预算打造成管理政府的工具。

(三) 绩效审计与财政监督的互动关系

绩效审计是指运用审计程序和方法对财政绩效进行评价的活动。财政绩效的实质是财政运行过程与财政运行效果的辩证统一。由于财政是政府一切行为的基础，对财政的评价实际上就是对政府的评价。因此，尽管绩效审计主要针对政府使用财政资金的情况，但实际上反映出的是对政府行为绩效的评价。审计本身具有财政监督的功能，绩效审计将这种功能进一步拓展。绩效审计的出现说明传统的审计已经不能满足社会的需要。"人们对公共受托责任的要求进一步提高，不仅要求取之于民，用之于民，更要关注用之于民的绩效。"① 如前所述，财政绩效实际上包含了法律绩效。绩效审计的目标原本也应该包含对财政法律绩效的评估。绩效审计与财政监督的统一之处在于都将财政法制度的效果作为目标，所不同的是，绩效审计是通过法律以外的专业性方法和手段来实现，而财政监督是在法律自足的框架和范畴里追求上述目标。在关联性方面，绩效审计与财政监督的关系表现为相互促进，即通过绩效审计实现审计监督的功能，同时完善审计监督来推动绩效审计的开展。

1. 绩效审计的法治意义

财政支出绩效监督已经成为现代公共财政监督的发展方向。② 对财政支出的绩效监督是通过绩效审计的方式来实现的。绩效审计是审计活动专业化发展的产物。国家审计作为一种公共财政监督方式受到审计专业化发展的引导，绩效审计也因此成为公共财政监督的重要组成部分。人们一般习惯于把绩效审计与合规性审计对立起来，认为绩效审计是超越合规性审计的一种不同的审计模式，它所追求的是对财政资金使用的经济效益的评价，而合规审计则是对财政资金使用合法性的审查。其实，从绩效概念所蕴含的思想演变历程

---

① 参见李璐：《新公共管理运动对美国政府绩效审计的影响及其启示》，载《管理世界》2009年第10期。
② 参见陈少英：《从4万亿投资看〈预算法〉的缺陷》，载《法学》2011年第11期。

来看，绩效审计主要是审计目标在范围上的拓展而非范式的转型。也就是说，绩效审计是在原有的合规性审计基础上发展起来的，它并没有抛弃或者改变合规性审计的目标和要求，只是在合规性的基础上增加了对资金使用在经济效果上的要求。更何况法律绩效原本属于绩效的一种，对财政绩效的审计也应该包括对财政行为是否符合法律的审计。① 因此，绩效并非一个纯粹的管理或者经济学上的概念，同时也具有法学的意义。绩效审计首先针对的是财政行为的合规性，也就是形式上的合法性审查。其次是对财政行为的效果审查。这里所说的效果是综合性的，包括了经济效果、管理效果和社会效果等。从公共财政的职能来看，既要满足形式上的合法性，又要从诸多方面进行评价。所以财政绩效是一种综合性绩效。任何一个方面的缺失都会影响对财政绩效的评价。尽管如此，我们还是可以从公共财政最为本质的属性出发来为财政绩效确定一个基本的标准。从法治的角度看，实现社会财富的公正分配是财政最主要的目的，因此分配正义构成了财政绩效的法治标准。分配正义是一种实质化的正义，它不仅是财富分配的基本原则，也是财税法治的核心价值。② 将分配正义作为财政绩效的法治标准有利于说明绩效审计的法治含义。首先，分配正义本身承载了公平与效率为主要矛盾的价值，符合财政绩效的综合性评价特征；其次，分配正义是人类社会追求的基本价值，尤其是在资源配置方面，它有利于实现良好的分配秩序；最后，绩效审计是一种高级化的财政监督方式，它将传统的合规性审计所坚持的形式法治提升到实质法治的层次，将法律绩效作为绩效的一个方面加入评估体系，体现了财政监督制度的进步。

2. 精细化治理：审计监督的绩效目标

审计监督在财政监督中具有特殊的地位。马寅初先生曾经指出："财政之监督，在他国有行政之监督、立法监督与司法监督之分。……但在此三种监督之外，尚有审计监督，而审计监督，是一种独立行使的职权，不受任何机关或任何系统之干涉。不过行使起来，往往渗透立法、行政、司法三种职权

---

① 从另一个角度看，这也是在评估财政法律制度的绩效。如果一项法律制度不能得到有效的执行，或许与法律本身的因素有关。所以财政绩效与财政法律制度的绩效是密切相关的。

② 参见刘剑文：《收入分配改革与财税法制创新》，载《中国法学》2011 年第 5 期。

之内层。"① 审计监督是在传统分权监督体制之外的一种独立形态,但是审计监督与立法、私法和行政监督之间又存在相互转换的关系。概言之,审计监督是一种以专业化的财务管理知识为工具的监督方法。《利马宣言》中指出:"公共资金的管理意味着一种委托关系,因此,有公共财务管理就一定要有审计。审计本身不是目的,而是控制体系不可缺少的组成部分。这种控制系统的目的是要及早地揭露背离公认标准、违反原则和法令制度及违背资源管理的效率、效果和经济原则的现象,以便在各种情况下尽可能及早采取改正措施,使当事人承担责任、赔偿经济损失或采取措施防止重犯,至少也要使今后更难发生。"② 可见,审计监督与财政的公共性相关,其中蕴含着宪法上的思想,即独立、主动的审计监督不仅是代议机关掌握、控制政府财政的重要手段,也是民众了解政府财务信息的重要途径,其宪治意义可见一斑。从审计制度发源于西方国家的制度历程来看,其中体现出宪法思想的问题包括:审计为谁服务?审计机关如何设置?审计监督谁?审计监督什么?审计工作如何维持等。③ 其中,对于"审计监督什么"的问题经历了从原来的合法性审计到当前绩效审计的过程,这是审计监督绩效目标的确立,也是国家治理目标所决定的审计发展方向。从西方国家的经验来看,审计监督朝着绩效审计方向的延伸既是法治国家的民主化要求,也是国家治理体系和治理能力现代化的体现。因此,在审计监督中确立绩效目标不仅是提高政府管理水平和管理能力的措施,更是现代法治引领审计制度,将法治目标融入审计监督的结果。

3. 监督新观念:面向国家治理的绩效审计

国家治理的核心在于公权力的有效配置和高效运行。在财政领域,公权力不仅包括管理性的行政权力,还包括物质性的公共财产权。国家权力的行使在财政领域主要表现为公共财产权的运动,也就是公共财产的取得、管理和支配。这既是一个理财施政的过程,也形成了财政制度的基本方面。在推

---

① 参见马寅初:《财政学与中国财政——理论与现实(上)》,商务印书馆2001年版,第120页。

② The International Organization of Supreme Audit Institutions (INTOSAI): The Lima Declaration of Guidelines on Auditing precepts, https://www.internationalbudget.org/wp-content/uploads/LimaDeclaration.pdf,访问时间:2020年10月1日。

③ 参见杨肃昌、肖泽忠:《论宪法思想对审计制度的影响》,载《审计研究》2004年第1期。

进国家治理体系和治理能力现代化的过程中，财政是一个重要的基础性制度。财政制度的一个重要内容是保护公共财产权，防止公共财产被挥霍浪费、私人贪占。在传统上，我们习惯于把财政制度在国家治理中的作用局限在经济领域，财政制度因而主要是一种经济制度。在国家治理的视角下，这种认识的局限性是十分明显的。首先，在市场经济体制下，国家在经济发展中的角色应当逐渐从积极的参与者走向专业的管理者和执法者，尤其是财政资金要退出并不再投入竞争性领域。因此，财政制度的经济意义逐渐减弱而法治意义更加凸显。其次，财政是一个国家治理的枢纽，上关国运，下系民生。财政制度是理财治国、实现分配正义、保护纳税人权利的制度体系，与国家的民主法治紧密相连。财政制度中包含的税收、预算以及审计制度都与法治的要求相契合。审计制度作为财政监督制度的一部分，其意义也远远超出经济层面。最后，经济体制的这种转变要求财政制度转型配合，必须立足于国家治理的需要来认识国家审计的本质和定位，来应对国家审计面临的任务和挑战，来指导国家审计的科学发展，这是国家审计理论和实践中一个重要的时代命题。① 国家审计的发展源于国家治理的需要，绩效审计作为国家审计发展的制度创新植根于现代国家治理所要求的推进法治、维护民生、推动改革和促进发展的任务。总之，从国家治理的视角来认识绩效审计及其监督作用更加符合财政作为法律制度的属性，对审计制度的本质和定位也更加科学合理。

（四）财政绩效导向下的中国公共财政监督制度转型

党的十八届四中全会《决定》提出，要"形成完备的法律规范体系、高效的法治实施体系、严密的法治监督体系、有力的法治保障体系"。在强化对行政权力的监督和制约问题上，提出"对财政资金分配使用、国有资产监管、政府投资、政府采购、公共资源转让、公共工程建设等权力集中的部门和岗位实行分事设权、分岗设权、分级授权，定期轮岗，强化内部控制流程，防止权力滥用"。从上述表述中可以看出，法治的高效实施离不开监督机制的严密健全。其中，高效的法治实施体系所体现的是较好的法律实施绩效。在财税法治的进程中，财政绩效也反映了财政法律制度实施的绩效。对财政绩效

---

① 参见刘家义：《论国家治理与国家审计》，载《中国社会科学》2012年第6期。

的关注体现出财政领域法治化趋势是从形式化向实质性转移，这对于中国当下的财政法律制度创新具有特别的意义。法律的规范功能主要是通过形式化的规则体系实现的，而法律的实效则必须依靠有效的监督机制予以保障。我国法治建设的基本背景是民主法治建设进程加快，中国特色社会主义法律体系基本建成，民主政治建设也在快速推进，人民监督与舆论监督成为依法行政、依法治国的重要推动力量。[①] 在这种条件下，纳税人对财政制度的规范化程度和法律实施的质量要求越来越高，这就必须依赖公共财政监督制度的转型。

1. 法治绩效：财政绩效评估新思维

财政绩效的概念由于受到财政学以及管理学的垄断性影响而可能形成一种专业上的偏见。事实上，财政绩效至少在形式上表现为财政法律的实施绩效。从财政法定的原则出发，国家实施财政行为都需要有相应的法律依据。无论是财政收入、财政支出、财政监督还是财政管理都需要依法而为。作为财政效果反映的财政绩效不仅体现政府的主体绩效和行为绩效，同时也是法律的实施绩效。财政绩效首先在形式上表现为财政活动必须符合法律以及具有法律效力的规范性文件。财政部发布的《项目支出绩效评价管理办法》（财预〔2020〕10号）第6条规定绩效评价主要依据"国家相关法律、法规和规章制度""党中央、国务院重大决策部署，经济社会发展目标，地方各级党委和政府重点任务要求""部门职责""相关行业政策、行业标准及专业技术规范""预算管理制度""项目设立的政策依据和目标，预算执行情况，年度决算报告、项目决算或验收报告等相关材料""人大审查结果报告、审计报告及决定、财政监督检查报告"以及"其他相关资料"等。可见，法律以及具有法律效力的文件是财政绩效评价的重要依据。据此而作出的财政绩效评价必然也反映出上述法律文件实施的绩效。其次，财政绩效在实质上体现为增进全民福利和保障基本人权。公共财政的目标在于为全社会提供公共产品和服务。因此，公共财政的效果就应当体现为社会对财政提供的公共产品和服务的满意程度，其中包含着全民福利和基本人权的保障。例如，民政部与财政部联合发布的《困难群众基本生活救助工作绩效评价办法》（民发

[①] 刘家义：《论国家治理与国家审计》，载《中国社会科学》2012年第6期。

〔2016〕242号）第1条，提出该项绩效评价的宗旨是"提高管理服务水平和资金使用效益，切实维护困难群众基本生活权益"，第2条绩效评价的目标为"全面客观衡量年度基本生活救助工作的质量和效果"，也体现出实施绩效评价所保障的公共财政目标。

将有关法律的实施绩效融入财政绩效的评价内容，是对财政绩效法律化的体现。它可以避免在财政绩效上单纯追求经济和管理上的效率而忽略了法治化的要求。同时，财政绩效的法律化将财政绩效的功能与财政监督结合起来，为财政监督提供了更为科学可靠的依据。例如，财政部发布的《财政支出绩效评价管理暂行办法》（财预〔2011〕285号）第27条第2款规定："各部门应按要求将部门评价结果报送本级财政部门，评价结果作为本部门安排预算、完善政策和改进管理的重要依据；财政评价结果作为安排政府预算、完善政策和改进管理的重要依据。原则上，对评价等级为优、良的，根据情况予以支持；对评价等级为中、差的，要完善政策、改进管理，根据情况核减预算。对不进行整改或整改不到位的，根据情况相应调减预算或整改到位后再予安排。"这些内容体现了财政绩效评价结果与财政监督相结合所产生的制度力量。我国的财政监督制度应当将财政绩效评价结果和有关信息充分吸收到监督机制的运行环节中，形成强大和有效的监督力量。

2. 继续深化：绩效预算监督

实施绩效预算能够采集科学合理的预算信息，并且将预算绩效评价结果应用于预算的调整和改进，同时还能发现预算执行过程中的问题，并将之作为问责的基础。因此，绩效预算具有良好的财政监督功能。我国的预算制度受到传统观念的制约，面临发展性上的诸多瓶颈并且绩效预算所需要的制度环境也尚未建立。[①] 在我国实施绩效预算监督的前提是预算法律制度改革。2014年8月31日，第十二届全国人大常委会第十次会议通过了关于修改《预算法》的决定（2018年第二次修正），这是我国《预算法》自颁布以来首次修改，且修改幅度很大。首先，在立法宗旨上，2014年修改后的《预算法》第1条以"规范政府收支行为"取代了原法中的"加强国家宏观调控"作为立法宗旨。这意味着预算的宏观经济调控功能要让位于限制政府权力的功能。

---

① 参见孟庆瑜：《绩效预算法律问题研究》，载《现代法学》2013年第1期。

与之相关的是预算的监督功能也被强化了。预算法立法宗旨的修改为预算监督开辟了较大的制度空间，有利于推进预算监督制度的进一步发展。其次，在预算编制上，2014年修改后的《预算法》第32条第1款特别提出了参考有关支出绩效评价结果，按照规定的程序征求各方面意见后，进行编制。该条第3款规定"各部门、各单位应当按照国务院财政部门制定的政府收支分类科目、预算支出标准和要求，以及绩效目标管理等预算编制规定，根据其依法履行职能和事业发展的需要以及存量资产情况，编制本部门、本单位预算草案"。实际上，关于预算绩效评价结果的运用是我国预算改革的重要方面。在实践中，这种改革在预算法修改之前已经开始推行。例如财政部《关于开展2008—2011年中央国有资本经营预算支出项目绩效评价工作的通知》（财企〔2012〕384号）指出，评价结果将作为研究改进国资预算制度、进一步明确支出方向和重点、加强国资预算管理和以后年度安排国资预算资金的重要参考。

在具体的预算法执行过程中，还需要与预算绩效相关的详细规则来帮助推进绩效预算监督。财政部《关于推进预算绩效管理的指导意见》（财预〔2011〕416号）提出预算绩效"评价结果要依法公开，接受社会监督"。同时要推进预算绩效管理的相关改革，具体包括"完善政府预算体系，研究完善政府会计制度，探索实施中、长期预算管理，编制滚动预算。深化部门预算、国库集中收付等制度改革，将所有政府性收入全部纳入预算管理，加强国有资产管理，促进资产管理与预算管理有机结合。按照《政府信息公开条例》的要求，积极推进预算公开，接受社会监督。"2018年9月，中共中央、国务院发布了《关于全面实施预算绩效管理的意见》，该意见从国家治理体系和治理能力现代化的高度，明确我国全面实施预算绩效管理，建成全方位、全过程、全覆盖的预算绩效管理体系，实现预算和绩效管理一体化，着力提高财政资源配置效率和使用效益，改变预算资金分配的固化格局，提高预算管理水平和政策实施效果，为经济社会发展提供有力保障。综合来看，绩效预算与预算监督是互相促进的关系，预算绩效的评价结果构成预算监督的重要依据。

3. 渐进完善：绩效审计监督

审计监督是我国宪法规定的一项重要监督制度，是国家监督体系的重要组成部分，是依法监督和制约权力的制度安排。审计机关在履行法定职责的同时，应当把绩效管理作为推动科学履行审计监督职责和提升审计管理水平的重要手段。绩效审计是我国国家审计发展的方向。从财政监督的角度来看，绩效审计进一步提升了审计监督的层次，能够为审计监督提供更加科学可靠的信息。我国《审计法》中没有明确规定绩效审计的内容，这使得绩效审计缺少来自法律的有力支持。而在《审计署"十二五"审计工作发展规划》中我国审计署提出"全面推进绩效审计""坚持合法审计与绩效审计相结合""构建和完善绩效审计评价及方法体系"等内容，说明绩效审计制度已经在审计实践工作中推行。《审计署"十三五"审计工作发展规划》中对财政审计工作提出"以保障公共资金安全高效使用、促进建立健全现代财税制度、增强财政政策的有效性为目标，依法对政府的全部收入和支出、政府部门管理或其他单位受政府委托管理的资金，以及相关经济活动进行审计，切实增强财政审计的宏观性、整体性和建设性"，并在"加强财政预算执行及决算草案审计""加强部门预算执行及决算草案审计""加强税收审计""加强公共投资审计"等四个方面突出工作重点。2021年6月，中央审计委员会办公室、审计署印发了《"十四五"国家审计工作发展规划》，其中对财政审计工作提出"以增强预算执行和财政收支的真实性、合法性和效益性，推进预算规范管理、建立现代财税体制、优化投资结构为目标，加强对预算执行、重点专项资金和重大公共工程投资等的审计"，并具体从"财政预算执行及决算草案审计""部门预算执行及决算草案审计""重点专项资金审计""政府债务审计""税收、非税收入和社会保险费征管审计""重大公共工程投资审计""国外贷援款项目审计"等七个方面突出财政审计的工作重点。结合上述情况，完善绩效审计监督应当更多地从完善审计法律制度的层面展开。

具体而言：第一，审计应当为财政监督服务，审计工作的立场应当转向人大财政监督的需要，特别是服务于以纳税人为代表的人大立法机关，满足其监督财政权力的需要；第二，绩效审计结果的合理应用，应当将绩效审计的结果和有关信息充分披露，努力做到信息透明化、程序规范化和问题公开化；第三，绩效审计监督目标应当与预算监督目标相结合，使得绩效审计与绩效预算构成相互贯通的财政绩效监督体制；第四，审计机关的法律地位应当进一步提升，从现行的隶属于国务院的"行政型审计"走向隶属于人大的

"立法型审计"，使审计监督与人大的立法监督关系更加紧密，联系更为直接，便于人大运用审计结果行使监督权，同时也解决了审计机关对于财政违法行为执法权薄弱的问题。绩效审计的运用将极大地增强审计制度的财政监督功能，但是更为重要的是应当将审计的"发现"功能转化为"查处"功能，这需要整个审计监督体制的改革。更进一步说，如果能够使得审计监督的结果直接导向司法监督，那么我国财政监督制度的效果将更为明显。

第三章 国际比较：公共财政监督的域外经验与比较借鉴

财政监督作为国家财政管理的重要内容，与财政制度同步产生。早在公元前3500年左右的古埃及，高度集权的奴隶主君主法老就专门设立了监督官（superintendent），负责对全国各机构和官吏是否忠实地履行职责，财政收支记录是否准确无误，进行间接管理和监督。到公元前8世纪至公元前6世纪，雅典和斯巴达也有了专门的监察官和监督机构，审查和审计成为雅典民主政治中经常用的监督方式。从公元前6世纪到公元前1世纪共和国时期的罗马国家，监督制度有了进一步发展。西方国家奴隶社会的财政监督制度的发展是在古代民主政治制度条件下产生的。令人遗憾的是，这种民主财政监督制度并没有就此发展起来，而是随着古代城邦民主制度被封建专制所替代而夭折。在封建专制统治下，财政监督主要是从封建君主为监督下属官员所进行的财政、财务账目检查开始的，其主要特征是以审计监督为主体，但也具有了一定的独立性、权威性和法律性。直至13世纪以后，随着资本主义制度的确立和现代民主制度的形成，现代民主受西方资本主义国家政治变革的影响。在此背景下，独立于政府之外的财政监督和注重经济效益的绩效监督成为财政监督制度的重要组成部分。①

一、欧洲发达国家的经验

大多数欧洲发达国家的财政监督制度由法律、基本法甚至宪法作出规定，

---

① 参见贺邦靖主编：《国外财政监督借鉴》，经济科学出版社2008年版，第1—15页。

财政监督的法治化程度较高。这一特点可以从如下三个方面得以体现：其一，规定财政监督制度的法律层级较高，大多数国家都通过由立法机关制定的法律来规定财政监督制度，部分国家甚至在宪法中对财政监督进行规定，例如，德国在《基本法》第十章专门规定财政监督制度，意大利《宪法》规定审计法院具有协助政府、协助议会进行财政监督的职责等。其二，财政监督法律制度程序性内容充足，对财政监督关系中各主体之间的职责、地位等作出了明确规定，制度的可操作性较强。法国的《财政法组织法》可作为这方面的典型，在该法令中，赋予了议会在预算法案辩论和表决过程中获取相关资料的一系列权利，并确定了多种辩论程序规则，使得议会对政府的预算监督能够落到实处。其三，财政监督法律制度能够与时俱进，结合社会发展现状，及时对现有法律制度作出修改，抑或制定新的法律制度，使得国家的财政监督法律制度能够适应社会需要，始终发挥强有力的保障和监督作用。这方面的代表如英国 2011 年的《预算责任与国家审计法》(Budget Responsibility and National Audit Act 2011)，法国 2001 年的《财政法组织法》(La Loi Organique Relortive Lois De Finance，LOLF) 等。

（一）法律语境与制度规则比较

1215 年 6 月，英国国王约翰在泰晤士河畔签署《大宪章》。其中，最为经典的条款是：除国家法律规定的赋税外，"王国内不可征收任何兵役免除税或捐助，除非得到本王国一致的同意"；"为了对某一捐助或兵役免除税的额度进行讨论并取得全国的统一，国王应发起召集大主教、主教、寺院长老、伯爵和大男爵等等开会，讨论征款事宜"。① 大革命爆发前，法国经济出现了巨大危机，为使其得到化解，法国相应进行了几番重大的财政变革，但由于社会矛盾不可调和，财政变革最终无力保护当时的政治体制。② 在德国法上，"社会国"和"人的尊严"原则共同构成理解财产权的核心目的的特定方法。社会国或社会国家最基本的实质性理念在于，政府有责任为每一个公民提供基本需要，并符合公平正义的原则。自正式确立议会财政权和财政民主观念

---

① 参见钱乘旦、许洁明：《英国通史》，上海社会科学院出版社 2002 年版，第 60 页。
② 参见丁冬汉：《王权专制下的财政危机与法国大革命——法国大革命起因的又一种解读》，载《理论界》2013 年第 11 期。

以来，经过法治文化的反复锤炼，议会主导下的欧陆各国已然建立起规范化、程序化和法制化的财政监督体系和财政监督规范。从典型欧陆国家的具体实践来看，其演进和变革具有相当的借鉴意义。此处选取英国、法国、德国三个国家作为典型代表，加以具体介绍和分析：

1. 英国的经验：民主传统下的议会主导

英国作为议会制度的发源地，其财政监督制度较为完善和先进。从17世纪到19世纪，英国议会行使财政监督权采取的是上议院和下议院并行的二元化结构。随着社会经济的发展和资本主义的兴盛，更多代表平民利益的下议院在财政监督中越来越占据更加重要的地位。在19世纪后半期，代表贵族利益的上议院的权力逐渐下降。1911年，议会通过法案规定，凡是下议院批准的财政法案，上议院不得修改或拒绝。1999年，《上议院改革法》颁布，上议院在财政监督体系中的地位进一步削弱。作为财政监督重要机构之一的公共账目委员会（Public Accounts Commission），早在1861年即已成立，是目前存在时间最长的委员会。1983年的《国家审计法》（National Audit Act 1983）和2011年的《预算责任与国家审计法》中进一步规定了公共账目委员会的职责范围，包括审查国家审计署的年度预算报告，任命国家审计署委员会的部分成员，以及向议会提交报告等。[①] 在英国的财政监督制度中，"三读"是预算审批的基本程序，并主要在下议院进行，也即书面一读、"总讨论"和逐条审议通过。上议院讨论通过后，在提交上议院批准并经女王签署程序后正式颁布实施。

2. 法国的经验：单一制国家的监督典范

法国是一个中央集权的单一制共和政体国家。全国的政治结构分为四级，即中央、大区、省、市镇或市镇联合体，其中大区行政长官、省长由中央委派，市长由地方选举产生。法国财政监督的历史比较悠久，早在1320年就成立了会计院，开始行使财政管理和监督税收收入的职责。经过几个世纪的发展，特别是2001年《财政法组织法》的颁布实施，以议会、财政部门、预算单位、审计法院等部门共同构成的分工明确、协调互补的财政监督体系进一

---

① See "The Role of Public Accounts Committees", http://www.parliament.uk/business/committees/committees-a-z/other-committees/public-accounts-commission/role, 访问时间：2020年10月1日。

步得到充实和完善，在法国国家财政管理中发挥着重要的作用。① 2001 年《财政法组织法》明确提出建立以结果和绩效为导向的财政预算，并规定从 2006 年 1 月 1 日起开始执行新方法编制的预算案。该法案以加强议会对预算的财政监督为重点，给法国财政预算管理的各个方面都带来了较为显著的变化，被认为是法国公共财政的一次重大改革。② 该法令的规定将议会对预算审批的范围进行了实质性的扩大，规定了议会有在进行预算法案辩论和表决前获取高质量的政府分析报告的权利，并建立多种辩论和审核的程序机制，从而为议会作出正确的预算审批和决定提供了可操作的制度保障。

3. 德国的经验：立法先行的民主财政国

德国财政监督法律体系比较完备。从宪法层面来看，联邦德国《基本法》要求对公共管理部门的各项支出进行成本收益评估，且在第十章"财政制度"中对财政预算作出了根本性规定。此章不仅确定了联邦、州与地方之间各自的税收立法权限与税收收入分配，还确定了财政平衡和预算编制应当遵循的原则，尤其对预算外新增开支和超出预算的开支作了严格的规定，以保证国家财政的稳定，同时这也是保证国家经济稳定的重要因素。从具体的财政预算法来看，主要是 20 世纪 60 年代末期财政改革期间出台的《联邦预算法》和《预算原则法》。该两项法律规定了财政预算和编制预算计划必须依照的原则，将《基本法》中的预算制度进行了具体的界定。按照《联邦预算法》和《预算原则法》的规定，德国联邦政府在编制预算时应当遵循的原则有全面原则、统一原则、专项原则、总额原则和收支平衡原则四项。另外，德国的《财政管理法》是德国财政资金管理的基本法律。1967 年德国《经济稳定与增长促进法》规定了政府提交年度经济报告的义务。具体的内容是，联邦政府必须在每年 1 月向联邦议院和联邦参议院"提交年度经济报告，说明联邦政府在本年度内要致力实现的经济上和财政上的目标（年度计划），并对本年度内计划中的经济政策和财政政策加以说明"。③ 政府的报告义务成为德国议

---

① 参见法中公共财政监督研讨会中方代表团金莲淑：《法国财政预算改革与监督管理新情况考察及借鉴》，载《财政监督》2007 年第 1 期。

② 参见李宜强：《法国新 LOLF 法案及其对中国事业单位绩效管理改革之借鉴价值》，载《现代财经（天津财经大学学报）》2010 年第 9 期。

③ 参见《[联邦德国] 经济稳定与增长促进法》，谢怀栻译，载《环球法律评论》1989 年第 1 期。

会行使预算监督权的基础。该法规定了联邦政府向联邦议院和联邦参议院提交年度经济报告的义务，要求对专家委员会的年度意见提出政府意见。联邦政府决定在经济衰退时的补助性支出和超计划支出时，必须同时向联邦议院和联邦参议院说明。

(二) 监督主体与施责机构比较

财政监督的主体，即行使财政监督权力的主体，对其主要从财政监督机构设置和人员配备等方面进行考察和分析。考察欧洲大多数发达国家，体现出如下共同点：其一，通常依据法律制度设置层级和规格较高的机构作为行使财政监督权力的主体，以保证财政监督的效力层级；其二，大多数国家的财政监督由多个主体完成，分工配合、互相协作，并在不同层级之间、不同部门之间实现一定程度的互补与制衡；其三，财政监督主体通常设有专门的派驻机构和现场监督人员，使财政监督的触角能够在横向和纵向充分延伸，发挥切实作用，例如德国在各州设立高级财政管理署作为联邦财政部的派驻机构，希腊财政部设立有专职负责财政监督检查的财政审计办公室和各地区财政审计办公室，分别负责监督各行业部门、各公共机构及地方政府财政资金的使用情况，并向各行业部门、公共机构和地方政府派驻财政监管办公室。[①] 但是，从类型化的角度对不同国家的财政监督主体进行比较，可以看到，在实行立法监督模式的国家，通常由议会或国会行使最高的财政监督权力，如英国，在实行司法监督模式的国家，通常由审计法院行使最高的财政监督权力，如法国、希腊、西班牙、意大利，而在实行行政监督模式的国家，通常由财政部门或内设机构行使主要的财政监督权力，如丹麦、瑞士、瑞典等。

1. 英国的做法：三驾马车

在英国，财政监督机构主要由主计审计长（The Comptroller and Auditor General）、国家审计署（National Audit Office）和公共账目委员会（Public Accounts Commission）组成。其中，如前所述，公共账目委员会的主要职责包括审查国家审计署的年度预算报告，任命国家审计署委员会的非执行成员

---

① 参见贺邦靖主编：《国外财政监督借鉴》，经济科学出版社2008年版，第38页。

(non-executive member），以及定期向议会提交报告。①

主计审计长由一名议会下院官员担任，负责领导国家审计署开展财政监督工作，其人选的确定首先要由首相在征得公共账目委员会主席的同意后向议会提出建议，经议会批准，最终由女王任命。主计审计长有两项基本职责，一方面，对国家财政、政府部门和一些公共机构的财务收支进行审计；另一方面，对国家基金的收支活动进行监督。在两项工作基础之上，向议会提交审计报告。主计审计长向议会负责，依法独立履行职责，不受行政机关干预。②

国家审计署（National Audit Office）完全独立于政府，其职责在于代表议会对公共开支进行审计。首先，从监督对象的范围来看，国家审计署将所有的政府机构和诸如国有企业的其他公共实体（public body）的账目纳入审计监察视线之中。其次，从监督内容来看，国家审计署对政府机构使用公共财政资源的经济型、效率性和效益性（economy, efficiency and effectiveness）进行全面监督，并将上述监督情况向议会提交审计报告。③

2. 法国的做法：复合结构

法国的财政监督主体，是以议会宏观监督、财政部门日常业务监督、审计法院事后监督共同组成的分工明确、协调互补的多主体财政监督体系。

其一，议会的宏观监督。议会主要通过对国家预决算的审查来达到财政监督的目的。法国每级政权都有自治的政府和议会，各级议会负责对本级政府预算进行监督。议会把审议、批准和监督财政预算当作监督政府行政的重要手段，议会除自己设立的专门委员会审查外，还要委托审计法院对预算执行情况，特别是对政府部门和事业单位的经费开支进行审计。

其二，财政部门日常业务监督。法国财政部门在财政收支管理过程中负有重要的监督职责，设有财务监督官、公共会计、财政总监、国家监察署和税务稽查等监督机构。其中财务监督官的主要任务是监督各部门使用财政拨

---

① See "The Role of Public Accounts Committees", http：//www.parliament.uk/business/committees/committees-a-z/other-committees/public-accounts-commission/role，访问时间：2020年10月1日。

② 参见郑立主编、中华人民共和国审计署外事司编：《世界各国政府审计》，中国审计出版社1995年版，第227—242页。

③ See "The Role of National Audit Office", http：//www.nao.org.uk，访问时间：2020年10月1日。

付的各种资金；公共会计的主要职责是对公共支出拨付时的监督；财政总监的主要职责是实施专项监督检查；国家监察署对国有企业进行监督管理；税务机关的主要职责是对纳税人的税务稽查。

其三，审计法院的事后监督。法国宪法赋予审计法院的职责是协助议会和政府监督财政法的执行，它既独立于议会又独立于政府，属于司法范畴。议会和政府不能干预。审计法院最大特点是事后监督，一般向前追溯4—5年。[①]

从法国财政监督主体的层级设置来看，在中央层面，法国财政监督贯穿于预算收支的全过程，在财政部的管理之下，除设有专门的财政监督机构财政监察总署之外，还设有国家监察署，负责对国有企业进行财政监督，国家监察员被派驻到国有企业，对企业进行日常财政监督，并定期向财政部提交报告。此外，设有财政监察专员对部门和大区进行财政监督，设立公共会计在公共支出拨付时进行监督，使得财政监督尽可能广泛展开，并且随着财政支出流程不断深入。在地区层面，财政监察专员被派驻到各个财政大区，负责监督管理中央在地方的公共支出。[②]

(三) 权力范围与重点内容比较

在比较政治学中，议会财政权一般包括四个方面的内容：(1) 决定赋税的来源及其征收条件，即税收和举债审批权；(2) 讨论和决定国家预算及其特别拨款，批准和辩论政府的经费支出，即预算决定权；(3) 对政府已支出的数额作出总结和评价，即决算审查权和公共账目审查权。[③] 英国学者肯尼斯·布兰肖恩和戴维·普林在则把议会财政权具体分为三大部分，也即(1) 对支出的控制权；(2) 通过会计和审计系统进行的控制权；(3) 对税收的控制权。[④]

1. 权力范围

这里所讨论的财政监督权力范围，主要是从财政监督权所指向的对象这

---

① 参见韦慧娟、张玮：《法国的财政监督及其经验借鉴》，载《财政监督》2006年第3期。
② 参见贺邦靖主编：《国外财政监督借鉴》，经济科学出版社2008年版，第37页。
③ 参见徐红编著：《比较政治制度》，同济大学出版社2004年版，第150页。
④ See Joseph P. Harris, *Congressional Control of Administration*, The Brookings Institution, 1964, p. 9.

一层面进行分析和比较，即哪些主体会被纳入财政监督之中。基于财政监督的一般原理和各国的普遍实践，财政监督制度起源于限制政府权力（或者国王权力）的斗争，政府当然地被列为财政监督权所重点监督的对象[①]，除此之外，考察欧洲大部分发达国家，其财政监督权力范围呈现出更为宽泛的特点。除了政府，国有企业、社会中介机构、金融机构等也被纳入财政监督的权力范围之内。究其原因，一方面，即使在市场化程度很高的资本主义国家，国有企业、金融机构也是国民经济的命脉，占据重要地位，其行为对国家整个经济财政状况有着突出的影响，因此，需要对国有企业、金融机构进行财政监督。另一方面，大多数欧洲发达国家都十分重视发挥社会中介机构在社会经济中的作用，例如企业年度财务决算一般需经会计师事务所审计后才能办理纳税申报事项，因此社会中介机构在一定程度上履行着社会监督的职能，对社会中介机构的财政监督不仅有利于节约政府监督所必需的资金，也有利于及时发现问题，维护公共利益。下面选取部分典型国家，对其财政监督权力范围的特点加以比较分析。

对国有企业的财政监督以法国为典型代表。在法国，由财政部对国有企业进行财政监督，但在监管的同时，将政府与企业做了区分，以保护企业自主经营的合法权利为前提。法国财政部对国有企业的财政监督主要通过以下三方面进行：其一，与国有企业签订目标合同。目标合同将国有企业的经营目标、财务目标、投资计划、劳资关系、国家财政的支持、国家对价格的限制等都作了明确规定，既体现了国家的调控权，又赋予了企业自主经营权。其二，派代表进入企业监事会和董事会。法国国有企业实行董事会制度，董事会成员必须有一名财政部人员代表国家参加，在国家直接控制或国家股占90%以上的企业中，董事长由政府任命，其主要是对公司执行目标合同进行日常监督。其三，向国有企业派驻国家监察员，加强财务监督。法国财政部对国家控股50%以上的国有企业都派驻国家监察员，督促企业遵守各项财政法规，为政府提供企业的各种信息，为企业经营提出建议，还监督企业的重大决策等。[②]

对社会中介机构的财政监督以德国为典型代表。以德国对会计师事务所

[①] 关于对政府的财政监督，在此并不详细展开阐述和比较，而在其他部分均以对政府的财政监督为主要考察范围，故此处仅谈对其他主体的财政监督。

[②] 参见贺邦靖主编：《国外财政监督借鉴》，经济科学出版社2008年版，第33页。

的财政监督为例,一方面,通过行业自律协会对会计师事务所和注册会计师违反行业执业准则的行为进行查处;另一方面,德国财政部和经济部下设专门机构对注册会计师协会、会计师事务所和注册会计师的中介活动进行财政监督,强化对中介机构的政府监管。

对金融机构的监督以英国为典型代表。在市场经济国家中,由财政部门或财政授权的机构对金融企业行使监督权,是财政当局执行公共财政政策的一项重要职能。英国2001年建立了金融监管局作为一体化的监管者,但金融监管职能并没有从财政部剥离出来。财政部可以代表政府向金融监管局提出具体要求;有权派人调查金融监管局的运行效率;受理并调查企业对金融监管局的裁决抗诉;与英格兰银行、金融监管局形成三方会谈机制,定期磋商、交换信息。当其他两方在货币政策上意见不一致时,由财政部部长裁决。[①]

2. 重点内容

欧洲发达国家对政府进行财政监督的主要内容,基本上是围绕政府财政收支监督为核心展开。此处选取预算监督作为比较的重点,分析欧洲大多数发达国家财政监督的特点,并选取部分典型国家为例进行具体阐释。

首先,预算监督体现在预算编制和审批层面。大多数欧洲国家开始编制下一年度的预算时间较早。例如,希腊、瑞典、挪威等国提前10个月进行下一财年的预算编制。编制预算的时间充足,能够保证预算编制更加精细、准确,与各部门也可以经过多次商讨,使预算编制更加合理有效。总的看,各国预算编制活动的日程呈现出以下特点:一是预算编制的时间早;二是预算编制的环节紧凑;三是预算编制的沟通性和互动性强。在预算编制过程中的财政监督主要通过如下方式体现:首先,由财政部提出预算编制目标,下达给各部,各部分级落实编制部门预算草案;其次,各部将本部的预算草案反馈财政部,财政部就部门的预算草案内容进行分析、核查,提出修改意见,与各部门商讨、沟通,共同确定预算草案。此时,财政监督已经开始介入预算编制;再次,财政部将与部门基本沟通一致的预算草案提交国会或议院进行审核审批;最后,预算草案经国会审定通过后,向社会公众公布,接受民众监督。有些国家还设有专门机构对预算案进行审核,如芬兰设有专门的内

---

① See http://www.fca.org.uk/about,访问时间:2020年10月1日。

阁财政委员会和议会财政委员会，丹麦设有国会财政小组，意大利设有审计法院，这些机构人员不多，但都是财政及会计方面的专家。预算草案经过这些专家审核通过后，大大提高了预算编制的科学性和准确性。

其次，在预算执行过程中也体现出了预算监督的特点，主要包括通过议会专门机构或派出机构对行政机构进行执行监督和财政部派出机构进行行政自我监督来实现。至于为何通过财政部派驻机构的行政自我监督即可实现对政府预算的有力监督，我们认为这与大多数欧洲发达国家的预算管理法制水平较高有密切关系，预算草案一经通过，就具有法律效力，各政府部门不得随意调整预算，必须严格按照预算使用财政资金。为了确保各部门能够严格执行预算，不同国家的财政部都设立了相关的派出机构进行监督，主要是应用行政监督手段，对预算执行过程中的预算支出进度情况、支出总量、使用效益等进行全方位监督。例如意大利财政部总财务司的派出机构、希腊财政部派驻各省的财政监察办公室等。

[资料参考]

典型发达国家的财政监督过程
——以英国预算监督及其启示为例

第一，英国议会的预算编制监督。① 英国的财政年度是每年的4月1日到次年的3月31日。英国编制预算历时较长，预算编制机关非常重视和其他机构特别是议会之间的协调。英国政府预算编制的基本流程为：3月份，财政部向各部门发出编制概算的通知。3月份到5月份，各部门编制和审议自己的草案。5月份，各部门将各自编制的概算估计书提交财政部，财政部在审核后，汇编出英国政府的支出概算。6月份，内阁会议对财政部审核汇编出的政府支出概算进行预计，并提出下一财政年度支出总额目标。7月份，财政部根据支出总额目标确定税收战略。与此同时，国内支出委员会（EXD）也介入到预算编制中来。9月份，财政部拟定一个有关各项财政措施建议的清

---

① See The Budget and Parliament, http://www.parliament.uk/about/how/occasions/budget/，访问时间：2020年10月1日。

单，部长们根据已经掌握的情况，对所有的建议进行比较和筛选。11月份，预算议案送交国会下院，下院随后便开始对议案进行审议。12月份，每个政府部门要交给财政部一份有关下一个财政年度需要的议会授权的支出明细表。第二年1月份和2月份，财政部对照这些数据，仔细检查下一个财政年度的预算报告。3月份完成预算编制工作，提出新的财政年度的正式预算，并提交议会。议会下院的审议讨论，通常要延续到新的财政年度开始以后，一般要到预算年度开始以后的4个月，也就是在7月底，必须完成税收（财政法令）和支出（拨款法令）的立法程序。[①] 可见，在英国预算编制过程中，我们随时都可以看到议会监督的身影。议会并没有等到预算审批阶段才介入监督，而是在预算的编制阶段就切实地行使起监督的权力。另外，在预算编制过程中，对编制机关严格的程序要求也是议会行使预算监督权的表现。

第二，英国议会的预算审批监督。在英国，主要掌握预算支出控制权的是下议院的供应委员会和支出委员会。首先，供应委员会是全院委员会的一种，其主要任务是审查并核准预算。每届会期开始时，下议院即设立供应委员会，负责在议事规程中所规定的29个"供应日"中，讨论对政府支出的授权与拨款行为。当本年度所有的拨款经表决同意后，下议院便提出一项总的"拨款法案"，它总结和列举本年度各项经费的拨款，以另列的附表确定其用途，并授权它们从统一基金中支付。其次，支出委员会的工作是"全面考虑预算中包含的支出总额及其有关政策被更节约地运用，并对提交下院的预算及相应文书档案中的内容进行审查"。[②] 英国政府部门的所有支出分为两类：一类如国债利息、王室经费及法官俸禄等，根据法律由统一基金支付，不需要议会每年表决；其余90%的政府支出须逐年由下议院表决通过并由立法授权。英国下议院的立法授权与拨款过程是密切结合在一起的。在英国，预算案经内阁同意后，由财政大臣向下议院做年度预算报告。下议院通过辩论审查预算案的新增和变动部分，制定各项预算决议和拨款法案。

第三，英国议会的预算执行监督。首先，"公共账目委员会"的预算执行

---

① 参见傅光明：《各国法律对预算编制的规定》，载《经济学消息报》2003年9月19日、9月26日。

② See Dabid Butler & Gareth Butler, *British Political Facts, 1900—1985*, The Macmillan Press Ltd., 1986, p.196.

监督。在英国，议会内部账目监督机构以"公共账目委员会"最具典型意义。该委员会负责检查政府各执行机构的拨款及其他账目，并把结果及有关建议提交给下议院。委员会主席按惯例由反对党议员担任。其次，"国家审计署"的预算执行监督。英国还设有向议会负责的独立审计监督部门"国家审计署"，其任务是全面对政府各部门的账目进行审计，并向公共账目委员会派出得力的审计员，保证其有效地开展工作。国家审计署在财政上和机构上完全独立于行政部门。

综合上述制度内容，不难发现英国议会的预算监督具有如下特点，可供借鉴：其一，议会预算监督权的地位灵活浮动。从政治体制上看，英国没有成文宪法的约束。因此，议会财政权在结构上没有固定的框架，可以随时代的发展而不断调整。其二，议会预算监督权的行使具有严格的程序。英国的保守主义体现在财政权领域，就是议会在行使预算监督权时，有既定的议事规则，所有的程序都严格按照已有的规定进行。其三，强调事后监督。英国议会完成对预算案的审议总要延续到新的财政年度开始后的好几个月，因此，和我国目前的现实状况一样，议会对预算的批准已变成了事后控制。临时预算的设立不但增加了议会对支出控制的难度，而且使政府的开支有了较大的回旋余地。其四，内部制约。英国议会对政府财政的控制是通过议会内部反对党对预算进行批评的方式进行的。这样，一方面促使政府在开支项目中兼顾各方利益，保证议会的财政民主性，另一方面在很大程度上提高了政府的工作效率和财政活动中的自由度。

二、北美发达国家的经验

(一) 法律语境与制度规则比较

美国和加拿大作为比较成熟的市场经济和法治国家，其公共财政监督的法律制度也比较成熟。从宪治法律史的角度分析，美国国会财政权的确立有其独特的历史语境。新的国会制度是伴随着新宪法的诞生而出现的，国会财政权的取得也是通过宪法的明确授权而被赋予的。除了在独立过程中的激烈对抗程序和独立国家形成较晚等方面有所区别外，加拿大的宪治体制与美国在大体框架上较为类似。两个国家的财政监督管理工作都有比较详细的法律规范和清楚明晰的基本程序。在财政和税务行政管理方面，美、加两国基本上是财政部门负责对财税宏观政策执行情况和重大违法违纪问题进行监督管理，其他一般性的税收监督管理主要由税务部门负责。在具体做法上，两国也存在许多共同点，但在某些方面又相对各有特色。美国和加拿大在议会通过的法律或其他相关法规条款中具体规定了财政监督的职责和任务。

1. 美国的经验：总统与国会的双重制衡

从制度变迁的角度分析，美国国会财政权的初始取得是美国殖民地人民反抗英国殖民者强加给他们的税负压迫的强烈反应，是通过独立战争的洗礼后主动建构的产物，这种制度的强制性变迁使得美国的宪治体制完全建立在殖民统治崩溃的废墟之上，因而显得更为牢固。美国国会财政权的结构和运行规则的固定性比英国要强很多，而分权型的制度结构又大大增加了这种立法的难度，所以美国财政权体系的几次重大变迁，无一不是以重要法律文件为标志的，如1921年《预算与会计法》、1974年《国会预算及扣押款项控制法》等，都是显然的例证。[①] 美国的财政与宪治立法，包括后续的1990年《预算改革法》、1996年《项目否决法》等，都是紧紧围绕总统与国会的双重制约而展开的。此后，美国国会又先后通过《监察官法》《财政主管法》《财政管理改革法》和《单项否决权法》等，赋予监察官以独立监督的权力，为财政监督提供法律依据。1993年国会通过的《美国政府绩效与成果法》，启动了项目绩效改革与监督。

2. 加拿大的经验：精细化的预算监督管理

加拿大是一个联邦制国家，有10个省、3个行政区，由三级政府构成，分别是联邦政府（Federal Government）、省级政府（Province Government）和市级政府（Municipal Government）。三级政府相对独立，互无隶属关系，各自对本级议会负责，并有明确的事权与财权划分。就财政支出而言，政府的主要职能是向社会提供均等化的公共服务和社会保障。由于财政收入的不均衡性，联邦、省、市之间有着比较规范的财政转移支付制度。虽然各级财政之

[①] 参见徐红：《财权掌控与财政民主——英美议会财政权的政治学分析》，同济大学出版社2014年版，第81—86页。

间也存在着矛盾和博弈，但总体上运作是建立在公开、透明、规范和法制基础之上的。加拿大各级政府遵循法制原则，通过颁布专门法律将公开透明原则渗透在预算管理的各个环节，在联邦层面，以《联邦责任法案》和《财政管理改革法》为典型代表。①加拿大的财政绩效监督体系主要由两个层面构成，一是外部审计监督，即由联邦审计长公署和地方审计机构负责开展的绩效监督；二是政府内部监督，即由联邦和地方国库委员会负责组织开展的绩效监督。在加拿大政府管理体系中，要求施政者对政策、计划或动机等全盘了解后，对实施计划的背景、需求、资源、治理结构及预计成果等做简要说明，其实质就是运用目标管理的方式，将责任、资源及实施绩效有效结合起来。②

（二）监督主体与施责机构比较

在财政监督的主体层面上，美国、加拿大两国的财政监督主体均呈现的多元化特征。在美国，由国会、政府财政部门和司法机构共同承担财政监督工作，而在加拿大，财政监督主体则包括议会、审计署、政府财政部门及其他专业部门。总体来看，在美国、加拿大的多元化多主体财政监督体系中，各监督主体之间配合严密，在一定程度上亦形成制约与平衡的结构，整个财政监督体系架构合理，体现出了较高的运作效率和现代管理水平。

1. 美国的做法：国会、行政与司法监督

其一，国会财政监督。根据美国宪法规定，财政权是国会的一项最重要的权力，主要包括征税、举债及拨款的决定、审查、批准和监督。在19世纪上半叶以前，国会对财政监督的效力还不显，政府部门立项比较随意，时常挪用、多用拨款，在账目上蒙骗国会。从19世纪下半叶开始，国会开始建立起授权和拨款相结合、详细分项、注重检查的财政监督程序。在美国，财政年度从当年10月1日开始，到次年9月30日结束。国会进行财政预算监督主

---

① 参见河北省财政厅、李杰刚、徐卫、刘鹏：《加拿大政府预算透明度考察》，载《经济研究参考》2011年第9期。
② 参见财政部赴加拿大财政绩效监督培训团：《加拿大财政绩效监督培训报告》，财政部网站，http://www.mof.gov.cn/preview/jiandujianchaju/zhengwuxinxi/guojijiejian/201112/t20111201_612130.html，访问时间：2020年10月1日。

要在委员会和全院大会两个层次进行，重点是委员会层次。两院每个委员会、每个小组委员会都有明确职责，作用比较大的是众议院的预算委员会、拨款委员会、筹款委员会和参议院的预算委员会、拨款委员会、财政委员会。两院的助理机构国会预算局、审计总署也发挥重要作用。与许多国家相比，美国国会对预算形成过程介入得比较深，决定权比较大，对预算执行过程和预算执行结果监督力度也比较大。

其二，财政部门日常监督。美国联邦财政部内设一名由总统任命的财政总监，负责监督在财政政策的执行和检查过程中的重大财税违法乱纪行为，直接对总统和国会负责。联邦政府中每一个用款部门都配备一名由总统任命的财政总监，对总统和财政部负责。这些部门的每一笔支出必须经财政总监签字后财政部门才能拨款。此外，还设有联邦审计署，负责对财政资金使用和管理过程中出现的重大违纪问题进行调查处理。国会制定的《国内税收法典》，它与立法机关制定的其他法律共同成为"法定依据"。美国国内收入局负责税收检查的官员分为三个层次，级别最高的层次为监督检查官，主要监督检查大型企业（公司）的问题；第二个层次为税务审计官，主要负责检查中小企业的问题；第三个层次为税收检查官，主要负责处理一些具体问题，各层次之间在工作中相互协调，密切配合。

其三，司法机关的财政监督。美国法院分为审判法院、上诉法院和最高法院三个层次。所有的诉讼必须从审判法院开始。对涉税案件有管辖权的审判法院包括美国区法院、美国联邦申诉法院，以及联邦税务法院。其中，税务法院是美国联邦法院体系中的专门法院，纳税人寻求司法救济可以不必先缴纳有争议的税款，因此美国许多涉税案件都由该法院审理。只有纳税人或国税局在审判法院这一层次败诉后，败诉方才可以向更高一级的法院起诉该判决。上诉法院和最高法院都不可以直接进行第一次审判。这些法院的首要责任是审查审判法院对事实的判决是否符合法律。第一级上诉法院的败诉者可以进一步向最高法院上诉，最高法院的判决是最终的，并对所有相对低级的法院产生约束。实际上，各种审判法院和上诉法院作出的判决就构成了司法的依据。美国的财政税收在立法和执行上都有司法监督的介入。司法解释构成了财政法律体系的一个重要内容。对于那些违法乱纪者，美国法院的惩罚都非常严格。①

2. 加拿大的做法：审计独立与风险控制

其一，议会监督。加拿大财政监督体系的各构成环节中，议会监督是以民主程序实现的财政立法监督，处于基础性和主导性的地位。议会监督的主要形式有：一是批准国家预算，由议会财政、经济、贸易等专门委员会成员组成供应委员会和手段实施委员会，分别审议政府编制的预算和动用国库资金满足预算需要的提案，经众议院和参议院审议通过形成预算法案，从而确立政府财政预算的法律效力。二是审查国家总决算，对审计署出具的财政预算审计意见书及年度工作报告进行审查。三是审查政府绩效考评结果，向社会公布。在财政年度预算执行结束后，对经过审计署审计的联邦政府及其部门项目评估和工作绩效考评结果进行审查，并确定评估与考评结果向社会公布的适当表述方式。

其二，审计部门独立监督。审计署负责对政府财政运行情况及国营公司财务收支进行审计，并向议会报告。审计署的职责，主要是对政府和政府部门的财政财务收支进行审计，对政府财务报表和财政部部长提交的其他财政报表发表审计意见；审计政府各部门工作绩效；审计国有公司财务收支情况。②

其三，政府财政及其他专业部门负责日常财政监督管理。这一层级的财政监督集预算编制、执行和绩效评估于一体，分工协作，各负其责，对财政收支的全过程实施监督管理。政府财政及其他专业部门十分重视事前监督，把财政监督的重心放在风险控制和防范上。每一项新制度的出台都事先进行风险论证，围绕发生问题的可能性、如何处理等课题提出专业化建议。另外，加拿大政府非常重视不同级财政监督的协调问题。对三级政府共同资金使用情况的监督是通过监督机构的协商来确定由谁执行，其协商的原则是便于监管，有利于事业发展。

（三）重点内容比较

与前述论及欧洲发达国家的财政监督权力范围一样，本部分主要是从财

---

① 参见付伯颖：《美日财政监督的特点与借鉴》，载《财政监督》2006 年第 11 期。
② 徐永胜、徐揆：《加拿大公共预算管理和监督的特点及其启示》，载《财政研究》2007 年第 12 期。

政监督权所指向的对象这一层面进行分析和比较。与欧洲大多数发达国家的制度实践相类似,在美国和加拿大,政府被自然地列入财政监督的范围之中,此外,国有企业、社会中介机构、金融机构等也同样接受财政监督。通常而言,在市场经济国家中,由财政部门或财政授权的机构对金融企业行使监督权,是财政当局执行公共财政政策的一项重要职能。而对政府的预算监督是财政监督的重点内容之一。在此以预算监督为例,对美国和加拿大财政监督的具体内容进行分析。

1. 美国的预算监督

美国联邦政府的预算案从编制、产生到执行,都依据1974年美国《国会预算法案》所规定的预算程序来进行,其核心在于要求国会在每个财政年度制定预算决议,从而设定联邦政府财政收支的限额。因此可以说,美国联邦政府的预算过程,实质上就是国会通过预算对政府进行财政监督的过程。

从整个预算过程来看,从编制到执行,国会对联邦政府预算的监督大致可以划分为如下几个环节:

第一,预算编制环节,由总统向国会提交预算草案。这份草案是总统代表联邦政府向国会所提交的未来财政年度的详细预算请求,但因为是草案,故不具有法律效力,仅仅是整个联邦预算过程的开始。

第二,预算审批环节,由国会对预算草案进行审议并形成预算案,即预算决议。在总统提交预算草案后,国会预算委员会基于报告、听证以及来自行政管理和预算局、联邦储备委员会等的多方信息(包括预算和经济预测),讨论并最终形成预算决议。具体而言,国会的预算审批权可以区分为授权和拨款两个维度。第一个维度,授权委员会的预算监督。预算案被分别提交国会两院后,先由两院的预算委员会起草一项共同决议,为拨款、开支、节余或者赤字等规定目标总额,然后,收支目标被分配到各个立法委员会,由它们考虑在规定的范围内向政府有关部门提供资金事宜。各委员会先通过听证的方式,对相应的政府部门预算进行详细的调查,然后起草授权议案,同意为某一个部门的活动授予相应的款项,授权议案经两院通过后成为正式的授权法案。第二个维度,拨款委员会的预算监督。美国国会中13个小组委员会享有拨款委员会的支出控制权,这些小组委员会通过逐条审议相应的部门预算,提出不同的拨款方式并起草拨款议案,这些议案经拨款委员会审查和讨论后，由众议院提出一项综合性的"拨款法案"，经两院全体会议审议后在财政年度开始以前通过。通过上述授权和拨款两个层面，国会对预算的审批进行全面的监督。同时，国会的预算监督具有严格的程序界限，并详细规定国会行使监督权的程序制度，这些制度包括听证制度、辩论制度等。

第三，预算执行环节，国会向各个行政部门派驻监察代表，对所驻部门的预算执行情况进行监督。此外，更重要的是，由对国会负责的"总会计署"对联邦政府执行预算决议的情况进行监督。并且，如果在执行过程中联邦政府提出需要对预算进行调整，国会仍有一系列的条件与控制程序，对预算调整设定一定的限制。

在机构设置上，"总会计署"是仅向国会负责的、独立于行政机构的专业化审计监督部门，虽然其长官总监署长由总统任命，但由于其任期长达15年，并只有当两院通过联合决议时才能离职，因此基本上不受行政部门的控制。总会计署主要通过如下层面的监督实现对联邦政府的预算执行监督：其一，监督政府各主管部门财政业务的合法性和效率；其二，为国会提供财务信息，建立联邦机关进行财务活动的规章及报表制度等。

至于在预算执行过程中的预算调整问题，预算调整须经国会议员2/3以上同意才能生效，未经国会批准而修订预算的行为需负刑事责任。

2. 加拿大的预算监督

与美国以国会为主导的预算监督不同，在加拿大的预算过程中，突出的特点是通过在预算编制环节的多层磋商进行自我校正与监督。当然，最终仍需通过议会对政府预算进行审批和执行中的审计监督。

具体而言，在预算编制过程中，枢密院会同财政部向总理提出预算战略要点建议，财政部最终制定预算并负有责任，国库委员会协助预算编制并具体执行。在每个财政年度前一个月，财政部、枢密院根据总理施政方针，提出新的收支政策和预算建议，并由国库委员会秘书处通知各专业部委。各部委根据建议制订部门业务计划。业务计划为三年滚动计划。初步预算分别报送财政部和国库委员会秘书处，由国库委员会秘书处进行初步审查汇总。在此基础上，分别进行内阁磋商和议会磋商两个环节。其一，内阁磋商。每年6月，财政部部长在内阁会议上提出财政经济预测结果及下年预算要点，与各部委负责人就预算安排进行具体磋商。根据磋商结果以及上年财政决算分析，对部门初步预算进行修改，达成预算内阁磋商框架。其二，议会磋商。每年10月，众议院财政委员会举行听证会，财政部部长发表预算要点，财政部配合发表《经济财政更新报告》。经过听证，众议院财政委员会提交磋商报告，包括委员会少数派的意见，但不表决。财政部负责将议会磋商形成的预算建议反馈给政府，财政部部长与总理根据内阁讨论结果和众议院财政委员会报告，确定最终预算案。

预算审批阶段从次年2月开始，以财政部部长代表政府向议会提交预算案为标志。5月末，众议院财政委员会向众议院全体会议提交预算审查报告，并在议会讨论通过。预算一旦通过立法程序，任何未经议会批准而改变预算的行为，都将被视为违法。预算执行结果，必须经过有关部门评估和审计署审计。若没有实现预算目标，要追究相关领导人的责任。[①]

三、新兴经济体国家的经验

从前文中可以看出，欧洲和北美发达国家主要借助公共预算体制，形成了较系统的公共财政监督框架。与之相较，很多新兴经济体国家虽然建立民主政体的时间并不长，但经过几十年的探索尝试，也或深或浅地建构起了一套法治保障下的、相对较为稳定的公共财政监督制度，创造和积累了一些行之有效的做法，并初具规模、初成体系，从而保证了本国财政收支活动的稳定运行和国家经济社会的健康发展。虽然这些国家的公共财政监督制度仍在变迁之中，而且各具国别特色的制度不一定能完全适用于我国，但毋庸置疑的是，通过引介、了解其公共财政监督思路和机制，能够为我们提供诸多启发和参考。更何况，相比于制度已很成熟的发达国家，这些新兴的发展中国家开展制度建设的起步时间相对较晚，现在仍然面临着诸多挑战和难题，所以反而可能更容易与我国的制度设计产生共时性的共鸣，也更适合提供一些鲜活的事例和经验。

本部分选取巴西、俄罗斯、韩国、阿根廷、埃及等典型的新兴市场经济国家进行研究，对它们财政监督的整体设计以及鲜明特征分别进行阐释，以

---

① 参见贺邦靖主编：《国外财政监督借鉴》，经济科学出版社2008年版，第116—117页。

期展现一幅不同于前述发达国家、却依旧有声有色的现代公共财政监督图景，为我国财政监督的运行方式、工作内容、范围、方法的不断完善提供镜鉴。之所以选取这些新兴国家，主要基于以下三点理由：一是在国家发展状况上，上述国家与我国的经济、政治和社会建设方面有一定相似之处，故有较大的比较和借鉴意义；二是在地域上，这些国家分别位于世界上不同的地区，但是当前各国的财政监督均初成体系，在这个层面上有较强的代表性、典型性和全面性；三是在财政监督特征上，在财政控权、监督制衡理念的指导下，这些国家既呈现出某些共通之处，又各具特色、各有侧重，特别是在监督机构设置及相应的程序、权力等方面存在较大的不同，因而可以以点带面地反映新兴经济体国家财政监督的几种模式，进而为我国公共财政监督法律制度的构建起到扩展视野、提供多条可借鉴路径的作用。

(一) 巴西：多层次的财政内外部监督体系

在拉丁美洲国家中，巴西实力居于首位，也是发展中国家中经济相对发达的国家。从20世纪30年代起，巴西历届政府都很重视国家对经济活动的组织、协调和监控，作为促进经济发展的重要手段。其中，财政监督和管理在巴西国家经济生活中占有重要地位。[1] 总的来说，巴西财政监督大体上可以分为三个层次：议会监督、政府监督、职能部门监督。[2] 由此构成了多层次多手段的、内外部相互配合的公共财政监督体系，可以说是集检查、稽核、督促、矫正、制裁、调研和反馈行为于一体。[3]

1. 议会监督层次

巴西是实行三权分立的国家，巴西议会是巴西的最高立法机关，由国民议会和参议员共同组成两院制议会。在公共财政监督问题上，巴西议会是最高层级的财政监督者，它的主要职能在于制定财政法令法规、审查和通过预算。巴西议会下设财政委员会、财政监督与账目审查委员会，具体负责对拟

---

[1] See Múrio Falcão Pessoa, *Fiscal Policy in Brazil and Japan*, Final Report on Seminar on Economic Policies Ministry of Finance Japanese Governance, 2004.

[2] 参见王祺扬：《美国、巴西财政预算管理的经验及借鉴》，载《经济研究参考》2006年第80期。

[3] 参见财政部财政监督考察团：《巴西、委内瑞拉财政管理与财政监督的经验借鉴》，载《财政监督》2008年第9期。

定的财政法令法规、提请审议的预算进行审查、咨询和提出意见。① 可以说，联邦议会监督是最高层次的财政监督。

值得指出的是，与巴西议会关系密切的还有一个机构——联邦审计法院（Tribunal de Contas da União，TCU），它有权依法自行决定审计内容和方式，也可根据参议院、众议院的建议，对预算执行和决算开展审计、调查和相关司法判决工作，对所有账户进行检查②，并定期向国会提交季度工作报告和年度工作报告。考虑到联邦审计法院在巴西公共财政监督体系中的突出地位及其特殊性，以下将展开详述。

（1）联邦审计法院的职能和组织架构

巴西联邦审计法院 1895 年依据第一部共和国宪法设立，总部位于首都巴西利亚，在首都和 26 个州设有派出机构，2014 年数据显示，共有人员 2600 多人，其中审计法官 1500 多人。联邦审计法院是巴西最高审计机关，它在全国范围内行使审计监督权力，与司法部门相对独立。联邦审计法院委员会是联邦审计法院的最高领导，由 9 名部长级审计大法官组成，来自政府、国会和司法部门。全体大法官按得票多数原则选举出院长和副院长各一人，任期一年，可连任一届。9 名大法官中的 6 名由国会任命，另 3 名经参议院批准后，由总统任命。审计法院的大法官享有与最高法院大法官同等的终身制待遇，即直至 70 岁退休，除触犯法律并经司法判决外，不得免职、工资不能被减少，年满 70 岁退休后享受全额工资，等等。③

联邦审计法院的主要职权是协助国会实施对联邦财务和预算管理的外部控制，经过 2000 年巴西启动的公共部门重建计划和财政改革，联邦审计法院的职权较大地拓展。④ 当前，其职权具体包括，其一，主动或根据议会要求对联邦政府机构以及联邦间接管理实体的财务、会计、预算、经营、绩效和财产进行审计；对共和国总统提交的联邦预算执行报告和联邦总决算进行审计；对公务系统和军队的退休金发放情况进行审计。对公共机构和公营单位管理

---

① 参见吴国平、杨仲林等：《拉美三国议会》，中国财政经济出版社 2005 年版，第 92—94 页。
② 一般情况下，巴西联邦审计法院除受理投诉、举报直接对单位或事项进行审计外，检查核证工作委托联邦监控总局完成，对于联邦监控总局后文将详述。
③ 参见罗涛：《解读巴西国家审计监督制度主要特色》，http：//finance.sina.com.cn/world/20140624/135119506522.shtml，访问时间：2020 年 10 月 1 日。
④ 参见严萍：《握有司法大权的巴西审计机构》，载《党政干部文摘》2004 年第 9 期。

责任人聘用程序的合法性（司法决议任命的除外）、公务员录用程序的合法性、文职及军队人员养老金和退休金拨付的合法性进行检查评价。其二，如果检查发现问题，提请司法部门立案调查，具有要求报送资料权、检查取证权、检查权、登记保存权、制止纠正权、建议报告权等权力。其三，在审计基础上对联邦机关和联邦间接管理实体的负责人编制的账目进行裁决，并对违规账目的有关主管官员进行处罚。其四，对国家税收的征缴情况进行跟踪审查。其五，检查联邦政府拨付给特区、州、市的转移支付资金使用情况，审核政府间的财政结算数额。其六，要求政府部门的内部审计机构配合法院的外部审计工作，并对知情不报的内审机构负责人处以罚款。其七，要求负责国家资金开支的高级官员及其配偶子女申报财产和收入，在一般情况下为申报内容保密，但有权要求申报人对其财产和收入发生的变动作出澄清说明，并可在发现申报人非法致富时由合议庭进行裁决。其八，对未经授权的支出、未经规划的投资和未经批准的补贴等事项作出最终判决。制止和通报违法行为和不当使用财政资金问题，对重大问题进行判决。责令被审计单位整改违规情况，依法对不合法支出、违规账目的相关责任人实施处罚。其九，接受公民、政党、社会团体或工会的投诉，就有关事项进行调查，并在证据确凿情形下对投诉事项作出裁决。

联邦审计法院的机构设置、人员配备和预算经费均由《联邦审计法院组织法》予以保障，经费预算由国会按照规定程序批准。联邦审计法院每年制定审计计划，并且可随时根据参众两院的要求进行专项审计。近年来，随着政府部门预算和开支的逐步规范，联邦审计法院将工作重心放在了国家重点工程、国有企业民营化和政府为教育、卫生和扶贫推出的各种社会计划上。审计法院每季度向国会提交一份审计工作报告，年底提交年度报告。审计法院自身接受国会的审计和监督。

联邦审计法院十分重视发挥社会监督及舆论监督的作用，鼓励公民利用专用检举电话向审计法院举报，法院还会将调查处理结果告知举报人。[1] 同时，对于媒体揭露的相关问题，联邦审计法院都会立案调查，并将结果公布于众。

---

[1] See Leslie Bethell, "Politics in Brazil: From Election without Democracy to Democracy without Citizenship", *Daedalus*, vol. 129, no. 2, 2000.

（2）巴西国家审计监督的特色

巴西的国家审计监督制度由来已久，特别是从 2000 年以来，联邦审计法院在整顿财经纪律、控制财政风险、改善国家治理等方面发挥着越来越重要的作用①，以下几点颇具特色。

其一，独立性强。严格地说，联邦审计法院是国会的辅助机构，不隶属于政府和最高法院，而是具有一定司法职能的审计机构。在 1890 年制宪过程中，宪法审定人 Rui Barbosa 就将联邦审计法院定义为：一个介于行政机关与立法机关之间的具有司法权的机构，在宪法授权范围内独立行使审查和裁决职能，不受任何干预和威胁。除此以外，联邦审计法院的独立性还体现在诸多方面。一是以宪法明确保障审计大法官的人格独立。宪法详细规定了审计大法官的遴选条件、选举程序、任命方式、任职期限、职位待遇和弹劾条件，其中关于审计大法官分别由国会和总统任命，且终身任职的法律制度设计，尤引人注目。二是以《联邦审计法院组织法》专门保障其组织独立、人事独立和经费独立。在法律授权范围内，联邦审计法院可自行决定内部机构设置和人员选聘，其经费预算不是由财政部或政府财政办公室审批，而是由国会按照法律规定程序批准。三是独立履行职责，自行公开结果。在法律授权范围内，联邦审计法院可自行决定审计内容、审计方式，独立开展司法审判。除有关国家机密的内容不应公开外，联邦审计法院的审计结果和司法裁决结果均可自行公开。

其二，职权范围广泛。根据巴西 1988 年《宪法》，凡负责使用、征缴、保管、管理和监管公共资金、公共资源、公共股份的任何机构或个人，以及以联邦名义负有财务管理责任的单位或个人，都应向联邦审计法院提供账目

---

① 有学者指出，巴西的审计法院在该国化解和防控地方债务危机问题上也发挥了卓有成效的作用。即巴西于 2000 年制定了《财政责任法》，并依靠审计法院这一对公共行政施加外在控制的独立机构，有效地保障了《财政责任法》的良好实施。同时建议，我国审计署作为负责政府债务审计的机构，应当保障并强化其独立性，赋予其更大的执法权力。反观我国实际，地方债失控及其引发的系列反应当前也受到了很多重视。我们认为，虽然我国与巴西在宪法架构、财政安排、具体国情等方面颇为不同，但在地方债务方面也存在着不少的相似之处，比如地方债务膨胀都与各级地方政府所面临的软预算约束状况紧密相关、负债严重的地方政府往往也是富裕地区的政府等。而且从本质上说，巴西采取的这种以法治方式应对地方债务危机的核心观念，以及将《财政责任法》制定与审计法院保障法律实施相结合的主要路径，可以在一定程度上为我国梳理和解决地方债问题所借鉴和参考。参见谭道明：《巴西化解和防控地方债务危机的启示》，载《法学》2014 年第 4 期。

并接受审计。① 可见，联邦审计法院的审计范围非常广泛。联邦审计法院拥有检查权、调查权、处罚权、报告权和建议权，还拥有一定的司法权，有权对裁决为"违规账目"的主管官员进行处理处罚，有权拘留导致财政资金、国有资产损失以及拒绝提供资料的责任人。性质严重的，可判决主管官员在5至8年内不得担任公职。每次选举之前，联邦审计法院都会向国家选举检察办公室送交近5年内被裁决为"违规账目"的主管官员名单。上述职权为联邦审计法院反腐败提供了强力支持。②

其三，法律地位较高。巴西的国家审计监督制度历史悠久，作为该国的一项基础性的民主制度，一直被当作落实政府问责和改善国家治理的重要工具。自1889年推翻帝制成立联邦共和国以来，巴西先后出台过6部宪法，但无论是民选政府执政还是军政府上台，联邦审计法院的宪法地位始终如一，历经130余年而不曾有变。《宪法》之下，《联邦审计法院组织法》《反行政舞弊法》《行政、立法、司法部门高级官员申报财产法》《财政责任法》等法律为联邦审计法院履职提供了更具体、更明确的司法保障。作为一个拥有一定司法职能的审计机构，联邦审计法院的判决结果为最终判决，除非巴西最高法院判定联邦审计法院在行使司法判决权过程中存在严重的违法行为。

其四，事前和事中监督特征突出。一方面，官员的收入和财产申报每年一审。巴西的法律规定，高级官员就职和离职时必须如实申报本人及配偶、子女的各种资产，任职期间由审计部门每年审计一次。联邦审计法院有权要求申报人对其收入和财产变化作出澄清说明，对申报不实、不按期申报以及财产与申报合法收入明显不符的公职人员可给予免职和相应的法律惩罚。另一方面，注重对财政支出的过程控制。联邦审计法院对公共机构和公营单位管理责任人聘用程序的合法性、公务员录用程序的合法性、文职及军队人员养老金和退休金拨付的合法性进行检查和评价，还可以在政府及其所属机构的支出和债务接近限额时提出警告。这类过程控制，对预防贪污腐败、支出

---

① 参见杨立民：《巴西：联邦审计法院管得宽，享有司法处罚权》，载《新华每日电讯》2004年7月20日，第6版。
② 比如2010年，根据联邦审计法院移交的审计信息，联邦检察院成功地对2449人提起公诉，其中49%的案件涉及现任或前任高级官员。参见罗涛：《解读巴西国家审计监督制度主要特色》，http：//finance.sina.com.cn/world/20140624/135119506522.shtml，访问时间：2021年8月19日。

膨胀和债务危机具有积极作用。

2. 政府监督层次

巴西联邦政府设立财政协调委员会，委员会人员由财政部、税务总局、国库总局、计划预算部、国有企业协调管理总局、社会福利部负责人和中央银行代表等组成。财政部常务副部长主持，负责对预算编制过程和编制出的预算草案进行协调，以形成总统预算提交议会。总统府下设经济政策委员会，对财政政策、预算方针、预算编制提出建议或咨询意见。

就巴西财政部而言，加强国家预算和财政的内部监督是财政部的重要职责之一，这主要涉及国库总局、金融管理总局等具体职能机构。其中，国库总局是财政部的直属机构，它主要负责管理国库单一账户、掌控财政支出、保持国库收支平衡、管理国有企业资产、控制和管理国内及国外债务、制定国库会计核算制度、参与和组织预算执行等。国库总局在巴西中央银行设立单一账户，所有公共性的财政收支都必须通过这个单一账户进行，为各个预算支出部门和单位在巴西银行（属于商业银行）设立国库单一账户的代理户（零余额账户），来具体办理支出资金划拨以及与国库单一账户的资金清算。而巴西银行作为财政资金拨付的代理行，负责具体经办财政支出资金划拨和清算工作，并负责跟踪调查和监督国库所拨付的资金的使用效益和情况。在支出层面，预算支出单位在向国库申请支出并得到审核批准之后，就可以进行相应的支出；在收入层面，以税收为例，纳税人根据税收法律的规定将应缴纳税款和纳税单交给任何一家经办税款收缴业务的商业银行，商业银行应在 1 至 2 天内把收到的税款通过银行间电子网络系统划入巴西中央银行的国库单一账户，这样，国库总局通过中央银行的电子资金清算信息系统，即可随时了解国库单一账户收到税款的情况。[①] 由此可见，借助这一机制，巴西财政部实际上不仅实现了对财政支出的资金拨付和使用的监督，而且也起到积聚和统一规范、管理各项财政收入的作用，从而打通了税收与财政、乃至财政收入与财政支出，使得整个公共财政过程都首先受到了行政体系内部的监督。

---

① 参见财政部财政监督考察团：《巴西、委内瑞拉财政管理与财政监督的经验借鉴》，载《财政监督》2008 年第 9 期。

此外，在 2003 年，巴西设立了联邦政府审计局，该局为政府内部审计机构，由总统直接领导。联邦政府审计局没有司法权和处罚权，发现重大问题，需移交联邦审计法院进行处理，并向联邦审计法院定期报送审计报告。

3. 职能部门监督层次

在职能部门层面，巴西的预算编制主要由计划预算部负责，预算执行则主要由财政部组织进行。从巴西的经验看，预算从编制、审批通过到执行，体现出全过程的严密审核、跟踪监控和检查核证的特点，有效地确保了预算编制的科学合理和财政资金的安全高效。

(1) 预算编制环节

巴西计划预算部依据长期计划、预算方针和预算目标，编制预算草案。具体编制程序为：当年编制次年预算，年初各部门根据自身的实际需求和情况做预算计划，上报计划预算与管理部，计划预算与管理部继而按照社会经济发展的总体情势和整体财政收支情况进行综合性的安排，编制初步的财政预算草案，再转给财政部，由财政部提出有关资金使用的控制性建议，最后转入国会进行讨论，参议员、众议员可以提出修改预算的方案，在每年 8 月 31 日前由联邦政府协调、审核后提交议会，12 月 15 日前议会审议、表决通过，由此形成正式的财政预算。

总结可知，巴西加强预算编制过程的监督，主要表现为抓好了以下几个方面：一是按照公共财政和投资预算管理要求，改革预算科目，在调查、探索、总结和借鉴的基础上，经过一段时间的努力，逐步把预算科目细化到预算单位的具体资金项目，而非过于笼统的、充满随意性的预算科目。二是逐步推行"零基预算"[①] 和法治化的政府采购制度，并逐步规范转移支付制度，研究制定科学合理的定额标准，据以测算和安排支出金额，增强科学性。三是在预算编制的每一个环节制定明确具体的操作规程或办法，再按法定程序报经审核或审议，使得操作的统一性和秩序性大大加强。[②] 此外，预算编制过

[①] 所谓"零基预算"（zero-based budget），是指在编制成本费用预算时，不考虑以往会计期间所发生的费用项目或费用数额，而是以所有的预算支出为零作为出发点，一切从实际需要与可能出发，逐项审议预算期内各项费用的内容及其开支标准是否合理，在综合平衡的基础上编制费用预算的一种方法。

[②] 参见贺邦靖主编：《国外财政监督借鉴》，经济科学出版社 2008 年版，第 197 页。

程中充分采用较为先进的现代预算编制技术,不仅包括前述的零基预算,还包括绩效预算、计划项目预算、目标预算等,从而使得对财政收入的预估以及对部门和项目支出需要的安排都更加具体、合理、准确和科学。

(2) 预算执行环节

A. 财政部内设机构监督

巴西财政部主管财政政策、会计工作、金融债务、国有资产管理、预算执行和监督,内设税务总局、国库总局、经济政策总局、金融管理总局(下辖中央银行)、国有资产总局、法律实务总局等机构,同时对中央银行、巴西银行、联邦住宅储蓄银行、联邦保险委员会等机构履行管理和监控职能。其中,税务总局和国库总局具体负责预算执行和监督,监控多为技术性的,即控制发票、各种凭证和资金循环是否符合相关的法规和程序。为加强预算收支管理、提高工作效率,财政部于1987年建立了财政管理统一体系(计算机网络)。这个体系连接并涵盖预算编制、税收、国库、银行账户、预算单位等涉及预算收支的所有环节,用于预算收支的增减变动和监控。[①]

具体说,税务总局及其派驻在全国的10个分支机构(负责人称为"总监")和在港口、机场等地设置的70个税务办公室,均通过计算机网络受理纳税申报、组织税收征管、实施税务稽查。国库总局则是财政部的直属机构,具体负责办理联邦预算支出的拨付和监控。主要职责是:制定季度、月度财政用款计划;管理国库单一账户;制定国库会计核算制度;控制财政支出,保持财政收支平衡;管理国有企业资产;控制和管理国内外债务;组织预算执行;等等。

目前,约有98%的资金由国库总局通过计算机网络直接拨到预算单位账户,不经过任何中间环节,并且通过该局派驻各州的工作组(每州派一个工作组)收集、整理和反馈联邦预算资金的支用情况。同时,鉴于联邦税收收入的24%被用于向地方转移支付,因此对转移支付的监督也成为财政监督的重点之一。地方获取联邦预算资金或转移支付资金,要与国库总局签订资金使用并保证效益的合同,如使用不当、没有效益或存在违规问题,国库总局

---

① 参见财政部财政监督检查局:《巴西财政监督的考察与启示》,载《财政监察》(现《财政监督》)2001年第4期。

将提出减少甚至取消地方政府获取联邦预算资金或转移支付资金的建议,地方也很难再获得联邦和国际金融组织的贷款。

B. 专职监督机构监督

联邦监控总局 1994 年从国库总局分离出来,2002 年又从财政部独立,是专门监督预算法律和预算执行的机构,在联邦各部门、各州都设立了分局(分局局长由财政部部长任命,实行垂直领导)。

联邦监控总局的主要任务是:其一,对联邦各部门预算项目和预算资金执行情况进行监督。所有联邦部门支出预算执行情况都要由该局汇总、审核和编制后经财政部部长提交总统,再由总统提交议会(检查结果和处理意见最后提交联邦审计法院进行审计)。其二,对联邦各部门会计工作进行监控,并由派驻人员直接制作该部门会计报表。其三,对直接使用联邦预算资金的单位进行监督。其四,对地方政府获取、使用联邦预算资金或转移支付资金与联邦签订合同及执行情况进行监督。①

巴西 1988 年《宪法》第 74 条明确规定了监控的目的:一是评估长期计划、年度计划和联邦预算的执行情况,二是评估联邦政府及其所属部门各项行政行为是否合法,三是评估私法主体使用公共资源的结果绩效。联邦监控总局的工作方式以跟踪监督为主,利用计算机网络,可以获悉计划预算部预算安排情况,了解税务总局税收征管情况,掌握国库总局拨付预算资金情况,并且通过计算机网络、实地调查或向社会调查取证等多种形式,对预算单位银行账户资金增减变动和实际使用联邦预算资金情况实施监控。因为具有专门的机构、人员,及计算机网络和实地检查相结合,联邦监控总局近年来对预算单位的跟踪监督面不断扩大。据统计,由于联邦监控总局卓有成效的工作,每年至少可以减少联邦预算资金损失浪费 10 亿雷亚尔。

从上文的概览性论述可以看出,巴西公共财政监督体系的一个典型特征在于,财政监督体系的层次较为清晰明朗,各个监督主体之间的职责分工明确、配合联系密切。例如,联邦监控总局按照法律规定需将检查结果和处理意见提交给联邦审计法院来审理;联邦审计法院检查发现问题线索之后,视情况及时提请司法部门进行立案调查。再如,财政部门下设的国库总局和税

---

① 参见贺邦靖主编:《国外财政监督借鉴》,经济科学出版社 2008 年版,第 194 页。

务总局若在财政监管中发现重大问题,需依循法定程序移交联邦监控总局核实,或者由联邦审计法院处理。

(二) 俄罗斯:以联邦审计院为主的反腐败机构

20 世纪 90 年代初,俄罗斯采取了所谓的"休克疗法",激进的改革使俄罗斯经济严重受挫,人民生活每况愈下,贫富分化严重,财政收入急剧减少。[1] 经过多年不断改革和完善各项政治、经济制度,俄罗斯的经济逐渐复苏,并初步建立起市场经济体制。与此同时,国内生产总值稳步增长,法律制度日臻完善,公共权力得到有效的规范和约束。公共财政收支作为现代政府重要的经济权力行为,也受到来自各方的监督。

1. 立法型财政监督模式

俄罗斯的财政监督范围涵盖预算内和预算外的各项政府收入以及预算资金的投资和使用,监督主体包括联邦会议、联邦审计院、财政部和国有财产管理委员会,全面采取计划、预测、评估以及实地检查等多种监督方式,可以说,俄罗斯的财政监督体现在与财政收支活动有关的方方面面。列举俄罗斯的财政监督机关,主要包括以下几个维度:

其一,联邦会议对预算的立法监督。俄罗斯联邦会议的组成部分包括联邦委员会和国家杜马,其中,联邦会议在财政管理上的主要职能包括:审批联邦本预算年度预算草案和上一预算年度联邦预算执行报告;批准有关财政、预算、税收方面的法律;批准国债的最高限额;实施财政监督。联邦委员会和国家杜马分别设有相关的委员会、机构来处理有关财政方面的问题。这些委员会同时负责分析鉴定联邦总统提交的预算咨文,起草对预算咨文的审核意见,并监督联邦预算的状况和执行。

其二,联邦审计院[2]的强力监督。俄罗斯联邦审计院在 1995 年成立,隶属于联邦会议,直接对联邦会议负责,接受联邦会议的领导,是俄罗斯国家

---

[1] 参见〔俄〕阿纳托利·丘拜斯主编:《俄罗斯式的私有化》,乔木森、冯育民等译,新华出版社 2004 年版。

[2] 有学者指出,审计(监察)院制除有权对各地区、各部门预算资金使用情况进行监督检查外,还有权对政府公务员的廉政情况进行监督检查,兼有我国审计署和监察部的职责。参见李旭鸿、刘江涛:《市场经济国家财政监督的主要措施》,载《财政监督》2001 年第 5 期。

财政的最高、常设的监督机构，监督财政的具体收支行为。联邦审计院的成员由联邦委员会和国家杜马共同协商组成，院长及50%的审计员由国家杜马任命，副院长及50%的审计员由联邦委员会任命。审计院的主要职能是监督联邦预算收支项目的及时执行情况；监督预算资金在中央银行和其他金融机构运行的合法性和及时性；判定国家资金支出的有效性和合理性；对联邦预算、联邦预算外资金、联邦法律草案进行财政鉴定等。在监督联邦预算执行的过程中，对发现的偏离联邦预算规定指标的情况应进行分析，并为消除存在的问题及完善整个预算执行过程提出建议，同时负责对联邦预算执行情况、预算外资金、俄联邦各部门和联邦银行进行审计监督。

其三，财政部的日常监督。俄罗斯财政部除履行制定并实施国家统一的财政政策、推行财政联邦主义、制定联邦税收的分成定额草案、完善财政预算计划工作、编制联邦预算草案、制定联邦预算对联邦主体预算的补贴和补助草案、编制全国的联合预算等政治职能，采取措施发展金融市场、集中财力用于国家保证对全国性需求的资金供应的经济职能外，还负责联邦预算的执行，对联邦预算资金的收入和使用情况实施财政监督。对财政资金的日常使用，财政部的各职能部门拥有广泛的检查权和监督权。如隶属于财政部的联邦国库总局可以对任何所有制形式的企业、机构和组织，包括合资企业的货币凭证进行检查；以无争议方式征收不按规定用途使用的资金，中止有关账户业务，对违纪者实施罚款措施。

其四，国家财产管理委员会对国有资产的专门监督。国有资产的保值增值是转轨国家面临的棘手问题。在经济转轨过程中，由于制度的不健全和经理人员的"经济人"特征，往往造成国有资产的流失、贬值。通过设立专门的机构管理国有财产，一是可以避免政府各部门之间由于职能不明晰造成的无人管理，从而导致资源浪费的现象；二是可以集中整合国有财产，发挥国有财产在国民经济中的重要作用；三是有利于构建合理的国有财产管理制度。国有财产管理委员会履行国家出资人职责，对企业国有资产的保值增值进行监督，代表国家向部分大型企业派出监事会，负责监事会的日常管理工作，防止国有财产的流失。俄罗斯至今在一些竞争性行业保持政府的垄断地位，根本目的就是保证国家财政收入的增长，避免资产管理错位现象的发生。①

从以上四个方面可知，俄罗斯在经济转轨的过程中，逐步放弃苏联采用的行政监督型财政监督体系，转向立法型财政监督体系。通览上述财政监督维度，尽管俄罗斯的财政监督机构同样综合多样，但是将俄罗斯与巴西相比，可以发现巴西的公共财政监督模式看起来更偏向于司法型，而俄罗斯的财政监督模式有着立法型的较鲜明特征，其首要表征便是联邦审计院处于财政监督的核心地位，该机构在财政监督和反腐败过程中发挥着独具一格的重要作用。

2. 公共预算监督的规则充实与程序完善

经历了初步的改革，在民主宪治制度基本确立、市场经济体制基本形成的情况下，俄罗斯政治经济改革的重点开始转向公共关系领域。从2000年起，公共关系领域的一系列基础性改革启动并开始实施，这一领域的改革中心就是建立公共财政制度②，具体包括实施中期结果导向预算，完成公共支出管理从"管理支出"向"管理绩效"模式过渡，重组预算单位，提高预算实施效率，等等。在现代社会，政府预算早已不再只是简单的政府年度收支计划，而是承载着政府主要的战略意图和政策优先方向，更是政府财政收支活动得到监督、社会民主充分彰显的重要环节。同样的，俄罗斯在转型和建设现代国家的进程中，自然伴随着预算法律制度的不断完善和公共预算监督体系的日趋成熟。

俄罗斯的预算程序改革开始于2003年，其启动标志是"2004—2006年俄罗斯联邦预算程序构想"的通过和实施，被誉为"俄罗斯预算制度改革中涉及面最广、内容最丰富的改革之一"③。预算程序改革旨在提高公共预算过程参与者和预算资金管理者的责任感，将预算程序的重心从"管理支出"转移到"管理绩效"上来，以建立高绩效、监督严密的预算资金支出管理体系。

具体说，在以"管理结果"为最终目标的绩效预算中，预算拨款以与取得该结果紧密相关的国家职能为主要对象，将预算控制和监督的目光投向预算程序的产出（财政绩效）方面。通过在加强监督的前提下适当赋予较低层

---

① 参见吴勇、沈娟娟：《俄罗斯财政监督的做法及借鉴》，载《财政监督》2006年第9期。
② 参见童伟：《俄罗斯的法律框架与预算制度》，中国财政经济出版社2008年版，第19页。
③ 同上书，第135页。

次的财政支出管理者更多的权限,以及强调对产出、产出的成本进行统计、计量和绩效审计与评价,将"管理结果"直接指向支出机构的营运效率和财政资金的高效使用。据此,俄罗斯对预算程序的改革主要包括五个方面,一是完善中期预算,保证预算资金管理者对未来资金预测的可信度;二是将财政支出义务划分为现行义务和新批准义务,从而为国家政策优先方向提供充足的资金保障;三是完善预算中专项规划的编制方法,这其实是建立预算结果评价体系中最基础、也是最关键的地方,是从对预算计划和财政拨款的监督转变为对财政资金绩效结果的监督的过渡产物;四是改革联邦预算科目分类和预算核算体系,即按统一方式对职能支出和规划支出进行统计和核算;五是调整预算编制和审批程序,按照结果导向的中期预算的整体要求和条件来重新设定预算编制和审批程序。结合以上几个方面,俄罗斯的现代预算管理体制逐渐建立,经由预算的公共财政监督也得到加强,其关于中期预算、绩效预算等预算完善思路在我国当前的预算体制改革进程中不失为一种参考对象。

3. 联邦审计院在反腐败中的举措及作用

在俄罗斯经济和社会转型的过程中,反腐败一直是较为关键、且备受关注的议题,这其实就涉及公共财政监督问题[①],与财政支出的合理性、规范性、公共性以及整个财政管理体制、财政权力架构息息相关。而联邦审计院作为俄罗斯的财政监督特色机关,在防范和抑制腐败的过程中起到了突出作用,这里通过集中介绍和分析联邦审计院在反腐败方面的举措和作用,一方面或可从中管窥俄罗斯公共财政监督体制的一个重要面向,另一方面也能够给我国当前开展的反腐败和现代财政制度建设提供诸多启示。

"如果说现代国家审计是民主政治发展的结果,那么这在很大程度上就体现在立法机关与国家审计的互动关系上。"[②] 俄罗斯联邦审计院作为俄罗斯现行的国家审计机构,独立行使审计监督职能,并对俄罗斯立法机关——联邦

---

① 在反腐败的多个路径中,从财政这一公共思路着手,通过预算审批、预算公开等公共财政监督方式来规范财政资金的使用,令其切实做到"取之于民、用之于民",是一个可行的切入口。对这个问题加以论述的文章,比如刘剑文、耿颖:《论反腐败进路中的公共财产公开》,载《江淮论坛》2014年第1期。

② 张献勇:《西方五国审计机关与议会关系》,载《人大研究》2005年第1期。

会议负责,这一点与我国现行的行政型审计①有较大不同。

联邦审计院以合法性、客观性、独立性和公开性的原则为基础,对联邦预算和预算外基金以及俄罗斯联邦金融机构中的联邦预算资金和联邦预算外基金进行审计监督,并定期向联邦委员会和国家杜马提交关于联邦预算执行情况的报告。作为承担财政监督重任的常设和主干机构,如前文所述,其职能具有多样性。

在诸项职能中,尤应指明的一点是联邦审计院的防范腐败作用。反腐败在世界范围内的所有国家都是一项重要命题,在俄罗斯更是如此,这亦为公共财政监督的应有之义和必由之路。根据《俄罗斯联邦审计院法》的规定,审计院在向俄罗斯联邦会议上下两院通报审计效果时必须包括预防及打击腐败的问题。俄罗斯联邦政府要求采取措施加强对联邦预算拨款、联邦主体预算及地方预算使用情况的监督,审计院主要对预算运用的合法性及效益性进行审计,揭示使用过程中的腐败行为及其原因,将其通报给国家和执法机构,同时对所发现的制度性缺陷原因进行研究,制定相应的预防措施。具体说,审计院在国家反腐败战略中承担重要的任务,其工作职责包括但不限于:其一,保障对用于反腐败措施的联邦预算拨款利用效果的系统审查。这里主要是对国家反腐败预算的编制及其资金使用过程中出现的各种问题进行检查和分析,发现问题后及时采取措施,确保预算款项使用的有效性与合理性。其二,承担具体的培训任务。2010年4月反腐败委员会在其会议上委托审计院组织培训参与实施反腐败项目的社会机构成员及有资格对法律法规进行鉴定的专家。审计院有针对性地选择一些社会组织,比如俄罗斯联邦工商会和俄罗斯律师协会等机构,同审计院下属的国家系统化分析科研所及莫斯科国立罗蒙诺索夫大学国家审计学院共同筹备了相应的培训计划和方案。培训的主要内容包括俄罗斯联邦法律基础知识及国家反腐败的基本方针和原则。所有经过培训的人都应当了解国际上反腐败的重要文件和活跃在这一领域的国际组织,还应当能够明白本组织在实施反腐败计划中的地位和作用,明确与国

---

① 根据审计机关的隶属,各国的审计模式可以分为四种类型,即立法型、司法型、行政型和独立型。不同于俄罗斯采用的立法型体制,我国目前采用行政型体制,即国家的最高审计机关是政府的一个职能部门,这一体制的独立性较低,审计的有效性也有所削弱。参见马骏、赵早早:《公共预算:比较研究(2010)》,中央编译出版社2011年版,第595—604页。

家机关及地方行政机关在反腐败领域合作的具体问题。其三，制定权力执行机关反腐败计划实施效果评定标准和指标体系。主要包括三个方面的内容：一是为反腐败提供充分的法律保障及反腐败草案鉴定的标准。二是对国家机关工作中反腐败制度贯彻情况、对反腐败领域配合机关工作情况、对国家行政机关法律执行情况以及遵守限制及禁止性活动措施和信息政策保障措施的实施情况进行评价的指标体系。三是经济效益的标准体系。主要是指各单位是否有针对性的反腐败的计划，该计划是否有财务保障、财务违规与腐败现象的对应措施、拨付给打击腐败的财政资金的使用效果等。①

由此可见，在与腐败作斗争的过程中，审计院发挥着重要的作用，成为国家降低腐败风险的重要途径。此外，审计院院长积极参与反腐败委员会的工作，与俄罗斯总统及总理举行定期会晤，及时汇报反腐败进程中遇到的问题、采取的措施以及取得的成效。

4. 财政监督新动向：以反腐败委员会的创设为例

除了联邦审计院以外，俄罗斯近些年专门针对腐败的防范问题，又创造性地采取了一些新举措，以体现其在财政监督问题上的重视和力度。典型的如，2008年5月19日，俄罗斯时任总统梅德韦杰夫发布了第815号《反腐败措施》命令。根据该命令设立了中央反腐败机关——反腐败委员会。该委员会的成员包括所有联邦政府权力机关及相关单位，俄罗斯联邦审计院院长也是成员之一，在开展反腐败的进程中，其他部门有责任配合审计院的各项工作。

针对国家及社会机构对于2008年12月25日通过的《反腐败法》和7月31日签署的《反腐败国家计划》的执行情况的分析，并参考了国际专家的意见，梅德韦杰夫于2010年4月13日发布了第46号命令，确定了《国家反腐败战略》。《国家反腐败战略》中指出，财经领域的反腐败是反腐工作的基本方向之一，应加强联邦权力执行机关在财经领域的工作。完善国有资产核算管理体系及其使用效率评价体系，消除招商引资过程中容易滋生腐败的因素，完善国家及地方采购的条件、程序及机制，创建成套的联邦合同体系，根据

---

① 参见张晓瑜：《俄罗斯联邦审计院在国家反腐败体系中的作用及其主要举措》，载《国外审计观察》2013年第1期。

国际准则完善财务核算体系及报表。对于《国家反腐败战略》所提出的反腐败任务，所有国家权力机关、部委及各个部门都有责任参与其中，不同部门参与每个方面的程度不同，这是由部门在反腐体系中所发挥的作用和所处的位置决定的。

(三) 其他新兴经济体国家的做法和经验

正因为公共财政监督在国家财政乃至国家治理中至为关键，这个问题受到了新兴经济体国家越来越多的重视，并随着经济发展而逐步构建起足以与之适应的财政监督制度。实际上，不仅仅是前文详述的巴西和俄罗斯，很多新兴经济体国家在这方面的举措都有可圈可点之处，可以与我国现行的制度和机构设置进行比较，以提供些许思路和启示。

1. 韩国：兼顾财政支出和收入的监督思路

将财政监督的视线放在财政支出的同时，韩国实施了严格的税收监控，把对财政收入征收机关的监督也列为财政监督的重要内容。韩国的税务机关为隶属于财政部门的单列机构，国税厅负责中央税收的征收管理，它在全国设有分支机构——地方国税厅，负责中央税的征收管理。韩国税务机关只负责税收的征收管理，税收政策由财政部门负责制定和解释。国家对税收减免的控制非常严格，财政、税务部门均无权制定。此外，韩国审计监察院[1]负责对国税厅的税收征收情况进行监督，发现违反税法问题，除按税法规定依法补征外，还要对税务人员进行纪律处分。[2] 由此，韩国审计监察院和财政部门都建立了一套对税收征收机关的监督措施，税收机关也有一套内部制约机制，实行层层监督，相互牵制，保证了税收征管的质量。而且，这也有效地避免了违反税法、随意减免税的现象，使得财政收入活动依循法律、受到约束地开展。

2. 阿根廷：较高的预算透明度和程序性

阿根廷的预算从编制开始直到执行，都是在议会和社会公众的监督之下进行的。在行政部门将预算提交议会审议时，有关部门的负责人需接受议员

---

[1] 1963年之前，韩国设有审计院和监察委员会，分别承担审计和监察职能。1963年3月，韩国将审计院和监察委员会合并，设立审计监察院，其具有审计和监察的双重职能。

[2] 参见贺邦靖主编：《国外财政监督借鉴》，经济科学出版社2008年版，第253页。

的质询，对预算编制中的具体问题作出解释。预算案在通过后，会在报刊、网络等公开媒体上公布，公众可以随时查询财政资金的结构和分配状况。① 由此足见，阿根廷的财政预算透明度比较高，社会舆论和民众对这方面的关注程度也很高，这进一步构成该国提高财政管理水平、加强公共财政监督的源源不断的外在动力，进而形成一种良性循环。

同时，在各部门执行预算的过程中，阿根廷经济部借助强大的信息网络系统，可以在网络上完成预算执行和调整的所有工作，对每一笔财政资金都能进行跟踪、监控。一旦发现实际执行数与预算数出现差异，就会详细、细致地分析差异产生的原因，并及时调查和了解其事实真相，从而确保预算执行的准确性和预算案的法律拘束效力。

3. 埃及：将事前监督与事后监督相结合

虽然埃及的总体经济水平较落后，民主化程度也相对较低，但该国一直在积极探索规范透明的财政管理方式。近年来，埃及为加强财政监督和管理，也采取了一些改革措施。埃及不仅制定和公布新的政府预算法、实行国库单一账户制度，而且强调财政的事前监督与事后监督相结合。②

根据埃及《政府会计法》的规定，事前监督主要指财政部向各个部门派驻财政监督员，对各个部门的预算和支出进行审核、审批。财政监督员由财政部政府会计局统一管理。地方财政部门同样设立财政监督员，全国共有2万多名财政监督员，都属于国家财政编制。③ 为了对财政监督员进行再监督，财政部门还设立财政巡视员，专门负责对财政监督员进行定期巡视，确保财政监督员依法履行职责。事后监督主要指审计署对财政部门以及其他政府部门的审计监督，审计署直接隶属议会，每月、每季度、每年都要向议会报告工作。财政部向审计署也派驻财政监督员，审计署与财政部构成相互监督、互为制约的关系。

---

① 参见财政部财政监督管理考察团：《阿根廷财政监督管理及其经验借鉴》，载《财政监督》2008年第12期。

② 参见财政部赴埃及、肯尼亚考察团：《埃及、肯尼亚财政管理与财政监督情况考察与借鉴》，载《财政监督》2008年第8期。

③ 相关数据参见埃及财政部网站，http://www.mof.gov.eg/English/Pages/Home.aspx，访问时间：2020年10月1日。

四、财政监督机构法治化的一般经验

新时代"法治中国"的建设强调要将权力关进制度的笼子里,财政权作为一种重要的国家权力,要想避免权力运用的失序与失范现象,"关键就在于通过权力主体的合理定位、权力内容的有效分工与权力运行程序的理性设置"。[①] 从法治的逻辑理路看,"机构——权力——规制"的脉络是制度建构的合适进路;具体到财政监督题域,一般财政现象和财政监督现象始终构成对立统一的二元结构,相关的法律控制由此生发。首先是在法律框架内,按照分权、制衡、效率等原则设置一定的财政机构(财政监督机构),然后配置给其相应的财政权力(财政监督权力),继而对财政权力(财政监督权力)本身加以法律规制,避免权力的滥用(主要针对财政权力)或是权力运用的低效(主要针对财政监督权力)。考察世界各主要国家在财政监督机构设置上的一般经验,对于我国的制度建设,具有极强的借鉴意义。前文有涉及部分发达国家和发展中国家的相关经验,这里主要是集中在机构设置层面进行提炼和归纳。

(一)议会的财政监督机构

现代国家通常设有议会,同时设有独立的行政机构和司法机构,但由于各国宪法和法律对三者之间横向权力关系的安排存在诸多差异,所以形成了不同的宪治。[②] 但是无论是哪种治理结构,立法和预算控制,均作为议会的两项基本权力而存在。尤其是在法律体系较为健全的国家和地区,大规模立法的任务已经或接近完成,法律制定和修改方面的工作主要是修补性的;预算权力运作在议会工作中的重要性日益凸显,预算事项也由此成为议会与政府间权力制衡与博弈的合适场域。

1. 作为预算监督机关的议会:权力格局与历史光谱的网格考察

预算活动的主要目的在于,"使财政计划适于民主统制,并透过预算之执行以追求国民福祉与公共利益"。[③] 易言之,其具有政治机能、财政机能、财

[①] 参见刘剑文:《强国之道——财税法治的破与立》,社会科学文献出版社2013年版,第113页。
[②] 参见张千帆主编:《宪法》(第二版),北京大学出版社2012年版,第342页。
[③] 参见蔡茂寅:《预算法之原理》,台湾元照出版有限公司2008年版,第28页。

务统制机能、经济政策机能与计划机能等多维功能,通过议会的预算权行使对于政府的财政活动进行监督,即为其题中应有之义。所以,从这个角度来说,议会本身即可从某一角度理解为财政监督机构。正如英国学者密尔所述,"人民议会应当控制什么是一回事,而它应当做什么是另一回事……它的正当职责不是去做这项工作,而是设法让别人把工作做好"。①

虽然议会自其产生之日始,就肩负着财政监督的使命,然则这种"监督"作用的呈现,经历了一个历史变迁过程。传统的议会决定和监督财政行为,侧重于对政府财政的消极控制,换言之,是以减少政府支出作为基本目的,议会预算审议权行使的基本样态就是讨论政府哪项支出是不必要、从而可以削减甚至删除的;这种"削减支出"模式在当前仍然存在于许多国家和地区。与此同时,第二次世界大战以来,由于政府行政权力的膨胀,以及介入社会生活之广度和深度的扩展,"行政国"在世界范围内渐成常态,与这种变化相适应,议会对政府财政行为的监督开始向积极方面转变,它不仅防范和制裁政府的财政违法失职行为,同时还促进政府积极履行职能,所以,很多国家在传统的对政府预算、决算进行审议、批准之外,还加强了对预算执行的经常性监督。②

上文分别是从权力格局和历史光谱的层面,归纳、概括"作为预算监督机关的议会"。将这两方面讨论结合起来,可以此检视当下部分主要国家的相关法治实践。比如,法国每一级政权都有自治的政府和议会,各级议会作为权力机构,负责对本级政府预算进行监督。在法国,议会的财政监督主要是在传统意义上进行,也就是在审查预算时,对于政府的每一项财政政策进行辩论,财政部门要针对议会提出的质疑作出解释,否则便会面临相关项目预算被削减的风险。此外,法国的议会在履行财政监督职能时,有向经常性监督转变的趋势,比如,其可以委托审计法院对财政预算的执行情况,尤其是政府部门和事业单位的经费支出情况进行审计监督。③ 这就是一种积极履行职能的表现。再如,美国国会的预算监督权更为强大,贯穿于对预算形成的决定和监督、对预算执行过程及结果的审计和监督之全过程。复如,在税收法

---

① 参见〔英〕J. S. 密尔:《代议制政府》,汪瑄译,商务印书馆1982年版,第70页。
② 参见姜维壮主编:《比较财政管理学》(第3版),北京大学出版社2012年版,第258页。
③ 参见王晟:《财政监督理论探索与制度设计研究》,经济管理出版社2009年版,第101页。

定主义最早产生的英国，实行议会内阁制，政治架构中议会的权力强大；由此便不难理解，17世纪初世界上最早的一份国家预算出现在英国，而后至1787年的《统一基金法》颁布，完整的预算制度最早在英国建立，完整的收入和支出账目则于1822年首次提交给英国议会。[1]

在英国，内阁向立法机关提出预算案，而针对政府提出的财政法案，议会实施强有力的审查控制[2]；英国的议会分为上、下两院，上院又被称为"贵族院"，其议员主要是荣誉性的，而英国政治生活的中心是在下院，财政监督方面的权力也主要是集中在下院。日本的情况比较类似，国会的财政监督权也主要是通过预算控制得以实现，政府的财政支出必须在预算为国会批准后方得执行，而在执行过程中，即便是细目的调整，也需要经过国会的批准[3]；由此可见，国会围绕预算权力的行使，可以全面控制、监督政府的财政行为。在发展中国家，印度的情形也给我们以很大启发。印度于2003年出台《财政责任和预算管理法》，明确了中央政府在管理经济、财政和预算中的责任，对政府行为进行了多方限制，以实现财政管理和宏观经济的稳定性。与此同时，提升议会在同政府的权力格局中的地位，强化议会的财政监督功能，比如，该法要求中央政府应当向议会报告中期财政政策、财政政策策略以及宏观经济框架。

通过前文梳理议会的财政监督方式，不难看出各国一般将议会作为最重要的预算监督机关，并以对预算活动的控制作为切口，全过程监督政府的财政行为。需要指出，作为财政监督机构的议会，主要关注的是政府的财政支出行为，而对于政府获取财政收入的行为，管控力度较为有限，这同对现代预算作为"支出预算"的基本定性是相契合的。[4] 另一方面，本质上看，收入预算的议会监督、民主统制功能是相对弱化的，它存在的主要原因是技术性、辅助性的，比如，为政府编制支出预算、议会审议支出预算提供参考标准。从发展趋势上看，议会对政府财政行为的监督从侧重财政支出面向财政

---

[1] 参见〔美〕小罗伯特·D. 李、罗纳德·W. 约翰逊、菲利普·G. 乔伊斯：《公共预算制度》（第七版），苁松茂译，上海财经大学出版社2010年版，第6页。
[2] 参见王世涛：《财政宪法学研究》，法律出版社2012年版，第261页。
[3] 参见李小珍：《发达国家财政监督评述及借鉴》，载《财政监督》2013年第22期。
[4] 参见熊伟、王宗涛：《收入还是支出：预算法的规制重心解析》，载《安徽大学法律评论》2010年第2期。

收入面和财政支出面并重转变,议会对财政行为施以全方位管控是大势所趋,这有利于实现议会的财政监督机能。

2. 议会内设财政监督机构的两种立场

法律赋予议会的预算监督权如何有效行使,还涉及制度设计,尤其是内设机构的问题。国际范围内,在这个问题上有两种较具代表性的制度安排。第一种是以大陆法系国家和美国为代表的一种模式,即在议会内部设立若干专业委员会,由这些内设机构承担主要的财政监督职能,比较典型的如美国参众两院的预算委员会、拨款委员会,日本的预决算委员会,等等。这些国家在议会内设机构履行财政监督职能时,在制度设计中尤其重视不同内部机构之间职责的合理划分,避免职责重复和遗漏。这两方面构成监督机构法治化时的核心考量要素。比如,美国所有的财政议案,包括预算在内,都必须先提交国会的相关委员会(预算委员会、拨款委员会等)审议,前述委员会可以加以审议和修改,甚至提出增减支修正案;而国会对预算的正式审查和批准预算案的过程,则在较大程度上受到专门委员会审查报告的影响。所以,美国国会内设之专门委员会在很大程度上左右着国会财政监督权的行使,由此不难理解为何在美国,预算委员会、拨款委员会等掌握较大的权力,而担任这些委员会主席的国会议员则往往享有更高的声誉。① 又如在韩国,决算案和预算案在印发给国会所有议员的同时,均须首先交付国会所属的常任委员会进行审议,其中主要是财务委员会和其他与政府机构对口设置的专业委员会;经过预审后的决算和预算报告交给议长,议长在预算案和决算案里附加常任委员会的预备审查报告书,交给预算决算特别委员会审议,审查结束后,决算和预算案经议长提交至国会全体大会议决。

而第二种模式可能是出于将议会权力作为一个不可分割之整体的法理论,英国及受其影响的国家,则直接由全院委员会审议预算案。与之相对应,实施这种制度安排的国家一般规定议会不能对财政议案、预算案等进行较大程度的修改,而只能作出整体评估或有限修改。② 例如在我国,全国人大设立有财政经济委员会,其职责包括五个方面:(1)审议全国人大主席团或者全国

---

① 比如2012年举行的美国总统大选中,担任共和党副总统候选人的保罗·瑞安便是美国众议院预算委员会主席。
② 姜维壮主编:《比较财政管理学》(第3版),北京大学出版社2012年版,第258页。

人大常委会交付的议案；(2) 向全国人大主席团或者全国人大常委会提出属于全国人大或者全国人大常委会职权范围内同本委员会有关的议案；(3) 审议全国人大常委会交付的被认为同宪法、法律相抵触的国务院的行政法规、决定和命令，国务院各部、各委员会的命令、指示和规章，省、自治区、直辖市的人民政府的决定、命令和规章，提出报告；(4) 审议全国人大主席团或者全国人大常委会交付的质询案，听取受质询机关对质询案的答复，必要的时候向全国人大主席团或者全国人大常委会提出报告；(5) 对属于全国人大或者全国人大常委会职权范围内同本委员会有关的问题，进行调查研究，提出建议。协助全国人大常委会行使监督权，对法律和有关法律问题的决议、决定贯彻实施的情况，开展执法检查，进行监督。① 据此，其并不具备实质意义上的（通过预算进行的）财政监督权。结合中国人大无法对于预算案进行分项表决、更无权进行预算调整，而只享有对预算的概括性批准权的现实境况②，可以认为其更接近前述之英国模式，这同中国法律制度向来接近大陆法系的总体格局有所区隔。

（二）实施内部监督的财政机关

从人、财、事一体化的角度，政府履行事权的过程，便是在行使其财政权，也正是在这个层面，中共十八届三中全会、五中全会均提出"事权与支出责任相适应"③。权力的行使，离不开必要的约束与规范，这是"法治"的基本要求。而这里的"约束与规范"，既包括来自外部的力量，主要是前文所述之议会监督，也包括来自政府自身的内部规范。理论上一般认为，财政部门内部监督的实施主体是各级政府的财政机关，是财政机关内部的各职能机构，而不只是财政机关中的专职监督机构。④ 因此，对于财政内部监督机构的

---

① 参见"委员会职责"，载中国人大网，http：//www.npc.gov.cn/npc/c34485/202009/23e1e9089127472d81411de30fec78a9.shtml，访问时间：2021年8月20日。
② 朱大旗、李蕊：《论人大预算监督权的有效行使——兼评我国〈预算法〉的修改》，载《社会科学》2012年第2期。
③ 参见《中共中央关于全面深化改革若干重大问题的决定》《中华人民共和国国民经济和社会发展第十三个五年规划纲要》。
④ 参见全承相：《论公共财政内部监督制度的特点、问题及目标模式》，载《湖南财政经济学院学报》2011年第1期。

范围界定，应当周延。

1. 财政部

国际层面，各国主要通过财政部来完成政府内部监督的功能，以巴西为例，财政部是政府重要的综合经济管理部门，主要职能包括制定财政政策、会计工作、金融债务管理、国有资产管理和负责预算执行及监督[①]；同时，有些国家的财政监督机构虽然不被冠以"财政部"之名，但从其承担的功能角度看，实质上即相当于这里所说的"财政部"。此外，各职能部门也在各自职能范围内承担一定的自我监督责任。在这种"财政部主要承担监督责任＋各职能部门自我监督"的框架之下，不同国家也形成了各具特色的内部监督机构设置。

美国在财政部内设置一名由总统任命的财政总监，负责监督宏观财政政策的执行和有重大财税违法违纪问题的监督检查，直接对总统和国会负责；此外，在政府每个部门都配备有一名由总统任命的财政总监，或称最高财务官，该部门的每一笔开支都需要经财政总监签字盖章后，财政部方予拨付。[②] 严格来讲，美国的财政总监制度并不完全属于财政部门实施的内部监督，因为其是由总统任命，而且对总统和国会负责，具有一定的超然性，在性质上有几分接近由联邦审计署实施的审计监督。

如果从预算法的视角来重构政府的财政行为，那么支出方向与规模的确定便是预算的编制、审批等阶段，而政府实际的财政支出即属于预算的执行；这里便需要注意到一个问题，由财政部门主导的监督并非完全止于执行阶段，在预算编制阶段，财政部门的监督实际上已经启动。比如，在日本，大藏省（财政部）通过制定预算编制的基本方针、确定各政府部门的预算要求和汇编预算草案来实施财政监督。易言之，各部门提交到大藏省的支出要求往往是偏高的，大藏省此时便需要依据财政方针和法律规定来进行调整。[③] 其实，不独日本如此，财政部门在编制预算时对于各部门的支出需求进行调整，在世界各国皆为成例，由此看来，对于财政部门自身实施的监督，在范围和功能上不应认识过窄。

客观而言，财政部门监督虽然因其"内部监督"的性质而被质疑其公正

---

① 参见贺邦靖主编：《国外财政监督借鉴》，经济科学出版社2008年版，第39页。
② 参见李旭鸿、刘江涛：《市场经济国家财政监督的主要措施》，载《财政监察》2001年第5期。
③ 参见王晟：《财政监督理论探索与制度设计研究》，经济管理出版社2009年版，第108页。

性和客观性,但是之所以仍有存在必要,主要原因即在于其发挥了对政府的财政支出进行监督的持续性和高效性。这两方面的特点,在同议会监督相比较时,表现得尤为明显。时任英国财政大臣的奥斯汀·张伯伦在1919年曾言:"下院对于控制支出不是一个有效的组织,它并不能帮助在位的财政大臣……去行使对于支出的监督权……这里有一部分议员要求节约,那里也有一部分议员要求节约,乃至于整个领域内都在要求节约;可是在任何具体问题上,大多数人总是赞成多花,而不是少花。"① 这反映出,可能在某种意义上,议会恰恰是由于其同现实中的财政行为相距甚远的这种"疏离",而使其对于财政行为的监督有些"失真",这恰恰体现出财政部门监督的优势所在。在英国,财政部政府事务司行使财政拨款监督权,和使用预算资金的部门一起,持续地分析检查支出的每个具体方面。由这里的制度安排,我们可以看出财政部门内部监督具有的专业性、持续性之优势。这种模式是比较具有代表性的,所以还有很多国家采用了类似的制度安排。例如西班牙设置有国家行政预算监管总署,隶属于经济财政部,主要承担财政监督的职责。

2. 派驻机构

意大利财政监督的一个重要特点,是通过设立派驻机构来强化监督力度。意大利经济财政部在全国向重要部门和地方派驻了监督办公室和监督人员,并由国家总财务司统一管理。一方面,国家总财务司向中央各部门派驻专门的预算审查机构,负责对中央部门的预算编制和执行全过程进行动态监控;向各省派驻省级预算审查机构,对涉及中央在地方的预算编制和执行情况进行监督管理。派驻机构和该部的会计部门协同工作,互相配合并负责对部门财务人员进行培训等。总财务司向各省派驻的预算审查机构,工作内容和派驻各部门机构相似。

另一方面,国家总财务司还向国有机构派驻财政监督官员进行财务审计。为了强化对预算单位的管理,总财务司按照法律规定向每个部门派驻财政监督官,官员由经济财政部负责招募、培训,人事和薪酬关系仍保留在财政部。这些派驻监督官员的主要职责是对国有机构进行检查,形成专项报告交总财务司,如发现被监督人员有犯罪行为,财政监督官可直接向审计法院起诉。

---

① 参见〔英〕埃弗尔·詹宁斯:《英国议会》,蓬勃译,商务印书馆1959年版,第351页。

此外，国家总财务司本级还有100余名财政监督官员，主要负责专项调查工作。与此同时，意大利政府各职能部门也十分重视财政资金的自我监控工作。根据"谁决策谁负责"的原则，各部部长是本部门的预算和支出的最终责任人，一旦决策产生失误，个人将承担连带责任。意大利的一些政府机构如交通部、司法部等，为了更好地加强对财政资金的管理，还在各行政区和省设置了派驻机构，着重加强了财务开支方面的系统监管。

3. 多元监督机构

法国的财政内部监督也有其特色，这可能同其整个国家权力结构的独特样态密切相关。财政监察专员和财政监察总署制度相互配合，借鉴意义尤其突出。法国经济财政部自1922年起，实行财政监察专员制度，由预算司负责管理，派驻中央各部，监督各项经费的运行情况。同时，经济财政部内专设有财政监督机构——财政监察总署，直属于财政部部长，随时根据部长的指令对国家的财政收支行为进行专项监察。[①]

澳大利亚的内部监督呈现出某种程度的双轨制特征。一方面，政府设有联邦拨款委员会，性质上属于一个既独立于各部、又独立于各州的机构，负责联邦政府转移支付、专项资金的支出。在法律配置给该委员会的职权中，虽然未直接强调其监督性质，而是更多表现为"形成拨款意见"等行政性特征，但是，其相对于各州、各部而言，其履职方式决定其必然具备某些财政监督职能。比如，该委员会在形成拨款意见提交国库执行前，可以采用公开听证会、实地考察等多种形式了解情况，这在很多情况下便具有监督色彩，而对于专项资金的使用和各州配套资金的落实，也负有监督之责。再者，其独立、超脱的地位，自然也使其在财政事项上承担更大的监督职责。另一方面，澳大利亚财政部也承担监督职责，主要是对预算执行的监督。

（三）作为财政监督机构的审计机关

由审计机关实施的财政监督，各国的实践情况比较复杂，根据该审计机关是隶属于行政机关，还是隶属于立法机关，以及该审计机关的具体样态和运作

[①] 参见财政部财政监督考察团：《法国财政监督及对我国的借鉴作用》，载《财政研究》1998年第1期。

方式，世界上有多种不同的模式。正因为如此，这里并未将其整体纳入立法监督或是行政监督项下，而是作为一个具有相对特殊性和独立性的模块加以讨论。

国家审计机构的隶属关系一般被认为有三种类型：议会领导模式、政府领导模式和财政部领导模式。① 另外也有学者将各国之整体财政监督模式划分为立法型、司法型、行政型和独立型四种。② 但无论是哪种模式，国家审计机构向议会负责、具有不同程度的独立性，是各国之间具有共通性的经验事实。在不同国家，审计机构的设置及性质往往随着时间的推移而有一定变化，而且也很难绝对地将某一时点上的某国完全划入前述几种模式之任意一种，这也是由社会生活的客观复杂性所决定的。从总体上观察，把握住该审计机构地位的相对独立性，是认识各国审计监督机构法治化的基本脉络。所以，根据机构相对于政府（乃至议会）的独立程度，可以区分为独立性较低和独立性较高两种模式，分别讨论。但是需要指出来，这种划分本身就是"相对"的，两种模式之间的界限并不绝对，主要是基于我们的理解所进行的大略划分，出发点是为了讨论的便利和清晰。

1. 独立性较低的审计监督机构

审计监督机构相对于政府的独立性，自近代以来有一个逐渐发展、深化的过程；在当前世界上各法治较为发达的国家和地区中，普遍认为审计机关应当具备独立性地位，甚至在有些国家和地区，与议会机关相比，审计机关也有相当程度的独立。

根据瑞士联邦财政监督法的规定，其联邦审计局虽然是该国的最高财政监督机构，但是在机构设置上是作为财政部的一个机构而存在的，这种制度模式下，审计机关对于政府部门的依附性比较强。美国联邦审计署隶属于政府部门，对国会直接负责并且要向其报告工作；而联邦审计署的主要工作职责就是监督有关财政收入和支出以及公众资金的使用情况。从隶属关系说来，这一审计监督机构的独立性程度虽然比瑞士的情况要好，但也还是比较低的。意大利经济财政部下属的国家审计司是负责财政监督的主要部门之一，该司主要职能包括监督施行财政计划、监管公共资源。在监督方面的主要职能包

---

① 参见姜维壮主编：《比较财政管理学（第3版）》，北京大学出版社2012年版，第259页。
② 参见王秀芝：《财政监督的国际经验及对我国的启示》，载《经济问题探索》2012年第5期。

括：负责履行预算编制、执行职能并对预算支出的合法性进行监督和管理，介入收入的评估和对支出责任的界定，并证实会计账户数字的真实性。其监督管理的重要特点是监督和管理相统一、相融合，寓监督于日常管理之中，充分发挥派出机构的作用。澳大利亚的国家审计局负责监督政府公共资金的使用情况，其审计长是由政府任命的，但是要向议会负责，总体上还是可以将这种制度安排归入独立性程度较低的一类。瑞典的情形比较类似，其设有相对独立的国家审计办公室，但是其功能的辅助性色彩比较浓郁，提交的审计报告主要是供政府进行财政监督时作为参考依据使用，所以瑞典的国家审计办公室是要对内阁负责的。

但是总体上看，当前审计机构隶属于并且要向政府部门负责的适例已经并不多见，即便是前举几例，议会的主导作用也要更加突出。而且，随着时代的发展，国家审计机关向议会负责，较之前种情形更为主流。在瑞典，议会依据该国宪法同样设立有议会审计办公室，负责监督内阁和各政府机构使用财政资金的情形。同属北欧国家的丹麦，在制度设计上颇有相近之处，国会中同样设置有审计小组，职责主要是审议国家审计厅（相对独立的机构）提交的报告，将审议意见上报国会后，可能会影响到对于政府的施政评价。美国国会也拥有强大的处理财政问题的机构，即国会审计署，由其审计政府各部门对财政经费的使用情况，并向国会提交作为财政监督重要依据的年度审计报告和专业审计报告。

综合上述情形，可以纳入这一项下的审计监督机构总体上可以区分为两类：一是由政府设置的审计机构，但需要向议会负责，直接或间接地受议会领导；二是作为议会处理财政监督问题时的助理机构。所以，这里的"独立地位"主要是针对与行政机关的联系而言的，而且内里还是存在差异。至于那种既由行政机关直接设立，又完全受其领导的情形，在现代财税法制健全的国家，已经比较少见了。

2. 独立性较高的审计监督机构

在有些国家，审计机构的独立性程度比前面讨论的情形更高，另外还有些国家，承担国家审计监督功能的机构并不唯一，既有前面讨论的、某种意义上和政府部门仍有或隐或现联系的审计机构，也有独立性更高的专设审计机构。这种"绝对独立"的情形，主要表现为司法性质的审计机构，从本质上看接近行政法院。由此不难理解，正是因为一些国家对于立法、行政、司法等国家权力之间的相互制衡的强调，而使得这种类型的审计机关独立性更高，尤其是在不直接受议会管理方面，体现得更加明显。另外，还有一些国家在法律上设置了专门的审计署或是审计委员会，虽然不具有这种类似行政法院的性质，但在人员构成、运作方式上也显现出高度的独立性。所以，审计监督机构独立性较高的情形大体上就是这两种情形。两种情形的共通之处在于，该国为了实施审计监督工作，专设特别之机关。还是要指出来，即便是同样一个机构，在不同国家其实际运作方式、法律地位可能区别很大，比如有些国家设立的审计院要受议会直接领导，有些国家则完全独立。

（1）审计法院模式

即便同样是采用审计法院的模式，内部的制度运行也有很多区别，最关键之处便是在于该机构与议会间的关系如何。下面的讨论将尤其注意揭示这一点。

法国的审计法院是独立的司法机构，独立于政府和议会，于1807年由拿破仑颁布法律创建，被认为"标志着司法型审计模式的诞生"。[①] 其主要进行高层次的事后监督，基本任务是依据财政审判机构法典的规定行使职权，审计核查国家机关等的财政活动。理解法国审计法院的核心便是理解其和议会的关系：前者并不隶属于后者，也不向后者负责。但是，在运行过程中，两者间的合作是比较频繁的，而且从合作方式看，审计法院更多是在"配合"议会开展相关的财政监督工作。比如，审计法院每年需要向议会递交年度报告以及有关具体主题的报告，审计法院每年制定并向议会递交有关全体社会保障机构的报告，等等。

意大利审计法院的情况比较近似，其拥有宪法赋予的预算监督权，因此其监督具有较高的独立性和权威性。审计法院分为中央和地方两级。审计法院的审计相对财政部的监督属于外部审计，它的主要特点是介入整个预算管理的全过程。由于审计法院被赋予司法权力，除了预算监督之外，对监管中发现的政府部门预算执行中的问题可行使司法裁判权。监督预算编制、预算执行和决算是其主要的财政监督手段。

---

① 参见程光：《法国审计法院体制的启示》，载《审计月刊》2006年第22期。

在巴西，联邦审计法院作为国会的辅助机构而存在，因此，其独立性不及法国与意大利的审计法院。从职权范围看，区别则不是十分明显，其也要负责对预算执行和决算情况进行审计监督。

（2）专门审计机关模式

有些国家虽然没有设置审计法院，但是有其他形式的、专门的审计机关，主要表现为审计署、审计委员会等形式，日本的会计检查院如果从名字看来，似乎更接近于审计法院，但实质上与之相距甚远，这从其工作职责可以得出结论。

日本设立的会计检查院既非国家行政部门，也非议会下属部门，更非司法部门，而是独立的审计监督机构，财政支出审计是其最主要的工作任务。如果进行历史考察，会计检查院由其前身（监督司）之设立、到独立于财政部门、再到独立于政府、直到二战后修订宪法确认其独立地位，经历了一个从行政型向混合型，最终转向独立型的发展演变过程。[1] 这个演进过程，以及与之伴生的监督力度加强、监督效率提升，是很有启发意义的。

通过对德国国家审计机关的历史考察，可以发现其更为复杂、曲折的演进历程。德国于1824年建立了高等审计厅，审计机构相对行政部门的独立性有了初步保证；而在1848年普鲁士众议院建立后，高等审计厅的报告开始提供给议会，由此开始，审计机构与议会的联系逐渐建立起来，至魏玛共和国时期，发展而来的审计员代表可以参加帝国议会审计委员会的会议；1969年的预算法改革为审计制度带来新的发展动力，尤其是在组织机构的完善、审计报告送交德国联邦议院预算委员会、审计委员会及咨询意见送交相关专门委员会等方面，制度规定健全起来；至1985年的《联邦审计院法》实施之后，联邦审计院与联邦议院、联邦参议院、联邦政府处于同等地位的格局始得确认，联邦审计院的院长、副院长要根据政府提名，由联邦议院和联邦参议院选举产生，这种相对复杂的人选确认方式，也从一个角度揭示出联邦审计院的独立地位。[2]

---

[1] 参见耿虹、承皓、王进杰：《日本审计监督制度研究》，载《财政监督》2012年第34期。
[2] 参见〔德〕海因茨·君特·扎维尔伯格主编：《国家财政监督——历史与现状（1714—1989）普鲁士会计总署建立二百七十五周年纪念文集》，刘京城、李玲等译，中国审计出版社1992年版，第33—52页。

英国根据政府级次的不同,设置了两个专门的审计机关:国家审计署对中央政府财政资金的使用情况进行审计,审计委员会则是负责对地方各级机构的审计。[①] 值得注意的是,两个审计机关之间不存在"领导—被领导""监督—被监督"等关系。从审计机关的人员产生方式可以看出其中立性——由各界的知名人士组成领导层,进而设立专职工作机构负责具体审计工作。

荷兰审计院虽然受议会领导,但并不属于议会的辅助机构,也非由行政机关建立,所以并不适宜划分在前一大项下。从机构运行状况看,其独立性还是比较明显的。其对中央部门分别派驻有审计员,对各部门工作的有效性进行审计,尤其是监督资金的使用情况。通过派驻的审计员发现的问题,在审计院向议会报告后,相关部门的领导要到议会作出解释。所以从这个流程看,审计院和议会之间的关系相对还是较为独立的。

丹麦的情形同荷兰比较接近,根据法律规定设立有国家审计厅负责对财政活动进行审计监督。审计长虽然是经国会批准后由议长任命,但是国家审计厅审计监督工作的开展具有完全的独立性,根据《审计长法》的规定,有权对任何单位进行审计监督。由此可见,审计长的产生方式是否依赖于议会,本质上无法决定其工作开展是否具有独立性。这是因为在很多国家的宪法理论和民主政治实践中,议会并不仅仅被视为立法权这一种国家权力的载体,而是整体意义上"国家权力"的代表,审计监督机关即便具有相对立法机关的独立性,但其终究需要有一个"权力来源",这便还是追溯到了议会。明晰这一点,对于我国的制度实践可能是很有意义的;毕竟,虽然学者时常弄混淆,但是中国的人大并非单纯的立法机关,却是官方层面和制度设计时始终坚持的立场。

(四) 各国财政监督机构法治化对我国的启示

当然,财政监督主体并不仅限于前述几种,比如来自社会主体的监督就不能被忽视。我们选取前文所述的几类机构加以研究、讨论,是因为其代表性更加突出,而且对于法治化的要求也相对更高。各国的财政监督机构设置,

---

① 参见贺邦靖主编:《国外财政监督借鉴》,经济科学出版社2008年版,第176页。

在遵循若干共性规律的基础上，往往因为各自国情的不同而表现出较大差异；我们并不能绝对地说哪种模式就更优，而是要具体问题具体分析。但即便如此，我们还是能从比较法考察中提炼出一些需要引起注意的现象，这也给我国的财政监督机构法治化建设提供了若干有益的启示。

1. 法治化程度较高

在法律规范中明确财政监督机构的设置、配置相应的监督权力，有利于监督工作的开展；尤其是在现代国家财政监督机构常常呈现多元样态的情况下，不同机构之间的职责重叠或者职责空白很有可能发生，这些都需要法律对机构设置作出明确规定。比如，美国国会通过的《财政主管法》《财政管理改革法》和《政府绩效与成果法》，法国由总统颁布实施的新《财政法组织法》，都明确规定了监督机构的设置及职权范围。我国的近邻日本则先后制定了《财政法》《地方财政法》和《财务省设置法》等法律法规[1]，其中规定了国会、审计部门和财政部门等各级部门对于财政监督的职责和权限，是坚持法治手段调整、规范监督机构设置、运作的典范。

2. 财政监督机构多元化

在比较分析的视野下，可以发现世界各主要国家和地区的财政监督机构多元化，并且根据不同监督机构的性质、特点配置不同的监督权责。世界各主要国家一般而言，分别设立有内部监督和外部监督机构，包括议会的监督机关、财政部门监督机关和相对独立的审计监督机关。而且根据不同监督机关的特点，提出不同的法律要求。最典型的是，政府财政部门主导进行的内部监督侧重全过程监督，尤为强调及时性、效率性；再比如，审计监督的法律规范重点侧重于对相关审计监督部门独立性的强调，乃至于西方国家在审计监督部门设置时将独立性作为普遍遵循的原则。[2]

3. 注重监督机构间分工与协调

作为一个普遍的规律和经验，世界各主要国家和地区特别重视监督机构之间职权的合理分工与协调。立法中往往明确规定不同监督机构各自的职能范围，以及相互间的协调机制。具体来说，从消极面要避免职权不明或职权

---

[1] 参见董晶：《国外财政监督制度的特点与借鉴》，载《山东行政学院学报》2012年第2期。

[2] 参见王银梅：《国外财政监督实践综述及启示》，载《财政监督》2012年第31期。

重复所带来的"监督空白"或者是"监督打架",从积极面则要通过机构间的充分合作来提高财政监督的效率。前者比如,审计监督和财政部门监督是尤其要注意通过立法来澄清各自的职能、作用环节、方法和范围的;后者比如,前文所述的法国审计法院与议会在财政监督上的合作,即很具有代表性。

4. 重视监督人员管理规范化

任何财政监督工作,最终都是要由监督人员来具体进行和完成,监督人员素质的高低、在履行监督工作时是否有一定的准则来遵循以及是否遵循,对于财政监督工作的成败得失关系甚大。因此,监督机构法治化的一个重要方面就是对监督人员的职责及管理有完善、细致的法律规范。从各国的法律规定看,一般是从三个方面来调整这个问题:其一,规定担任相关监督人员的资质条件,比如法国选拔财政监察专员即必须由从事财政工作10年以上的高级文官担任,而且其任命须经人事司提名、财政部部长决定,有些国家则是从积极条件和消极条件两个方面进行规定;其二,规定监督人员履职时需要遵循的制度规范,主要是技术规范、程序规范和道德性规范;其三,规定责任与退出机制,也即当发现监督人员存在渎职、失职、舞弊等违法行为时,应当承担的法律责任,其中一种较为严格的"资格罚"就是相关人员不再具备担任财政监督人员的资质。

综上所述,财政监督机构的法治化,是整个财政监督有效运行的前提条件,世界各国在此问题上丰富多彩的制度实践给我们提供了很好的借鉴范本。但是,在参酌借鉴的同时,还是要注意和我国的社会实践结合起来,避免出现"橘生淮南则为橘,生于淮北则为枳"的现象;总体上讲,则是要坚持法治思维和法治方式的自觉运用,不断提高财政监督机构法治化的程度和质量。

五、规则比较:监督制度的法治化

在财政监督领域的法律框架中,首先是按照分权、制衡、效率等原则设置一定的财政机构,然后配置给其相应的财政权力,继而对财政权力本身加以法律规制,避免权力的滥用或是权力运用的低效。这一系列从机构、权力到规制的体系即是公共财政监督监督法律制度的综合体现。上一节主要考察世界各国财政监督机构的形式及相关经验,本节在比较分析财政监督机构的认识基础上,详细探讨世界各主要国家和地区如何建立公共财政监督法律制度并使其法治化,以期对我国新时期的财政监督法治建设提供有益经验借鉴。

(一) 公共财政监督的模式

根据前文对世界各国公共财政监督机构的梳理,世界各主要国家一般而言,分别设立有内部监督和外部监督机构,包括议会的监督机关、财政部门监督机关和相对独立的审计监督机关。因此,根据监督机构的类型,可以根据国外财政监督制度与国家政权结合的形式与性质,将公共财政监督分为立法监督、司法监督和行政监督三种。

1. 立法监督

立法监督是由议会、财政部、国家审计署共同对国家财政进行监督,议会中的公共资金委员会和决算委员会根据国家审计署提供的报告资料来进行审核,财政部内设有专门机构负责财政监督,主要通过对政府各部门预算的核定及收支的控制达到监督的目的,国家审计署是执行财政监督的专门机构,隶属于议会,向议会负责。英国、美国、加拿大等国家实行财政立法监督制度模式。[①] 在现代民主社会,立法型财政监督的优点在于:一是可以实现国家管理权的合理分工和专业化,通过立法监督规定政府行为的边界,捍卫公民的民主权利。二是立法监督是其他监督的力量之源,立法机关对政府的监督会强化政府对自身行为的监督意识和责任,促使政府加强行政监督力度。但是建立单一的立法型财政监督模式也是有缺点的:首先,立法监督的具体实践者是立法机关的议员或代表,因此议员、代表素质的高低及专业知识程度的深浅直接决定着财政监督有效与否,实际上,许多立法机关的人员并不具备较高的财政监督素质。其次,由于缺乏足够的专业技术人员,立法监督侧重于从宏观层次实行财政监督,对微观经济主体的财政行为监督不足,立法监督只有在其他监督的协调配合下才会发挥应有作用。

2. 司法监督

司法监督具体有议会的监督、审计法院的监督和财政总监察司的监督。

---

① 参见杨体军:《中国财政监督的理论研究和实证分析》,吉林大学 2007 年博士学位论文。

宪法赋予审计法院的职责是协助议会和政府监督财政法的执行，财政总监察司是执行财政监督的专门机构。法国、西班牙、德国是财政司法监督制度的代表。① 在对行政行为的监督过程中，司法型财政监督以其独立性、直接性、法定性、强制性等特点而引人关注。与行政监督、立法监督和社会监督相比，它是效果最直接、形式最特殊的一种国家法律监督制度，它可以运用国家的审判程序进行监督。

3. 行政监督

行政监督是指国家行政机关依据国家法律规章对自身行为、对其附属机构行为或关联机构行为实施的监督。在财政监督中，这种监督表现为财政机关对其内部机构的行为以及使用财政资金的部门单位的资金运转情况进行的监督，是对内监察与对外监督的结合体。实行财政行政监督制度的国家主要有瑞典、瑞士等国，其主要特征是在各级政府设置行政管理部门，专门负责行使财政监督职权。瑞典的财政监督理论是以欧洲安格鲁·萨克森派的观点为基础，即对各政府机构持信任态度，强调靠内部监督约束，辅之以必要的外部监督检查。② 其监督体系由向政府内阁负责的国家审计办公室、向议会负责的议会审计办公室及财税稽查监督机构共同组成。瑞典制定了严格的预算编制程序和管理制度，其财政监督的特点是将财政监督有机融入预算编制和执行的各个环节，在预算编制和执行过程中全面强化财政监督控制机制。瑞士的联邦财政监督法规定，联邦审计局在组织上是财政部的一个行政机构，但它是国家最高财政监督部门，其职能是作为行政监督机构，对联邦的财政机构和财政收支进行经常性监督检查。③

（二）公共财政监督模式的比较分析

世界各国的财政监督制度模式是不同的。立法监督型国家的财政监督权主要控制在国会手中，这有利于增强财政监督的法律性和权威性。这种独立于财政系统之外的财政监督可以尽量抑制来自财政系统内部的干扰，加强其

---

① 参见陈渊鑫：《对世界财政监督发展趋势的探讨》，载《财政监督》2009年第1期。
② 参见杨体军：《中国财政监督的理论研究和实证分析》，吉林大学2007年博士学位论文。
③ 参见李炜光、刘宁：《西方国家财政监督体系及其借鉴价值》，载《财政史研究（第三辑）》2010年第13期。

公正性。司法监督型国家的财政监督权主要控制在司法系统之中,这有利于增强财政监督的独立性和权威性,能够抵御财政系统或上层组织的干扰,增强对违法案件处理的时效性。行政监督型国家的财政监督权主要控制在政府行政机关系统中,政府负责人可以随时掌握财政监督的进展情况。

这三种模式虽然侧重点不同,且各有利弊,但在这三种制度模式下的各国的公共财政监督制度有一些共同的特点:

1. 制度基础:财政法治

公共财政监督较为完善的国家财政监督的最大特色就是有大量的法律、法规来规范财政行为。无论是财政管理还是财政监督,都有完备的法律法规作为依据,法律约束力很强、权威性很高。英国是最早在宪法中对财政收支作出规定的国家。其他一些国家,如德国、瑞士、意大利等国也在宪法中对预算收支活动有明确规定,从预算、税收、国库到审计均在法律的范围内进行。美国、加拿大、法国等国也都通过议会立法的形式来规定财政监督的职责权限,如美国国会先后通过《监察官法》《财政主管法》《财政管理改革法》等,赋予财政监察官以独立监督的权利。这些国家从宪法的高度对财政活动中的重大事宜作出比较详细和明确的规定,为规范和约束财政活动,即财政监督提供了最高的法律依据。在宪法作出规定的基础上,这些国家还普遍设有专门法,如预算法、年度拨款法、特别拨款法、财政条例以及财政部发布的行政命令等,对财政监督作出更为具体的规定。例如,法国的《财政法》对预算程序、预算科目以及预算立法和预算执行机构的职责都作出了明确规定。美国国会1921年颁布的《预算与会计法》也对财政监督的具体程序和内容作了详细规定。①

此外,法制建设的重要地位还表现在:各国财政监督的法律层次高,普遍具有较为完备和富有权威的财政监督法律体系。例如在日本,财政管理和监督的全过程都有法律依据,国会通过的《财务省设置法》明确规定了财务省的内部机构设置、人员编制和职责权限,实际工作中必须遵照执行。日本国会为了让财政监督管理工作有法可依,陆续制定颁布了《财政法》《会计法》《地方财政法》《地方自治法》等,一方面保证了财政监督管理的规范化和

---

① 参见张平:《中西方财政监督机制的比较研究》,载《财会研究》2009年第10期。

高透明度，另一方面也避免了监督管理工作的随意性。澳大利亚的经济监督法规很健全，除了《公司法》《会计法》，还有《财政管理和责任法》《审计监管法》《预算诚实宪章》《公共财政透明法》等一系列的具体法规①，对财政监督机构及其职责，财政资金的申请、拨款、支付行为进行规范和全过程监控，使财政监督有法可依，保证了财政监督的权威性和独立性。②

因此，要防止滥用权力，就必须以权力制约权力，从各国的经验来看，对于制约公共权力的公共财政监督而言，健全完善的法制不可或缺。一是财政监督的法律层次要高，具有权威性，重视财政监督的立法，以保障财政监督活动的正常进行。二是要建立较为完备的财政监督法律体系，增强可操作性。通过立法，对各监督主体之间的职责权限等作出明确的规定。三是要重视立法的及时性。各国根据社会发展状况，不断地修订现行法律制度来完善财政监督制度。

2. 权力结构：分权制衡

首先，财政监督权是立法机关的基本权力之一。从各国的情况来看，虽然立法机关对预算程序的监督力度有强有弱，但财政监督权无一例外是立法机关的基本权力之一。对于一个现代法治国家来说，无论是法律的执行，还是政策的实施，抑或是政府机关的正常运转，都必须以一定的公共财政资金为基础。因此，议会的财政监督实质上是从最基本的方面来制约政府活动。这也是议会至上原则在议会职权行使方面最重要的体现。

其次，独立、专业的审计机关是辅助立法机关监督预算的重要机构。由于各国政治体制和国情不同，审计机关的组织模式也呈现出多样性，从总体上可分为以下三种模式：在上述讨论的立法模式的情形下，审计机关隶属于立法机关，是其专业辅助机构，对其负责并报告工作。③ 这种模式下的审计机关有两个特点——宏观服务职能较强和审计信息的公开化程度较高。而在司法模式的情形下，审计机关隶属于司法体系，拥有司法权。这种模式下的审计机关拥有最高的权威性，审计执法与处理的刚性均较大。还存在一种独立

---

① 参见国家发改委官方网站，https://www.ndrc.gov.cn/fzggw/pzjg/zwjjcz/sjdt/200604/t20060427_1216479.html?code=&state=123，访问时间：2021年8月22日。
② 同上。
③ 张平：《中西方财政监督机制的比较研究》，载《财会研究》2009年第10期。

模式，即审计机关独立于立法、司法和行政体系之外，独立开展审计，同时向立法机关和行政机关提供服务。但事实上，绝对的独立是不可能的。独立模式下的审计机关实际上更偏重向立法机关提供服务。

最后，财政资金的管理部门对政府的财政行为实施内部日常监督。相对于立法机关和审计机关而言，政府是预算资金的使用者，是具有独立经济利益的实体。政府首脑承担着政府所负有的全部公共责任和经济责任。为了确保每个政府部门及其下属各个行政层级都能够依法、合理、有效地履行自己的职责，政府首脑有必要对本届政府的行为进行内部日常监督，以防可能发生的违法违规行为，划分和界定相应的经济责任。比较普遍的日常监督模式是，由财政部门代表政府首脑履行对财政支出的内部监督职责，监督可沿着资金的流向进行。目前，发达国家普遍实行国库集中支付制度和政府采购制度。这些都从制度上保障了财政部门的日常监督职权清晰。

因此，综合来看，一些国家财政监督效率较高的一个重要原因就是划清议会、审计机关、财政部门以及其他有关部门的监督职责，形成分工明确、相互配合的财政监督制度体系。其中，议会主要拥有预算监督权，审查政府预算安排的合法性；审计机关主要是对财政资金的使用效益进行事后的监督检查；财政部门的监督工作主要围绕财政资金的管理活动展开，寓监督于管理之中。整个监督体系将事前控制、事中监督和事后检查相结合，日常监督与专项监督相结合。

3. 权限配置：清楚明晰

财政监督部门是财政监督的主体，它对政府与国家负责，履行法定的职责和义务，并拥有相匹配的监督权力。财政监督主体在各国因制度不同权限设置也不同，具体大致有三类代表形式：

在法国，财政监督专员主要代表财政部就地监督各部部长使用由财政拨付该部人员工资和机构运转经费情况，对每一笔开支决策都有权进行监督检查，各项开支须经过财政监督专业签字同意后，公共会计才能予以受理。[①] 财政部一般在年初核定各部总拨款，各部必须制定分预算，并与财政监察专员

---

① 参见"法国财政管理体制介绍"，载财政部网站，http://gjs.mof.gov.cn/gongzuodongtai2019/cjgj/201306/t20130613_917793.htm，访问时间：2021年8月22日。

讨论，按月向专员报告执行情况。财政监察专员对每一笔开支都有权进行监督检查，若检查发现某项开支决策有问题，财政监察专员不仅有权拒绝签字，同时还有权根据情况冻结预算。公共会计有权对公共支出的支付工作实施监督，支出决策人在作出某项决策后向公共会计下达付款命令，公共会计有权检查开支是否符合预算范围，检查有关文件、材料是否齐备等，发现问题有权中断支付，要求决策人进一步提供资料，或改正不合规定的做法。

瑞典议会根据《宪法》规定参与监督，设立议会审计办公室，主要负责监督政府内阁和各政府机构对财政资金和国有资产的有效使用及资源分配的合理性及效果。其审计监督范围非常广泛，包括对国有企业、行政执法和司法机构、国际开发援助项目、教育经费、国防资金、具体开发项目等的审计。审计内容包括两方面：一是资金的审计，通常是对单位财务报告、报表以及内部财务收支进行审计；二是效益审计，这是重点，主要审计企业的生产效率和运营效果及各部门预算资金的使用有效性。议会审计办公室和国家审计办公室每年都要进行沟通，以避免重复审计。有时两家的检查对象也会相同，但检查角度有所不同。①

日本财政支出的审计工作由日本会计检察院负责。日本会计检察院独立于政府，但又不由日本国会直接管理。日本会计检察院依据宪法规定设立，实行会计检察官负责制。会计检察官由内阁总理提名，国会批准。会计检察官具有相对独立性，可以保证审计工作的公正。会计检察院主要审计中央财政收支和国有资产经营，而财政支出审计是其最主要的工作。日本会计检察院对于财政支出实行全面的审计，包括预算草案的审计和决算的审计。预算草案的审计主要是对财政支出的方向和效率进行审计。

综观各国法律规定及其现实中的运行情况，财政监督机构的监督权力主要包括：报送资料权、检查取证权、检察权、登记保存权、制止纠正权、建议报告权，等等。而权限的大小及强弱则取决于各国政府对财政监督工作的重视情况以及权限配置情况。一些较为发达的国家就规定了监督主体对于监督相对人的资金账目冻结权和行政处罚权。赋予监督主体广泛的权力并且保

---

① 参见财政部《财政监督》课题组编著：《财政监督》，中国财政经济出版社2003年版，第304页。

证其权力的有效行使,是财政监督工作有序、高效进行的保证。

4. 人力资源:独立高阶

在一些公共财政监督体系较为完备的国家中,公共财政监督机构的设置通常规格较高,且有完备的人员配置。人是组织管理中的一个重要因素,完善的法律制度和科学的工作决策,需要具体工作人员的组织实施。财政监督尤其如此,它不仅要求有高超的业务水平,更需要高尚的职业道德情操。因此,发达国家普遍重视财政监督中对人员的管理。如美国在财政部设置一名由总统任命的财政总监,负责监督宏观财税政策及财税官员的重大问题,并对总统和国会负责。同时,在各个政府部门中还设立有受财政总监管理的审计师。另外,美国联邦财政部还有 50 名负责税收政策的官员,与国内收入局共同拟定税收法规,并负责监督税收法规的具体执行。

法国财政部对财政监察专员的选拔条件非常严格,专员必须是在财政部工作 10 年以上的高级文官,并且由财政部部长任命,每 4—5 年需要轮岗一次,如其严重失职,交由审计法院处理。法国的财政监督贯穿于预算收支的全过程,具有监督层次多样、监督管理同步和监督执法严格等诸多特征。法国财政部门在财政收支管理过程中负有重要的监督职责,并通过财务监督官、公共会计、财政总监、国家监察署和税务稽查等体系付诸实施,贯穿于预算收支的全过程,在财政管理中发挥着重要作用。这五种监督有如下特点:

第一,财政监察专员的监督。财政监察专员主要检查企业的经济财务活动是否按国家法律和政府的政策进行,经营是否合理和有利。通过检查分析各项计划、财务账目,发现问题,提出建议,推动企业改进工作,并向经济和财政部报告。第二,公共会计对公共支出拨付进行监督。公共会计是管理国家财政公共支出拨款账目的会计。其重要职责之一是具体负责公共支出的支付工作,并在为用款单位提供服务的同时承担拨款前的财政审查职责。公共会计负责拨付和监督的支出主要包括:公务员的工资、行政机构运转费用和公共投资性开支。无论公共会计为哪个部门、单位或地区服务,都由财政部公共会计司垂直管理,目的是保证公共会计的独立性。第三,财政总监是经济和财政部的"技术专家"。该机构由经济和财政部长直接领导,其职权范围很广,对一切公共会计,无论国家和地方,包括税务局、海关、公共机构、国有企业、接受国家补贴和借款的私营企业,以及所有执行国家预算的单位和部门,都有权进行监督。第四,国家监察署对国有企业进行监督管理。其主要任务是从财政角度对企业决策活动进行日常监控。第五,税务机关对纳税人进行税务稽查。① 从国外的公共财政监督情况来看,财政监督人员,无论是财政监督专员还是公共会计,都应该赋予其相应的权力并明确责任,只有这样才能对既定的单位实施有效的监督。

此外,重视人员监督,加强监督力量也是发达国家的人员配置的重要经验。发达国家在加强对财政监督人员管理、提高其工作效率的同时,还为财政监督机构配备了大量的财政监督工作人员。如澳大利亚财政监督部门都设有一个信息技术监督部门,里边有大量既懂得财税专业知识又熟悉计算机操作的工作人员。法国财政部设立的公共会计分布全国,人数为5.7万人。瑞典政府设置的国家审计办公室拥有公务员300人。

5. 监督范围:广泛充分

公共财政监督职能同国家预算收支、预算外收支和纳税人执行国家有关财务会计政策情况密切相关。世界各国财政监督职责及其相应的监督范围,随着其监督制度的不同而有所差异,但是主要职责都包括以下几个方面:

(1) 对国家预算收入的监督

税收是国家财政收入的主要来源,各国财政部门除对纳税人收入进行严格监督外,部分国家财政部门对税收征管部门质量同时实施再监督。巴西财政部所属的税务总局及其派驻国家的10个分支机构在港口、机场等地设置的70个税务办公室,均通过计算机网络受理纳税申报、组织税收征管、实施税务稽查。② 德国的税务机构是隶属于财政部门的单列机构,负责税收工作的最高机构是州财政总署,它受联邦财政部和州财政部的双重领导,主要负责协调、管理工作,财政部可对其税收征管工作质量进行监督检查。

(2) 对预算编制与执行的监督

在财政支出的日常监督中,注重对支出的事前、事中审核,同时也重视事后对有关问题进行抽查和专案检查。

---

① 参见孙文珺:《我国公共财政支出监督法律监督的完善研究——以"四万亿"投资为背景》,华东政法大学2010年硕士学位论文。

② 参见财政部财政监督考察团:《巴西、委内瑞拉财政监督考察报告》,载http://www.guolv.com/nanmeizhou/zixun/172670.html,访问时间:2020年10月1日。

意大利、西班牙两国对预算支出的监督方式主要有事前计划审查和事中、事后财务监督两种：事前计划审查主要是对政府机关和其他公共部门在编制预算计划过程中的监督，由财政监督机构派驻各单位的监督官员负责执行，主要审查预算计划是否符合规定，以保证预算计划顺利通过，避免可能的失误；事中、事后财政监督主要是对地方政府、公共行政部门和国有企业预算执行过程的监管。① 西方发达国家在预算执行和调整方面的管理极为严格。预算一经立法机构审议通过，就形成年度预算法案，各部门、各单位都必须依法严格执行。未经议会同意，任何人都无权更改预算。如需追加支出，则必须按立法程序办事。在预算执行过程中，各项目之间、经常性支出与资本性支出之间都不能随意调整。另外，西方发达国家普遍采用国库单一账户制度对预编著算资金进行管理，所有的预算收支都要通过国库单一账户。通过国库款集中管理、资金集中收付，有效地提高了对各项预算资金的监控力度。

从国外公共财政监督的经验来看，加强预算编制的监督，强调其科学性是财政预算监督管理的一个关键性环节。预算编制是政府预算程序的起始点，也是财政监督管理的基础。提高预算编制的质量是强化财政监督的一个关键性环节。发达国家预算编制和审批的时间一般都比较长，准备工作相当充分。例如，财政年度和我国相同的法国从每年的4月份就开始编制下年预算，到10月份提交议会审批，编制时间为6个月。美国联邦预算的编制时间大约有9个月。此外，西方发达国家对预算草案的审议时间也都比较长。如美国国会对预算草案的审议时间为7个月。法国、德国议会审议预算需要3个月左右的时间。再有，这些国家的预算内容也都非常详细。如法国预算的类级科目就有1100多条，款级科目和项级科目的数量更大。德国的财政收入项目有1300个，支出项目有800个。挪威、希腊两国的预算也十分详细，多达几百页，预算文本不仅有图表，而且还有详细的文字说明和分析。②

(3) 对国有企业的财政监督

为了对国有企业进行财政指导和监督，巴西政府建立了公共管理局。在巴西，除了公共管理局的监督外，国有企业还受到来自其他方面的监督：一

---

① 参见邓春霞：《公共财政框架下服务型财政监督体系建设研究》，重庆大学2006年硕士学位论文。

② 参见张平：《中西方财政监督机制的比较研究》，载《财会研究》2009年第10期。

是所有国有企业的投资计划或投资预算，特别是需要联邦政府安排资金的部分，都要经国有企业协调管理总局审核后报送计划预算部批准才能执行；二是国家董事会代表对企业财务收支计划、财务报告和会计报表的监督；三是联邦监控总局对企业与联邦政府账务往来的监督；四是联邦审计法院根据联邦监控总局提交的检查结果和处理意见对企业延伸核查；五是税务部门对企业的检查；六是社会中介机构的审计验证。① 法国财政部在代表国家对国有企业的管理中，非常注意处理好国家与国有企业的关系，即在确保企业有权进行自主经营的前提下，实行国家的宏观调控和监督管理，主要手段有：一是政府与国有企业签订目标合同。目标合同将国有企业的经营目标、财务目标、投资计划、劳资关系、国家财政的支持、国家对价格的限制等都作了明确规定，既体现国家的调控权，又赋予企业的自主经营权。二是国家派代表进入企业监事会和董事会。法国国有企业实行董事会制度，董事会成员必须有一名财政部人员代表国家参加，在国家直接控制或国家股占90%以上的企业中，董事长由政府任命，其主要是对公司执行目标合同进行日常监督。三是向国有企业派驻国家监察员、加强财务监督。法国财政部对国家控股50%以上的国有企业都派驻国家监察员，督促企业遵守各项财政法规，为政府提供企业的各种信息，为企业提出建议并监督其决策。②

（4）对社会中介机构的再监督

日本的《公认会计师法》规定：设立和解散会计师事务所必须经过大藏省大臣的批准，会计师事务所在每年的5月必须向大藏省报送一次执业情况的书面报告。同时，为加强对会计师事务所的监督，大藏省可随时让会计师事务所的有关人员到大藏省汇报情况或是派员到会计师事务所调查。德国在重视发挥社会中介机构对社会经济生活监督作用的同时，也十分重视对会计师事务所的监督，其监督分为两个层次，一是注册会计师协会的行业自律组织，对会计师事务所和注册会计师违反行业职业准则进行查处；二是由联邦财政部和经济部下设的"法人负责事务监督机构"对注册会计师协会的工作

---

① 参见财政部财政监督考察团：《巴西、委内瑞拉财政监督考察报告》，载 http：//www.guolv.com/nanmeizhou/zixun/172670.html，访问时间：2020年10月1日。

② 参见《法国财政管理体制介绍》，载财政部网站，http：//gjs.mof.gov.cn/gongzuodongtai2019/cjgj/201306/t20130613_917793.htm，访问时间：2021年8月23日。

质量进行再监督。

6. 监督重点：财政支出

从事中监督的角度来讲，国外对公共支出的监督主要是通过对预算资金使用单位的支出过程进行管理。从法国、美国等一些国家的实践看，切实可行的方法之一是向各部门派驻财政总监，并赋予总监一定的权力和责任。财政总监对国家元首和财政部负责。同时，对于一国政府来说，由于公共财政资金是有限的，所以公共财政支出也是有限的，如何能将有限的资金物尽其用就成为一个关键问题。在此条件下，各国均注重公共财政支出的绩效评价。美国的公共支出监督主要由国会、审计总署和政府的财政部和其他政府部门等机构负责。财政权是美国宪法赋予国会的最重要的权力。与许多国家相比，美国国会对公共支出管理的全过程介入比较深，决定权比较大，对预算执行过程和预算执行结果监督力度也比较大。

按照美国相关法律规定，政府部门必须定期报告预算执行情况，并对报告的具体内容、期限甚至报告人都有明确要求。比如总统预算管理办公室每年5月要向国会提交联邦政府财政报告，要求报告必须包括财政管理现状和改进财政管理的建议两个部分。国会需要对这些预算执行报告进行日常审查和监督。为加强对部门支出的监督，国会向各个部门派驻监察代表，对所驻部门实施国会授权项目的情况和预算执行结果进行监督，全面、经常地检查政府使用国会拨款的效益。监察代表每半年向国会送交一份监察报告，列举所驻部门工作中严重的舞弊、浪费、低效和滥用职权问题，并提出改进意见。发现异常情况，监察代表可随时向国会提交特别报告。对预算执行结果进行评估是国会监督公共支出的主要方式。按照美国法律规定，国会在接到部门预算执行报告、联邦政府财政报告、审计总署决算审计报告等后，参众两院各委员会，特别是拨款委员会、公共账目委员会，都有权运用调查、费用分析、效率研究等方法，通过听证会等形式，对预算执行结果进行评估，并向全院大会提交评估结果的审查报告。必要时，国会还要对评估结果的审查报告进行辩论和表决。在实际运行中，评估结果往往会影响到有关机构、项目下一财政年度是否能够继续获得拨款。国会往往通过切断或者减少拨款的办法，废除那些没用或者没有效率的项目；通过增加拨款或者特别拨款的办法，支持那些执行好的项目。对预算执行中发生的严重问题，还要追究有关责任人的政治责任和法律责任，国会甚至可以运用弹劾权来剥夺联邦行政首脑总统和各部部长以及联邦法院各法官的官职。

美国审计总署隶属于国会，对其负责并报告工作，是国会重要的公共支出管理辅助机构。审计总署的职责就是通过财务审计、项目评估、调查及政策分析等，帮助国会对政府实施有效监督，促进政府履行其受托责任，不断提高联邦政府工作的经济性、效率性、效果性。美国财政部是预算执行部门，负责收纳政府收入、支付政府的开支。为了确保资金的合理使用，在政府各部门内部都设有一名经过总统任命的财政总监，这些部门的财政总监对总统和财政部负责。每一笔支出都必须经过财政总监的签字同意后，财政部门才予以拨付。由此，提高资金运行的效率，加强使用成果，是强化公共财政监督机制的重要方面。

7. 运行过程：公开透明

在不损害或影响国家利益和公共利益的前提下，对政府财政收支信息进行公开是成熟市场经济国家的普遍做法。提高公共财政支出透明度是民主进步的重要内容，也是加强公共财政支出监督的重要环节，提高公共财政支出透明度能有效改善财政支出信息在政府与国民间的非对称性，有助于社会公众对于政府财政支出的监督。此外，成熟市场经济国家对于社会公众财政支出监督权的行使都积极给予立法支持，并且在公众的知情权和监督权受阻时积极给予司法救济。一般而言，政府的预算及财政支出信息都属于信息公开法中规定的主动公开的信息范围，公民通常可以通过浏览网页、报纸与政府公告的方式了解公共财政的收支与运作情况，保障公民知情权的同时也对政府实行有效的监督。相比较而言，目前我国在公开政府财政支出信息和保障公众对政府财政支出监督权方面做得还很不够，与成熟市场经济国家尚有较大差距，我们也需要借鉴国外的一些先进做法，不断提高财政信息透明度并为公民行使社会监督权创造条件。

第四章 本土反思：中国语境下财政监督的法理与制度探讨

"财"的汉字，由"贝"和"才"两个部分组成。贝，"货也"；"资货粮用之属"。才，是指人的能力和智慧。是故，"财"可以理解为创造财富的人和人创造的财富及天地自然之物。"政"，正也，治也，赋也，法制也；又指官府所治公事，包括维持民生诸事。[①] 在全面深化改革的新时期，财政要着眼于为整体改革"铺桥搭路"，以"放权让利"为主调的技术工具性改革，到走上制度创新之路，旨在建立新型财税体制及其运行机制的1994年的财税改革；从主要覆盖体制内的政府收支和税制为代表的财政收入单向维度，到体制内外政府收支双重视角；从以规范政府收支行为及其机制为主旨的"税费改革"以及财政支出管理制度的改革，到作为一个整体的财税改革与发展目标的确立；从"摸着石头过河"构建公共财政基本框架，到进一步完善公共财政体制和公共财政体系，再到"财政是国家治理的基础和重要支柱"的新表述，体现出我国加强财税体制改革的顶层设计，中国特色的公共财政制度开始得以渐进构建。[②]

一、中国财政监督制度变迁历程

我国古代财政监督制度源远流长。中国古代的财政起源于氏族社会末期，因为这时的部落联盟发生了许多公共事务，需要一部分人去完成，从而出现

---

① 参见孙翔刚、王文素主编：《中国财政史》，中国社会科学出版社2007年版，第1页。
② 参见高培勇主编：《中国财税体制改革30年研究——奔向公共化的中国财税改革》，经济管理出版社2008年版，第9—13页。

了对剩余产品的再分配，公共权力开始萌芽，财政分配随之发生。① "岁终，则令从吏正岁会。月终，则令正月要。旬终，则令正日成，而以考其治。治不以时常者，以告而诛之。"② 从官职设置上来讲，最早设立专职财政监督官员要追溯到西周。虽然财政监督的官职设计在西周肇始，但监督体系的建立则是从秦汉开始，秦朝设立了御史大夫，将财政监督从王室延伸到地方。随着封建经济的发展，经济工作越来越受到重视。封建统治者为了独揽大权，约束各级官吏，往往亲自主持"上计"，进而形成了一种延续近千年的财政考核制度。这不仅可以督促官吏廉洁自守，而且也有助于加强中央对地方财政的监督控制，对于中央集权制的巩固和发展产生深远的影响。③

(一) 古代财政监督制度

1. 西周秦汉时期的财政监督制度起源

我国早在西周时就已经设立了"宰夫"一职专司财政监督。宰夫根据国家法律考核众官吏的政绩，如果发现有渎职贪污者，就依照法令将其惩治，凡是账目清晰且账实相符者，则加以奖励。由此可见，宰夫可以说是最早的为统治者执行审计监督职责的官员。虽然宰夫的官职不高，但独立于主管财政经济的司会之外，专门从事审计活动。所以，虽然宰夫仅仅是通过对会计收支凭证和会计报表互相考核而对百官进行监督，但已经具有财政监督的内涵，他同时肩负着监察、行政监督、审计等的职责。在西周，国家对财政经济的监督是和监察融为一体的，职官不清，职掌不定，事实上所起到的财政监督作用非常模糊。西周时期可以说是财政监督的萌芽阶段。④

秦始皇统一六国之后，专门设立由御史大夫为首的监督机构，御史大夫的主要职责是监督全国的民政和财政。御史大夫的属官分为两部分，一部分常驻中央，对中央机关进行监督，另一部分常驻郡一级政府，对地方政府实施监督，称为监御史和监察史。秦代的监御史开后世御史出外巡察之先河。

---

① 参见孙翔刚、王文素主编：《中国财政史》，中国社会科学出版社2007年版，第17—39页。
② 参见马向荣：《我国夏商周时期的财政监督制度及其效率研究》，载《财政监督》2008年第6期。
③ 参见曹春：《浅述秦汉时代的审计》，载《河北审计》1998年第3期。
④ 参见黎柠：《中国古代的财政监督制度研究》，载《广西财经学院学报》2007年第1期。

到了汉代，国家机构和官僚体制和秦朝一脉相承，但又有很多创新和发展，特别是在监督制度上。在刘邦建立西汉之后，他在中央继续实行以丞相、太尉、御史大夫为核心的三公官僚体制。御史大夫以行政为第一要务，以监察为第二要务，所以很多监督工作其实都落到了御史大夫的属官御史中丞的身上。到了西汉成帝绥和元年，御史大夫的职位更名为大司空，地位更加提高了，但在中央掌握监督大权的便改由御史中丞担任。到了东汉，正式设立了专门的监督机构御史台，由御史中丞担任首席监督官。在地方，秦以后至西汉初期依然实行监御史监郡之制，直到汉武帝废监郡制设部刺史，在中央设十三个部刺史（州刺史），把全国划分为十三个监察区，一个部刺史负责管理一个区。

秦汉时期的"上计"制度是财政监督的主要部分。秦代和汉代的御史制度，规定了一套完整的从上到下的监督体系，但御史大夫官署和后来的御史台，其职能不仅是财政监督，也包括了行政监察和审计，秘书等工作，是一个综合性的部门。它们所具有的财政监督职能主要包括：第一，监督中央和地方各级部门对国家财政经济法律的执行情况；第二，审查各地财政收支完成情况和会计账本。同时，在秦汉时期实行的"上计"制度，对全国的财政经济起着重要的监督作用。有关上计制度，记载最早见于春秋时期，战国时已经制度化。到了秦汉时期，上计制度从中央到地方更加系统化。上计主要是通过对官吏的定期稽察考核，也兼顾进行经济政绩的核定，还包含对财政财务和财经法纪的审计。上计制度主要做法是，每年年初，由地方负责财政收支的官员上计吏携带写有根据本地经济情况测算出来的一年内的预算数字的木券进京，该预算经过上级批准后，木券就被一分为二，右券留中央，左券由吏官带回地方据以实行。到了年末，吏官就带着左券和本地一年里面的财政税收情况进京向统治者回禀，"符契之所合，赏罚之所生也"，如果经过和右券进行核查，发现未能完成计划者，当场免职。在中央召开上计会议的时候，大司农和御史大夫一定要在场，大司农负责奏报，御史大夫负责监督。上计会议是中央一年里面最重要的经济会议，皇帝甚至会亲临受计。从整个封建社会的发展历程来看，上计制的实行是王权强化的必然结果。

2. 隋唐时期财政监督机构开始独立运作且预算制度初步建立

从三国到隋朝建立之前，财政监督制度虽然沿袭了秦汉时期的一些做法，但却在一些方面加强了中央集权的统治。东晋和南北朝时期，中央不再设立固定的地方监督机关，而是直接由中央设立的监督部门派巡使巡察地方履行地方财政监督。御史监察制度也进一步得到发展，御史台已经脱离了少府的管辖，作为皇帝直接掌握的中央监察机关，具有"震肃百僚"的地位，有权对中央到地方各级机构和官吏进行监察与弹劾，其中对财计活动的监督控制有所加强。南朝梁齐和北魏、北齐的御史台，称"南司"或"南台"，北周则称"宪司"。这一时期御史制度和比部制度两种形式互相制约，互为补充，共同进行财政会计方面的审核和监督，形成了一个完整的经济监督体系。①

隋朝将财政监督大权进行了分类分权，由御史大夫、刺史和比部共同承担。比部的基本职能是财务审计，即勾考国家机关的经费支出，各级官吏的薪俸禄廪给受，以及财政收入。御史台的监察御史代表皇帝出使地方，监察郡县，保证了中央集权的统一性。在这段时期里，御史台脱离了少府的管辖，真正成为独立的监察机关。而由于战乱频繁，上计制度消亡了，并且对会计和审计的发展也产生了不少的障碍。直到隋朝建立，比部由刑部管辖，御史台和比部共同协作，对财政经济的监督才得到了规范。这是财政监督体制发生转变的过程。

唐代是中国封建社会的鼎盛时期，经济和社会发展到一个新的台阶，在设立国家机构的时候，因袭隋制而惩隋之弊。唐代在初期就建立了比较完善的由下而上的预算制度，并且县、乡的预算数字都要张榜公布，以便群众监督。同时，还设立了监督预算执行的审计制度，审计在当时成为"勾覆"，而主管"勾覆"的机构并不属于主管财政的户部，其归属于刑部，称比部，独立行使着财政监督的职能，避免了财政部门的干扰。② 唐太宗为了加强中央对地方的监督，在御史制度中增设分巡分察制度。唐代御史台与前人相比，又一个变化是，监督范围已延伸至县级官吏，并明确地从一般政事延伸至经济领域。御史台下属三院：台院，属官为侍御史；殿院，属官为殿中侍御史；察院，属官为监察御史。侍御史与殿中侍御史监察朝官，监察御史则兼有监察州、县官的任务。对政治经济生活中的违法行为，先由比部勾覆核实，然

---

① 参见黎柠：《中国古代的财政监督制度研究》，载《广西财经学院学报》2007年第1期。
② 参见叶青、黎柠：《唐宋时期的财政监督制度与思想》，载《财政监督》2006年第12期。

后由御史台上奏弹劾，再依法惩处。若御史有过错，则由尚书都省对其进行弹劾，尚书省和御史台之间互相监督，可见唐代对官员的监察之严密。①

唐代是我国财政监督发展得较为完善的时期，对后世监督工作的开展起了很好的典范作用。这一时期财政监督体制主要的特点有：一是设置了专门的监督机构；二是监督的方法比较科学，除了审计，还设立了巡察制度，很好地发挥了对地方的监督作用；三是互相监督制度的确立，使监督工作更加严密，执法者同时也受到监督，这一制度对保证唐朝政治经济工作的开展提供了很好的环境。

3. 宋元时期设置多重财政监督部门，全面细化监督门类

北宋时，天下财计归三司（即盐铁、度支、户部），三司是中央财政机构，掌邦国财用之大计，总盐铁、度支、户部之事，"以经天下财赋而均其出入焉"②。同时，三司还负责对地方官吏进行经济政绩考核。主要有两种考核形式：一是任满考核，二是年终考核，若发现有经济问题者，交法司处理。三司作为国家最高的财政机构，还对工部、比部、太府寺、将作监、都水监、军器监等部门进行财政监督，主要是控制其浩大的财政支出。三司各设勾院，负责勾稽天下所申三司金谷百物出纳账籍，以察其殊而关防之。其中，三司勾院重点核查三部金谷百物出纳账籍。此时，比部虽然仍然存在，却已经形同虚设，其仍具有部分审计的功能，但其财政监督的职能已经被削弱。

宋代明确规定御史机关负有稽察经济非法之责。对百官贪污、受贿、以权谋私、理财失职等情事，皆"下御史按问"。御史有权稽察理财账籍，考其虚实，对贪赃枉法者则依法给予查处。但对地方，不再设专门的监督机构和官员，而是由一些负责行政业务的官吏兼领监督责。其中转运使所肩负的地方财政监督的职责最重。转运使，既是掌握财赋的地方行政官，又是监督财政非法的监察官。其职掌有三：一是掌一路财赋的收入，"察其稽违，督其欠负，以供于上"；二是考察财用之丰歉和官吏之勤惰，向上反映；三是负责军需供给。③ 除了有复杂的多重监督制度，宋代还建立了比较完善的账簿系统，自下而上，每笔收支都要一一详细记录，利用这些详细的账籍和凭证，监督

---

① 参见梁长来：《唐代财政监督制度及其启示》，载《财政监督》2014年第1期。
② 参见脱脱：《宋史》，中华书局1977年版，第3808页。
③ 参见同上书，第3965页。

部门可以进行具体的事后审计，同时对税收、仓库和大型工程建设的收支进行监督。宋代财政监督体制具有为君主集权服务的特征，监督机构的职责既有分工，又互相交叉，形成多层次、全方位的监督网络。同时，会计和审计方法的成熟，也推动了宋朝的财政监督体制的完善，且分工大致明确。

到了元代，御史台的地位得到了大大的提高，在地方也设置御史台，行地方财政监督之责，并将全国分为22个监察区，设肃政廉访使常驻地方进行监督。但同时，专职审计的机关"比部"被取消，审计工作由御史台负责。取消比部和审计院，对财政监督的作用是一种削弱。

4. 明清时期监督制度单一，未有更大进步

明朝设置"都察院"，以左右都御史为长官，审察中央财计工作。为加强对中央六部的监督，设立了六科给事中。一般而言，都察院的御史是着重监察审计全国的官吏和一般机构，六科则是按吏、户、礼、兵、刑、工六部的业务进行对口监察审查，二者是一种相辅相成的关系。后来在都察院下属设十三道监察御史。御史经常代皇帝出巡地方，称"巡按御史"。按行政区域划分设置，并且派遣御史出巡，具有鲜明的时代特点。明朝颇具成效的财政监督促成了明初百年的繁荣和兴盛。但到了明朝中叶，官员腐败滋长，财政监督的负面影响越发严重。都察院御史缺乏，在职的有很多人都不具有专业的审计知识，更多的是对腐败的视而不见，甚至还利用手中职权助长腐败。①

清承明制，都察院为最高监察监督、弹劾和建设机关，兼管财政审计工作。在都察院下设六科十五道分管审计监督，六科专管对各司的监督审计，十五道主管各道及中央各库、中央工程的监督审计。而对中央六部的监督，依然由六科给事中负责，到清雍正年间，六科给事中归并入都察院，对地方的财政监督改由都察院负责。清朝的国家审计监督机构虽然不具有专业性，较之唐代是一个倒退，但它没有重复和并列的情况，具有明显的单一性和统一性的特点。清朝是中国最后一个封建王朝，也是为封建君主服务的财政监督体系衰败的时期。清代财政亏空，尤以雍正朝最为突出，也最有影响。② 清朝其对财政监督体制的贡献还是不可忽视的，它对于澄清吏治，缓和社会矛

---

① 参见林研清：《论明朝财政监督体制》，载《江南大学学报（人文社会科学版）》2004年第2期。

② 参见陈锋：《中国财政经济史论》，武汉大学出版社2013年版，第428—454页。

盾，调节统治阶级的内部关系，保障国家机器的正常运转，都起到了积极的作用。明清两朝，虽然设立了新的监督机构都察院，但与唐宋时期的财政监督体制相比，发展不多，并且从明朝中叶开始的腐败，延伸到清朝，对财政监督的反面影响甚大。

(二) 近代财政监督制度

1840年鸦片战争以后，中国社会开始由传统向近代转变。国家财政也受到了西方文化的影响，开始朝着带有资本主义色彩的方向发展。在百日维新和新政中，对财政制度的改革都要求提高财政透明度和加强财政的调控能力。虽然清朝逐渐建立起一整套完备的财政监督机制和财务监督机制，但随着清代国力的下降，统治阶级的腐败没落，财政监督机制所起的监督监察作用越来越有限，清前期形成的中央集权型财政体制至晚清已发生剧变，财权在财政收支、奏销等方面都表现出明显的下移，中央政府试图通过清理、整顿等措施来遏制财政分权倾向的发展，但成效未著。① 清廷最后的改革，完成了封建财政向近代财政的转变，财政监督机构的职责也开始凸显出来。其中，在历代一直是财政监督重点的对官员的监督监察，已经开始弱化，财政监督重点开始转向对财政收支的监督和国家预算的监督。中西合璧的监督制度虽然粗糙，但对后世的影响深远，对以后的财政监督制度的建立和发展起着很关键的启发作用。但新旧交替产生的各种矛盾明显，中央与地方财政分离严重，财政监督的作用没有很好地得到发挥。

1. 完善审计制度，首设审计院

在这段时期，清廷对财政监督制度和机构的改革，明显受到资本主义思想的影响，这不只是由当时半殖民地半封建社会性质决定的，还由于当时中国的民族资本主义发展迅速，他们在政治上极力要求改革，以通过政治改革来达到保护资产阶级的利益。改良后的中央政体设军机处、内阁、大理院、都察院、审计院等六院二府一监，内阁之下设外务部、吏部、民政部、度支部、农工商部等十一部。审计院全权负责财政审计事宜，总的职责是审查中央各部、院财政收支、款项出入的报销账目、核定其虚实，直接对皇帝负责，

---

① 叶青、黎柠：《近代财政监督制度与思想》，载《财政监察》2007年第2期。

类于日本的会计检查院,都察院也负责财政审计工作。两者形成监督制约的关系。审计院下设六司,第一司掌管起草奏咨稿件,各项章程表式,经管本院财务收支等。第二司掌管稽查陆海军部经费报销。第三司管检查民政部、学部、农工商部经费报销。第四司掌管检查度支部、法部、吏部经费报销。第五司掌管检查外务部、邮传部、理藩部经费报销。第六司掌管检查内阁及各院经费报销。审计院设立后,清政府拟定《审计院官制草案》,这是我国第一部审计专业法规。

2. 限缩都察院的财政监察功能

都察院制度是清朝沿用明朝的一项具有财政监督职能的制度。都察院为最高监察监督、弹劾和建设机关,兼管财政审计工作。1906年11月,清政府被迫"预备立宪"后,拟定了《都察院整顿变通章程》)对传统的都察院制度进行整顿和改革,主要内容有:一是裁减左都御史、左副都御史总额。都察院原设左都御史、左副都御史共六人。裁减后,改为都御史一人,副御史二人。二是裁撤六科。都察院原设吏、户、礼、兵、刑、工等六科,相互独立,分别对中央行政部门进行监察,整顿后,裁去六科之名,另铸给都察员给事中印。都察院的改革精简了都察院的机构,在裁撤了许多与监督监察无关的职能、净化了都察院职掌范围的同时,注重了提高都察院任职人员的水平。

3. 设立清理财政处清理全国财政

庚子以后,中央财政困难,财政管理体制无法正常运行,与地方的矛盾日益尖锐,对地方财政情况不甚了解,控制力度日益衰弱。于是,清政府决定仿照西方模式,实行国家预算制度,1909年清理财政处的设立是实行该制度的一个前奏。为了保证清理财政处工作的顺利开展,宪治编查馆奏定户部草拟了《清理财政章程》。清理财政处的职责主要是:清查、统计全国财政出入款项,调查财政利弊,并负责财政预、决算的编制及册籍造选、稽核。为了使清理财政处的工作得以顺利进行,还在各省设清理财政局,协助中央清理财政处,专管本省的清理财政事宜。清理财政处归属于度支部管理,各省的清理财政局设清理财政正、副监理官等职官,协助中央测算地方财政收支、管理地方财政,加强中央对地方财政的监督力度。

4. 形成近现代预算决算制度

光绪二十四年（1898年），清朝提出"改革财政，实行国家预算"。而"清理财政处"的设立是建立国家预算制度的制度机构之一。经过多年准备，于宣统二年（1910年）正式办宣统三年（1911年）预算。该预算岁入主要包括田赋、盐茶税、洋关税、常关税、杂各税等十类，预算岁出主要包括行政费、财政费、军政费、交通费、民政费、司法费、教育费、各省应缴赔款、洋款等十九类。省预算由各省清理财政局编制，后经督抚核准上报度支部，再由度支部汇总中央各部院预算经费，编制全国预算书。该制度虽然短命，但其在当时的社会环境下所起的财政监督作用是不可忽略的。辛亥革命后，北洋政府在财政预算监督制度方面大部分都沿用着清廷留下的制度。① 清朝末年，中国传统财政体制在社会经济的激变中开始了艰难的近代转型，可以说，正是政府财政体制的不断变革推动着中国财政思想的近代化演进。在这一时期，西方近代预算思想在中国的传播与运用，以及中央与地方财政分权事项的产生与发展成为当时财政思想转型的主要标志。②

（三）1949年以后的财政监督

新中国成立以前，民国的财政监督制度大致经历了北洋政府、广州国民政府、南京国民政府三个时期（1912年至1949年）。这一时期，民国的财政监督制度处于不断发展和完善的过程之中，如设立了专门的财政监察机关——审计院，制定了一系列法律法规，但是由于民国政府时期时局动荡、政治体制腐败，财政监督机构实际上并未发挥其应有功能。因此，我们将分析的重点落脚于新中国成立之后财政监督制度的建立。

根据新中国成立以来我国财政监督的发展变化及在实践中对国民经济所产生的重大影响，可划分为以下五个阶段：第一阶段为20世纪50年代的财政监督；第二阶段为20世纪60年代的财政监督；第三阶段为20世纪80年代至90年代的财政监督；第四阶段为1998年至2012年的财政监督③；第五阶

---

① 吴才麟、文明：《中国古代财政史研究》，中国财政经济出版社1990年版，第18页。
② 参见邹进文：《清末财政思想的近代转型：以预算和财政分权思想为中心》，载《中南财经政法大学学报》2005年第4期。
③ 参见刘晓凤：《1949年—2007年中国财政监督变迁》，载《地方财政研究》2008年第6期。

段是2013年至今的财政监督。

1. 20世纪50年代的财政监督：财政六条

1949年10月1日新中国成立，中央人民政府财政部同时诞生。1950年11月，财政部设置财政监察司。随后各级人民政府陆续设置了财政监察机构，专门履行财政监察工作职责。到1954年底全国共建立财政监察机构2158个，形成一个全国性的财政监察网络，标志着新中国财政监督机制的正式成立。新中国成立初期的财政监督受苏联模式影响，并呈现出下述具有内在逻辑联系的五个内容：在监督理念上，强调财政监督制度是我国财政制度中的重要组成部分，也是我们顺利走向社会主义的重要环节；在监督目标上，强调积极改善财务管理工作，促使各部门节约使用国家财力，保证国家资财用之得当，开支合理；在监督重点上，强调放在企业、事业方面；在监督方式上，依靠群众，充分走群众路线，内部监督与群众监督相结合；在制度安排上，财政监督机构置于行政领导监督之下，隶属于财政部。对这一时期的财政监督应注意以下几点：第一，由于以苏联模式为蓝本，这一时期财政监督制度逐步健全。[1] 第二，仿效苏联财政监督的模式，引领出财政监督以行政监督为主的特点。监督主体为政府部门，通过在各级政府设置行政管理部门，行使财政监督职权，管理权与监督权合一，及时高效。第三，注重群众监督与内部监督相结合，是这一时期财政监督取得较好效果的重要原因。[2]

由上可见，20世纪50年代的财政监督实质上是以苏联模式为基础的行政监督。由于比较注意财政监督制度的建设，加之监督方式内外并重以及当时党风、政风与社会风气持续转好，20世纪50年代的财政监督取得了相对较好的实施效果。尽管如此，20世纪50年代后期仍暴露出一些深层次问题：一是财政监督的行政色彩越来越浓，而法制手段日渐衰微。在预算资金使用中，强调民主、科学、公开的决策不够。这种状态是法制的不完善、不健全所决定的。法制因素的弱化，我国失去对财政收支的有效监督，财政监督走向僵化，有时措施生硬，灵活性较差，往往缺乏效率，缺乏独立性、透明度和社会认同感。二是财政监督失控。当整个国民经济都纳入计划体制，试图用国

---

[1] 参见赵建国：《中国财政驻厂员发展史》，山西经济出版社2000年版，第2页。
[2] 参见陈如龙：《当代中国财政（上）》，中国社会科学出版社1988年版，第133页。

家意志取代市场机制的时候，国家计划当局的管理幅度就会变得十分宽泛，管理链条也十分长。随管理幅度越宽，管理链条越长，管理的难度越大，管理者需要汇总、处理的信息就越多，需要监督管理的对象和任务也越多、越繁杂，对管理者的要求就越严格，信息的上传下达，分析决策，以及保证决策的执行，无论是在时效性上，还是在正确性上，都很可能要大打折扣，产生极为严重的信息和监督问题。这一时期财政监督的问题，是导致政府重新探索财政监督制度的主要原因。

2. 20世纪60年代的财政监督：财政驻厂员制度

为了严肃财经纪律，加强财政监督，1963年财政部制定《关于中央国营企业财政驻厂员工作的暂行规定》，首次建立了财政驻厂员制度。这一时期，我国财政监督制度处于初始建设阶段，并与传统计划经济体制统收统支的财政体制相适应，立足于集中财力搞建设，财政监督制度并不完整，国家没有制定专门的预算、税收、会计等财政监督法律。[①] 与20世纪50年代相对应，这一时期的财政监督也具有以下几点内容：在监督理念上，财政监督是加强国营经济顺利发展的一个重要武器，各级财政监察机构应在协调企业加强财务管理、搞好经济核算的基础上，监督企业严格执行财经纪律和规定，及时向上级反映财务管理方面的情况和存在的问题；在监督重点上，仍然强调放在企业上；在监督方式上，以中央（上级）政府的集权和行政监督为基本特征的内部监督为主；在制度安排上，财政驻厂员的领导关系由税务系统交给财政系统的企业财务部门领导。[②]

作为对财政监督制度的新探索，20世纪60年代的财政监督在以下几方面格外引人注目：第一，财政监督侧重于微观，以企业为主要监督对象。财政驻厂员通过开展多层次的财政监督检查，可通过大量的微观监督，直接督导微观主体依法开展经济活动。第二，财政经济活动是否能正常运转，与政府是否能自我约束、自我克制直接相关。因此"大跃进"时期，政府行为突出

---

① 这一时期，主要的财政监督制度有《中央金库条例》《中央人民政府财政部设置财政检查机构办法》《各级财政检查机构办法》《各级财政监察机构执行财政监察工作实施细则》《中央国营企业财政驻厂员工作试行办法草案》以及预算编制程序、基本建设拨款办法、各种税收征管办法和会计制度等。这些财政监督制度对于稳固新中国成立初期政权和保障国家重大经济项目建设发挥了重要作用。

② 赵建国：《中国财政驻厂员发展史》，山西经济出版社2000年版，第3页。

冒进使国民经济崩溃，然而其后政府进行的自我调整之所以能够很快扭转局面而走上正轨，很大程度上得益于政府对财政活动的自我约束和规范，由于计划经济是依靠中央政府的高度集权来维护的，相应地，财政的内部监督也是以中央（上级）政府的集权和行政监督为基本特征的。此时行政权力是构成财政监督威慑力的基本依据，监督是依靠行政权威和行政命令来贯彻的。但是由于时代的局限性，这一时期的财政监督也存在一些问题：一是财政监督制度缺乏稳定性。受到人为因素影响很大，尤其受到一些错误的政治思想的影响，甚至出现不计成本、不讲核算、取消财政监督制度的现象。二是财政监督制度建设未能充分体现财政资金分配中客观上存在的受托责任关系。由于各企事业单位无经营管理自主权，由上级主管部门主宰一切。因此，一方面通常出现行政长官意志凌驾于制度之上；另一方面，又在一定程度上造成了"书记利润""厂长成本"，使监督制度形同虚设。

3. 20世纪80年代至90年代的财政监督："大检查"运动

中共十一届三中全会以后，我国财政监督制度建设翻开了新的一页，财政监督机关和法制建设取得了前所未有的发展。一是财政监督工作受到重视，1979年12月全国财政监察工作会议提出，财政监察是国家整个监督制度的一个方面。财政纪律检查也是党的纪律检查的一项重要内容。1980年国务院批转了财政部《关于监察工作的几项规定》，明确了财政监察机构的设置和职责。二是财政驻厂员制度得到了恢复，1982年12月17日财政部根据国务院的批示，公布了《关于国营企业财政驻厂员工作的暂行规定》，恢复了财政驻厂员制度，我国财政监察工作在"文革"后重新恢复建立。三是财政监督法制基础明显提升，1985年至1994年国家先后颁布了《国家金库条例》《会计法》《注册会计师条例》《国家预算管理条例》《税收征收管理法》等一系列财经法律，从各个方面丰富了财政监督法制内容，提升了财政监督法制层次。同时，国务院《关于违反财政法规处罚的暂行规定》以及财政部《财政监察工作规则》的发布实施，进一步提高了财政监督工作规范化、制度化和法治化程度。这一时期，我国财政监督工作逐步得到加强并且开始进入全面发展轨道，政府重点加强了企业财务监督和管理，以堵塞漏洞、增加财政收入为目的的"大检查"成为财政监督的主要形式。①

改革开放初期,财经领域监督机制不健全,财政收入"跑、冒、漏、滴"现象非常严重,特别是在新旧体制转轨过程中,我国财经领域偷逃骗税、截留国家财政收入、挥霍浪费国家财政支出等问题相当突出,财经秩序比较混乱,严重影响改革与发展的顺利进行。针对这种情况,1985年,党中央国务院决定由各级政府统一领导,人大、政协参与,财政、税务、审计、物价等部门共同组织开展"大检查",发挥权威性高、力度大、范围广的优势,对财经领域的违法违纪问题进行集中整治。1985年—1997年以来,大检查查处各种违法违纪问题涉及金额累计2044亿元,挽回流失的财政收入1331亿元,平均每年为国家挽回财政收入100多亿元。②

4. 1998年至2012年的财政监督:公共财政框架

自1994年开始,我国实施了分税制改革和政府机构改革的重要举措。政府机构完成了系统改革,成立了财政部财政监督司,将改革前财政监督司、中央企业驻厂员管理处和税收、财务、物价大检查办公室三个机构合并为一。同时,中编委批复《财政部财政监察专员办事机构职能配置、机构设置和人员编制方案》,将驻各地的原中央企业驻厂员机构改建为财政部驻各地财政监察专员办事处(简称"专员办"),正式明确了财政监察专员办事机构的财政监督工作职能,并实行垂直领导和管理,监督的权威性和独立性进一步加强。与此同时,地方各级财政部门也按照国务院关于强化财政监督的要求,重新核定人员编制、明确工作职责,进一步强化了财政监督专门力量。由于这一时期的财政监督机构进行了较大幅度的调整,财政监督制度建设主要是根据《预算法》和分税制财政体制改革的要求,不断规范财政监督行为,完善各项财政监督检查制度。③另外,自1985年以来的集中式、运动式"大检查"是在特定的历史条件下产生的,有其必要性,也发挥了重要作用。但随着我国经济体制改革的深入,1998年,我国取消"大检查",并提出"积极创造条件,尽快建立公共财政框架",以此为契机,财政部对内设机构进行了调整,将财政监督司更名为监督监察局,专员办人员裁减三分之二,专员办机构按

---

① 参见贺邦靖主编:《中国财政监督制度》,经济科学出版社2008年版,第7页。
② 财政部"财政监督"课题组:《财政监督》,中国财政经济出版社2003年版,第30页。
③ 参见贺邦靖主编:《中国财政监督制度》,经济科学出版社2008年版,第7—8页。

照省（区、市，含计划单列市）设置，撤销地市组，全国在25个省、区、市和计划单列市设立了专员办。这一时期的财政监督工作，紧紧围绕财政资金运行的全过程，全面而系统地开展财政收入、财政支出、金融、会计、内部检查监督，公共财政框架下的中国特色财政监督机制开始建立。①

有别于计划经济年代专注于国有经济单位的财政收支格局，1998年至2012年间，我国经济高速发展，国家推动公共财政体制改革中最突出的特点是突出以公共化为取向，更加明确地提出：公共财政资金取之于公众，必须有效地用于提供公共物品和公共服务，以满足公共需要。为确保公共财政这一本质的实现，既有赖于构建一整套民主化、科学化的收支决策机制和财政资金运行机制，也有赖于建立起一套强有力的监督机制。这一时期，我国财政监督在机制建设、工作职责等方面发生了一系列变化。公共财政框架下的财政监督的主要内容有：在监督理念上，从建设公共财政入手，建立"大监督"，就是全员参与、全面覆盖、全程控制、全部关联的财政监督理念；在监督目标上，强调切实服务和促进被查单位规范财政财务管理，从而实现最大限度地提高财政资金的使用效益，提高依法理财、依法行政的水平；在监督重点上，主要放在财政支出上，并实现了从单一运用专项建设向专项检查与日常监管相结合；在监督方式上，强调事前审核、事中监控、事后绩效评价的全过程的监管。

5. 2013年至今的财政监督：现代财政体系

党的十八届三中全会报告中提出"建立现代财政制度"，并明确"落实税收法定"，因此，公共财政监督在国家治理中扮演起更为重要的角色。2014年财政部启动专员办转型工作，推动监督工作与财政主体业务深度融合，实现对预算管理范围和流程的全覆盖，如"小金库"专项治理、新能源企业补

---

① 这一时期，我国财政监督制度建设得到了全面发展，颁布和修订了一系列重要的法律制度，形成了以《预算法》《会计法》《注册会计师法》《税收征收管理法》《行政处罚法》《行政复议法》《财政违法行为处罚处分条例》等国家法律和行政法规为基础，以《中央本级基本支出预算管理办法》《中央本级项目支出预算管理办法》《中央部门预算支出绩效考评管理办法（试行）》《中央单位国库管理制度改革实单资金支付管理办法》《中央预算单位银行账户管理暂行办法》《财政部对中央支出资金实施监督的暂行规定》《财政部门实施会计监督办法》等规章制度为主干的财政监督法律体系。一些省市也相继出台了财政监督条例和财政监督检查办法，以省长令和省政府文件的形式发布了有关财政监督的地方政府规章。

助资金专项检查、财政扶贫资金专项检查、非税收入收缴专项检查，甚至对中央部门财经纪律执行情况检查等。① 因此，伴随现代财政体系日趋成型，我国的公共财政监督制度和体系更加规范和科学，专项检查更加精准，切实提升了财政监督水平。

这一时期，中国特色社会主义进入新时代，我国的财政体制改革上升到国家治理的新高度，与此同时，全面推进依法治国的一项重要任务就是实现财税法治，因此对财税监督体制改革提出的新的要求，财政监督实践也上了新的台阶。总体来看，新时期的财政监督成果显著：一是加强财政法制建设。为推进依法行政、依法理财，完善了《预算法》《财政违法行为处罚处分条例》等法律规范，制定了《财政部内部控制基本制度》《财政部领导干部经济责任审计实施办法》等规章制度。二是创新监督机制，加大监督力度。当前，财政监督工作机制的探索正处于最活跃时期，一些财政监督机构非常健全、设有省级财政监督派出机构的地区则以创新监督方式为切入点，积极推进财政监督机制建设。三是财政监督队伍的素质不断提高。地方各级财政监督机构的监督人员具有中高级专业职称的占相当比例，部分人员还考取了注册会计师、注册评估师、税务师、律师等资格证书。我国各级财政监督队伍的理论水平和业务能力不断提高，为新时期的财政监督工作提供了有力保障。

二、财政监督模式：从行政监督过渡为立法代议监督

所谓财政监督模式，具体是指特定的主体依照特定的规范或者惯例，进行财政监督的独有方式或者样态。如果按照惯习的"行政监督—立法监督"的二分法，则我国的财政监督模式还停留在苏联式的以行政监督为主的旧时代，而西方财政法治较为发达的国家，则将传承于英国议会的现代立法代议模式加以优化和改造，形成了在实际社会生活中更为高效与稳定的立法监督模式。但是需要强调指出，这种划分只是按照行政监督与立法监督何者在监督体系中居于主导地位，大略为之；严格来讲，几乎所有国家的财政监督模

---

① 参见郜进兴：《财政监督：伴随改革开放 40 年砥砺奋进》，载《中国财经报》2018 年 12 月 18 日。

式，都同时包含了行政与立法两方面的因素，这是同二者分别具有的不同属性，以及与这种属性差异相适应的、财政监督的不同场域所决定的，截然二分，不仅不可能，也不可欲。未来中国的财政监督模式变革，将采取何种最优道路，或是优先选择某种过渡方案，需要集合中国的客观情况，综合比较和审慎取舍现行财政监督的基本模式并在未来的具体实践中不断发展完善。

(一) 以行政监督为主的财政监督模式

1. 行政监督概述

行政监督是指对国家行政机关及其工作人员的行政管理活动依法所进行的监督，既包括国家行政机关内部上级行政机构对下级行政机构的监督、专业行政监督机构对其他行政机构和行政人员的监督、行政领导者对被领导者的监督和被领导者对领导者的监督，也包括行政机关以外的国家机关、政党组织、社会团体、大众媒介和公民对行政机关及其工作人员的行政管理活动依法所进行的监督。行政监督是对国家行政机关及其公务人员的行政行为是否遵从法律、规章进行检查，对行政管理过程及其结果进行监督，以防止和纠正管理中的偏差和失误，约束行政机关及其公务人员的行为，保证行政管理的顺利进行。现代行政法意义上的行政监督具有如下两大基本特征：

(1) 行政监督的实质在于限制政府行政权

权力是一种影响力和支配力，在行政关系中，行政权力往往占有优先性和强制性。掌握和行使行政权力的机关和人员在没有监督的情况之下就可能滥用自己的权力，作出损害公共利益和公民利益的行为，甚至给社会带来严重的后果与损失。为了对行政权力的运用进行有效的限制，同时督促行政管理机构与人员认真履行职责，按照行政规章和行政规范的要求开展工作，就必须对行政决策和行政执行两个环节进行监督。这两个环节分别是：其一，行政决策是否按照公共利益的要求进行，是否合理，是否合法，是否符合现代社会的要求；其二，行政执行活动的开展是否完全有效地符合行政决策的要求，是否能完成行政决策的既定目标和任务，而没有出现执行偏离目标的情况，这些都是现实行政管理中出现的基本问题。而之所以会出现这些问题，根源在于，行政机关和行政人员掌握了行政权力。

在历史上任何一个时期，公权力都是伴随国家的产生而产生的；而且在不同社会和国家形态下，公权力的存在都是有必要的，尤其是在现代社会，伴随着"福利国家""给付行政"的兴起，其已经不仅停留在"必要的恶"的阶段，而具备更多的积极属性。所以，在现代社会中，行政机关地位的重要性不断凸显，也正是在这个维度上，有学者称现代国家为"行政国家"。同时，"徒法不足以自行"，行政权的运作同样如此，行政机关的权力行使最终还是通过具体的工作人员来执行，而根据"理性人"假设，当行政机关工作人员掌握大量行政权力，而权力的行使既可以满足自身私利益、又可以实现社会整体的公利益时，即便公利益受益面更广、整体上较之前者更具有"优位性"，但仅就针对该工作人员个体（或"小集体"）而言，无疑还是会有更加强烈的实现私利益的内在驱动。当缺乏必要和有力的监督时，"损公利私"现象的大量出现，便可得而知。

从制度经济学的视角观之，权力本质上是一种资源，而正如瓦格纳定律所揭示出的，随着政府职能的膨胀，财政支出将随之呈现上升趋势。[①] 由此而论，权力既可以被合理地运用，来增加一国的公共利益供给、满足公共需要，比如各种形式的财政支出，本质上可以视作运用政府所掌握的财政权力来提供公共产品和公共服务、进而提升公共利益的过程；但与此同时，其也可以被不当攫取，从而"服务于"私人的利益，所谓"权钱交易"就是后一种形式的典型表现。这种"不当攫取"，既可能是行政机构人员的个体行为，也可能是部分行政机构的"集体行动"，为人诟病的"三公经费"居高不下现象，其实就是局部、甚至整体性的行政机构将本应用于纳税人、为提高其福利水平的公共财产，不当地使用在相对而言属于"小集体"的行政机关内部。我们大体上可以将这两种具体情形统称为权力的"非法行使"。此外，现实中还常见另一种情形，也即公权力的运作是低效率、甚至于无效率的，这既可能是因客观情势的不可预测、不可控制，导致事前较为合理的权力行使目的落空，也可能是由于行政机关在决策时的盲目、执行时的随意而导致这种结果，通常所说的"拍脑袋决策、拍屁股走人"讽刺的便是这种现象。对于前种情形，行政监督、乃至立法监督，都并无治本之效，仅可为者是避免损失的扩大，在某些国家某些领域推行的"绩效预算"制度，根据过往年度执行情况

---

① 参见张守文：《财税法疏议》，北京大学出版社2005年版，第62页。

的成本收益分析来作为今后年度项目决策时的依据,如果将跨年度的情形视为一个整体,实际上即有这里所谓"止损"之功用。行政监督最具能动作用的,主要在于控制决策盲目和执行随意这种情形,严格的内部控制,比如针对权力运作而设计的规范、制衡、监控机制,于此处有较大的用武之地。所以,行政监督作为典型的内部监督,其直接将掌握和运用行政权力的机构和人员作为监督对象,而外观上多表征为对前述机构和人员权力运作行为的限制。

(2) 行政监督的对象是行政管理机构及其人员与活动

行政监督的对象是行政管理机构及其工作人员,更确切地说,是对行政管理机构及其工作人员职务行为的合法性、合理性进行监督,而对非职务行为、纯粹私人事务不能进行行政监督。另外,行政监督的对象是行使行政权力的工作人员,而行政管理机构中的工勤人员则不在被监督的行列之内。关于我国财政监督的具体对象,根据我国现行财政管理体制和有关法律法规的规定,财政监督范围包括预算执行、税收征管与解缴、财务会计、国有资本金基础管理等方面,具体表现是:① 对本级各部门及下一级政府预算、决算的真实性、准确性、合法性进行审查稽核,并根据本级政府授权对下级政府预算执行情况进行监督;② 对本级各部门及其所属各单位的预算执行情况及预算外资金收取、管理和使用情况进行监督;③ 对本级预算收入征收部门征收、退付预算收入情况,本级国库办理预算收入的收纳、划分、留解、退付和预算支出的拨付情况进行监督;④ 对本级财政资金的使用效益情况进行监督;⑤ 对国有资本金基础管理及国家基本建设项目预算执行情况进行监督;⑥ 对会计信息质量和社会审计机构贯彻执行财税政策、法律法规情况及其在执业活动中的公正性、合法性进行监督。

2. 当下的中国模式:行政监督体制

在以行政监督为主的财政监督的语境下,依法实施财政监督是财政部门、财政监督专职机构和财政业务管理机构的共同职责。财政监督专职机构是指财政部门专司财政监督职责的机构,财政监督专职机构是从监督的角度参与财政管理,与财政业务管理相互协调,履行财政监督职责,实现财政监督目标。目前我国的财政监督制度在结构上形成了以法律、行政法规、地方性法规和规章为主体的三个层次。在法律层面,尽管目前没有专门的《财政监督法》等上位法律，但是在《监督法》《监察法》《预算法》《税收征收管理法》《政府采购法》《会计法》等制度中都涉及财政监督的有关内容；在行政法规的层面，包括《预算法实施条例》《企业所得税法实施条例》《个人所得税法实施条例》《财政违法行为处罚处分条例》等；在地方性法规层面，《湖南省财政监督条例》是全国首部由省级人大正式通过的财政监督地方性立法，此外还有《西藏自治区预算审查监督条例》《陕西省预算审查监督条例》《广东省预算审批监督条例》《四川省预算审查监督条例》等地方性的财政监督法规；在规章层面，财政部颁布了《财政监督检查案件移送办法》《财政部门监督办法》《资产评估行业财政监督管理办法》等。

我国的财政管理体制遵循"一级政府一级财政"的原则，因此财政监督机构也按照上述原则设置，可以分为中央财政监督专职机构与地方财政监督专职机构。新中国成立至今七十余年的历史进程之中，我国的财政监督专职机构经历了建立和中止的反复过程。1994年分税制改革以来，我国财政监督专职机构逐步得到恢复和健全。在分税制改革中，财政部在各省、自治区（西藏除外）、直辖市、计划单列市成立了财政监察专员办事处，大多数地方财政部门也相继成立了财政监督专职机构。这标志着我国的财政监督专职机构形成了从中央到地方的纵向多层次、横向相关联，既能独立运作，又可协调运行的财政监督专职机构体系。中央财政监督专职机构主要包括财政部监督检查局和财政部驻各地监察专员办事机构。地方财政监督专职机构主要是指省、市、县等各级财政部门设立的财政监督专职机构。

就监督方式而言，根据不同的标准，财政行政机关的财政监督可以划分为多种类型，如现场监督与非现场监督；日常监督与专项监督；事前监督、事中监督与事后监督；合规监督与绩效监督等。现分别列举并阐释。

（1）现场监督与非现场监督。根据监督地点的不同，可以分为现场监督和非现场监督。这种分类的意义在于监督主体实施相关行为时的空间位置。在现场监督中，财政部门派出执行监督职责的人员到监督对象的办公所在地，通过查看有关资料和实务、听取有关人员的介绍和汇报、盘点相关资产等方法，评估监督对象在执行财政法律制度过程中的合法性，并对其管理和使用财政资金的行为是否合法给出结论。非现场监督是实施监督的工作人员不到监督对象工作现场，而是通过审阅监督对象报送的有关资料，如会计报表、资金使用情况汇报等,通过分析和测算来对其管理和使用财政资金的行为进行监控。一般而言,现场监督与非现场监督是结合进行的,二者不能相互替代。对于一个监督对象往往会交替使用现场监督和非现场监督的方式。①

(2) 日常监督与专项监督。根据监督项目的性质差异,可以分为日常监督和专项监督。日常监督是财政部门在日常的财政管理工作中实施的监督,它评估的是监督对象持续性的行为,如预算资金的日常管理、使用、程序等方面行为。由于日常监督覆盖了预算单位管理和使用财政资金的全过程,因此它是一种最基础的监督方式,其他监督工作的开展往往依赖日常监督。专项监督是财政部门对监督工作中发现的重大和集中性问题,进行有计划、有组织的针对性监督活动。

专项监督是在日常监督发现问题的基础上,集中对全体监督对象的特定问题所进行的监督,目的在于对发现的问题进行统一的查处和纠正。②

(3) 事前监督、事中监督与事后监督。根据监督所介入财政事项的不同进度,可以分为事前监督、事中监督和事后监督。事前监督是在有关财政事项尚未实施时,预先对其所涉及的行为的合法性进行审查,其目的在于预防该事项中可能存在的违法行为,属于预防性的监督措施。如财政部门对申请使用财政资金的单位进行审查和前期评估、举行听证等。事中监督是对正在进行、尚未完结的财政事项进行的监督,其主要作用是对事项过程的控制,发现可能存在的违法行为并予以纠正。如财政部门对拨付的财政资金的使用情况进行跟踪监督。事后监督是针对已经完结的财政事项所经历的过程和形成的结果进行审查、评价,目的在于评估各单位在办理有关财政事项时是否严格执行了财经法律法规。值得指出的是,事前监督、事中监督和事后监督并非完全运用于某一财政事项,而是根据实际情况来选择适用的。

(4) 合规监督与绩效监督。根据监督所要达到目的的不同标准,可以分为合规监督与绩效监督。合规监督所要达到的目的是看财政事项在实体和程序上是否符合国家有关财经法律法规、财政政策和纪律等,是一种较低的目的标准。例如,单位内部控制制度是否完整、会计信息是否真实等。绩效监

---

① 参见王晟:《财政监督理论探索与制度设计研究》(第二版),经济管理出版社2013年版,第77页。
② 同上书,第78—79页。

督是对预算单位使用财政资金在合规性的基础上进行效果评估,通过科学分析与测算,看资金使用是否达到效益最大化。绩效监督是一种比合规监督标准更高的监督类型,不仅审查合法性,更要审查合理性与有效性。

(二) 以立法代议监督为主的财政监督模式

享有监督权对于权力机关来说具有实质性的意义。从历史发展来看,预算审查是世界各国议会最主要的职权和工作之一。议会的财政监督权直接来源于议会的预算批准权。谁要求预算权,就不会也不能放弃监督的权力。否则它就有失去这两种权力的危险,政府拥有财政预算的编制权与执行权,虽然可以保证政府活动之有效运行,但是政府及其公职人员亦可能因此而违反财政预算及财经法规纪律,滥用其财政权力侵害公民的财产权,破坏经济繁荣与社会稳定的基础。故而,在确保民主选举产生的代议机关有财政预决算的审议权与批准权之同时,还必须使其拥有相应的监督权。

1. 立法代议监督的基本模式

在立法代议监督模式中,预算监督权的主体具有特定性,通常主要是立法机关。由于主体上的特殊性,因此议会预算监督权相对于其他主体享有的监督权来说,具有更高的法律效力。议会的预算监督权力作为一项具有法律效力的国家性监督权力,它超越于任何其他机关,如行政机关、司法机关对预算实施的监督权。税收国家理论和公共财政理论存在这样一个共识:财政收入来源于纳税人对财产的让渡,国家应当有效运用财政资金。对于社会公民来说,议会成为监督财政资金运用的权力享有者;对整个国家来说,预算资金使用的实效直接关系整个国家日常行政事务的处理、公共物品的提供状况甚至是国家经济的运行和发展,因此,议会对于财政资金运行的监管,也在很大程度上影响整个国家的发展方向。由于议会预算监督权的对象是财政资金,而财政资金具有如此重要的影响,因此议会预算监督权是一项权力,同时也意味着较重的法律义务。概言之,议会预算监督权是一项法定职权。

2. 相对成熟的经验:立法财政监督

回顾议会的发展进程,监督权是伴随着各国议会的产生就享有的一项职权。代议机关是财政预算的权威议决机构,也是最能履行财政监督职能、直至追究政府违法责任的政治权威机构,唯有它才能对于政府的财政收支行为组织最有效能的监督。而在人类社会宪治制度的发展历史过程中,对政府预算法案的审议及控制权,曾经是代议机关所取得的第一项最为重要的权力。正是凭借于这项权力,英国民选的代议机关才逐步取得了对于政府的全面控制与支配地位,公共财政才得以成为名副其实的民主财政,政府才得以成为名副其实的责任制政府。因此,即使在现代社会,代议机关的财政监督依然是最具有权威性、实效性的监督方式。

(三) 我国实践中目前存在的问题

在一般行政法基本原理中,行政监督在现代国家治理之中有着极为重要的作用。这种重要作用表现在以下两个方面:一方面加强行政监督是防止行政权力被滥用的一项十分有效的措施。行政权力是一种公权力,是公众赋予行政管理人员的,为公共利益服务的权力。但在实际过程中,权力的使用可能出现扭曲。[①] 而杜绝这种情况的重要办法就是进行行政监督,对行政权力的范围、行使程序、行使结果进行全流程的监督,防止行政权力异化的可能。因此,行政监督的开展有利于建设一个"廉洁、高效、勤政、务实、责任"的政府。另一方面加强行政监督有利于提高行政效率。对于行政管理机构本身来说,行政监督可以减少行政行为中可能出现的失误和违法乱纪现象,从而避免错误决策给行政管理机构和社会带来的负面影响。行政决策效率和质量的提高,必然有助于提高整个行政系统的效率。[②] 但是,这种种的理想图景却恰恰和我国财政行政监督领域的现实形成了强烈的对比。我国目前财政监督实践中存在的最大问题是,财政行政监督疲软、效率低下,与此同时,全国人大权力谱系之中的监督权却并没有覆盖到公共财政领域,具体问题有如下方面:

[①] 一方面,可能由于失误和大意,造成行政管理过程和行政行为中的失误,对行政管理工作和国家、社会、公民个人带来损失和伤害;另一方面,由于行政管理人员私欲的膨胀,可能滥用行政权力,使权力演化成个人或小集团谋私的工具,滋生腐败行为。

[②] 比如,对行政执行环节的监督,可以及时发现行政执行中的失误和偏差,督促各部门采取相关措施,及时进行改进和纠正,防止错误的蔓延。还可以通过行政监督对行政人员的工作和行为进行一定的考核与测评,帮助行政管理机构总结经验教训,改进工作,促使行政人员发现自身的问题,提高自身的素质,更有效、高效地完成行政任务。当然,行政监督也能够使行政权力的使用更加科学与合理,更能为公共利益服务,这些都能有利于行政效率的提高。

1. 范围：覆盖面有限

财政监督应当覆盖整个公共财政的范围，但是目前我国的财政监督的范围主要集中在国家机关对国有企业和事业单位本身的财政性资金的管理和使用。《企业国有资产法》第 63 条规定，各级人民代表大会常务委员会通过听取和审议本级人民政府履行出资人职责的情况和国有资产监督管理情况的专项工作报告，组织对本法实施情况的执法检查等，依法行使监督职权。第 64 条规定，国务院和地方人民政府应当对其授权履行出资人职责的机构履行职责的情况进行监督。第 65 条规定，国务院和地方人民政府审计机关依照《中华人民共和国审计法》的规定，对国有资本经营预算的执行情况和属于审计监督对象的国家出资企业进行审计监督。但是实践中对企业的财政监督仍然存在较大的空白。而且，即便是在国家机关层面，行政监督也没有覆盖完全。此前现实中大量存在的"小金库"现象就是典型表现。早在 1995 年，财政部、审计署和中国人民银行就发布了《关于清理检查"小金库"的具体规定的通知》，将"违反国家财经法规及其他有关规定，侵占、截留国家和单位收入，未列入本单位财务会计部门账内或未纳入预算管理，私存私放的各项资金"都作为"小金库"，要求清理整顿，但是直到现在，各机关、各单位的"小金库"在数量和规模上仍然惊人。正如该《通知》所言，"小金库"的资金未列入会计账内、也未纳入预算管理，其存在彰显出现行行政监督在范围上的局限性。此外，地方财政监督的范围也不明确。地方财政监督机构的工作没有得到地方政府的根本认同，导致监督工作开展范围受到限制，特别是对于政府采购支出、转移支付资金等很少涉及财政监督，这些领域也是资金使用不规范甚至财政腐败的重灾区。

2. 方式：缺乏规范性

从理论上讲，行政监督应当是一种依法进行的政府行为，行政监督不是任意开展的活动，而是有法可依、依法实行的法定行为。首先，我国 1993 年颁布实行的《国家公务员暂行条例》就含有对国家公务人员进行监督和管理的具体内容，以"考核制度"为主要代表。为了加强监察工作，保证政令畅通，维护行政纪律，促进廉政建设，改善行政管理，提高行政效能，根据宪法，我国 1997 年制定并颁布了《行政监察法》，该法详细规定了我国行政监察的主体、职责、权限、程序和法律责任，是我国行政监督的重要法律文件。

1998年又颁布了《监察机关审理政纪案件的暂行办法》等部门规章与相关规定。监察机关和人员依法对行政监督对象进行监察活动，这是建设法治政府的一个重要环节和应有之举。然而可惜的是，一方面这些法律、法规本身规定得比较原则，在"宜粗不宜细"的思想指引下，原则性的规定很难在现实的行政监督实践中落地生根；另一方面，行政机关往往将行政监督视为"内部的事"，没有清晰地认识到其影响和涉及面之广，从而在很多时候没有严格按照法律规定执行，"有法不依"，随意性比较大。

不可否认的是，现在部分行政机关及其工作人员还是存在一种思维上的误区，也就是将法律、法规作为"管理老百姓的工具"，这是和我国长期以来的计划经济实践以及与该种经济形式相适应的"管理思维"一脉相承的，在这种不正确的思维指引下，自然会产生"不必用法律、法规来约束行政机关自己"的错误认识。具体到行政监督问题上，就是经常通过内部规范性文件的形式"部署"监督工作，当出现社会影响大、舆论压力大等"严重情形"时，行政监督的力度往往会加大，而在常态情形时，则不时会出现"流于形式"的现象。具体讲来，由于我国的财政部门隶属于政府，财政监督工作也是在政府的统一领导下开展，一个重要表现即是统一部署下的专项监督较多，而日常监督比较薄弱。在具体财政事项上，发生违法行为之后的事后监督多，而事前监督和事中监督较少。这极容易导致出了问题，财政监督机构才进行事后补救和追责，并没有做到防患于未然，降低了财政监督的成效。

3. 手段：强制力弱化

由于受到职权所限，财政部门在行使财政监督权的过程中对于发现的违法违纪案件往往只能作出对该事项的处理，如责令限期改正或者罚款等，对于实施该违法行为的主体却没有处理的权限，只能建议或者移交有关部门处理。这种在处理方式上"对事不对人"的做法实际上削弱了财政监督的权威性和震慑力，对财政违法行为也是治标不治本。在一般行政法原理上，行政监督的主体具有广泛性，既包括行政机关内部的监督主体，也包括行政机关外部的监督主体。[①] 与此同时，行政监督本质上属于同体监督和内部监督，在中国这样一个"人情社会"，行政监督中的监督者和被监督者往往属于"抬

---

① 参见翁岳生：《行政法》，中国法制出版社2009年版，第544页。

头不见低头见"的熟人,而严格执行监督可能给监督者本人带来的"利益"是较为间接和有限的,这也从另一个角度使现实中的行政监督手段在很多时候呈现出弱化、表面化的特征。另外,财政运行的信息传递不畅和透明度低,特别是在财政系统内部没有实现信息全面共享,也导致了行政监督的技术性要求尚未达到较为理想的水平。①

4. 组织:体系不完善

监督体系的不完善,可以概括为两方面:一是监督的"缺位",也就是应该监督、甚至是重点监督的场域却不为监督组织所覆盖;二是监督的"冲突",也就是在同一事项上存在"多头监管",出现"九龙治水"最终均监督失效的现象。就前者而言,目前不少地方的财政监督专职机构的人员配备存在较大空缺,现有的人员配备不足以有力地实现行政监督;此外,专门监督机构在涉及财政领域的事项监督中又缺乏一定的专业性。就后者而言,机构监督职能较为宽泛,财政监督与监察机关的职责分工也不够明确,存在多头监督、重复监督和监督空白的现象;并且在监督计划上不能相互衔接、信息无法共享,检查结论有时难以相互印证,造成监督效率整体低下。具体来讲,在监察体系中,各级监察委员会及其派出机构是针对行政系统的监督主体。在我国,国家监察委员会是最高监察机关,由全国人民代表大会产生,对全国人民代表大会及其常务委员会负责,并接受其监督。另外,各级监察委员会可以向本级中国共产党机关、国家机关、法律法规授权或者委托管理公共事务的组织和单位以及所管辖的行政区域、国有企业等派驻或者派出监察机构、监察专员。派驻或者派出的监察机构、监察专员根据授权,按照管理权限依法对公职人员进行监督,提出监察建议,依法对公职人员进行调查、处置。囿于专业性与技术性比较强的财政预算问题形成的"专业槽",两体系各司其职的时候,前者由于不懂专业而很可能将本应深入进行的监督流于形式,后者则可能基于自身部门利益怠于监督。这种组织体系上的不完善也在一定程度上导致了财政监督效率上的低下。

5. 运行:财权太分散

2001年之前我国的财政账户是多重账户分散进行,有很多的弊端。重复

---

① 参见何振一:《财政内部制衡理论与实践的探索》,载《财政监督》2006年第8期。

和分散设置账户,导致财政资金活动透明度不高,不利于对其实施有效管理和全面监督;财政收支信息反馈迟缓,难以及时为预算编制、执行分析和宏观经济调控提供准确依据;财政资金入库时间延滞,收入退库不规范,大量资金经常滞留在预算单位,降低了使用效率;财政资金使用缺乏事前监督,截留、挤占、挪用等问题时有发生,甚至出现腐败现象。而不少国家采用"国库单一账户"的财政管理制度,每一级政府均拥有独立的财政权和财务管理权,亦由此而设立一个独立的国库账户,而每一个职能机关作为财政支出机构,其所有的财务开支都必须经由本级政府的单一国库账户予以办理。因此,2001年《财政国库管理制度改革试点方案》要求必须对财政国库管理制度进行改革,逐步建立和完善以国库单一账户体系为基础、资金拨付以国库集中收付为主要形式的财政国库管理制度。2011年,财政部发布《关于进一步加强和规范财政资金管理的通知》,对国库管理提出了进一步要求,包括:进一步优化非税收入收缴流程,深化完善国库集中支付改革,严格规范财政专户和预算单位银行账户管理。目前,虽然经过不断清理,我国仍然存在大量的财政专户,国库集中支付的难度不小,也严重威胁财政资金的安全,降低了资金使用的效率。2021年,国务院《关于进一步深化预算管理制度改革的意见》指出,要优化国库集中收付管理。对政府全部收入和支出实行国库集中收付管理。完善国库集中支付控制体系和集中校验机制,实行全流程电子支付,优化预算支出审核流程,全面提升资金支付效率。根据预算收入进度和资金调度需要等,合理安排国债、地方政府债券的发行规模和节奏,节省资金成本。优化国债品种期限结构,发挥国债收益率曲线定价基准作用。完善财政收支和国库现金流量预测体系,建立健全库款风险预警机制,统筹协调国库库款管理、政府债券发行与国库现金运作。国库集中支付制度改革是一项复杂的系统工程,我国国库集中支付制度改革仍然有待进一步完善和推进。

(四)完善我国立法代议监督运行机制的可能思路

通常来说,可以将全国人大及其常委会的权能归纳为四大类:立法权、重大事项决定权、任免权和监督权。在监督权之中,财政领域的监督权更是议会最先获得的权力。正是围绕"钱袋子"的权力,才逐步构筑了议会的其他职权并且形成了宪治体制。立法机关的财政监督权,主要表现为预算监督,但又不限于此一项。在现代社会，尽管政府主宰着国家的日常管理，但是议会控制了财政收支，使得政府不能恣意行事，这是民主政治的精髓，也是人类社会政治文明的表现。① 尤其是在中国特色社会主义法律体系初步建成的当下，适时强化人大在财政监督方面的权限，既有必要性，也具现实紧迫性。

1. 固化：人大设置专门审计委员会

监督的第一特性，就是其独立性，因为独立性是监督的源泉，审计监督也应如此。从比较法的角度看，世界各法治发达国家一般通过在宪法文本中规定最高审计机关负责人的产生方式、任职资格、任期、免职、薪俸、兼职禁止等制度，保障最高审计机关负责人的独立地位。② 审计监督基于审计机关在一国治理体系中地位的不同而有三种模式：立法型国家审计机关，又称议会型国家审计机关，该种模式下国家审计机关由议会领导向议会报告工作，不受行政当局的控制和干预，发达国家中如美国、加拿大、英国、澳大利亚，发展中国家如埃及、乌拉圭、土耳其、阿拉伯联合酋长国等，都属于这一类型③；行政型国家审计机关，此种模式下国家审计机关隶属于政府，是其一个部门，对政府负责、向政府报告工作，瑞典、瑞士、波兰等国基本可以纳入这一模式项下；司法型国家审计机关，最突出的特征是审计机关不仅具有审计职能，还具有一定的司法权限，法国、意大利等国的审计法院是这种模式的典型代表；独立型国家审计机关，德国是这种模式的典型，其设立了联邦审计院，独立于立法、司法和行政部门之外，直接对法律负责，从这个意义上讲，其比较接近于立法型模式，可算作该模式的一个"变种"。横向比较，这四种模式分别和各国国情相适应，并不能绝对地评判孰优孰劣，但是从审计监督的有效性来讲，行政型模式因其与政府机关的联系紧密，在制度规范较为健全、依法行政蔚然成风的背景下，审计机关能因其更加"近距离"地接触政府的财政行为，在信息获取方面更为便利，从而使审计监督的成效得以彰显；但是，如果制度规范健全、法治意识贯穿行政行为等条件不具备的情况下，这种模式可能因其系"内部人监督"而效力不彰。

---

① 刘剑文：《强国之道——财税法治的破与立》，社会科学文献出版社2013年版，第128页。
② 张献勇：《最高审计机关负责人独立地位的立宪保障——一个宪法文本分析的视角》，载《财贸研究》2008年第3期。
③ 参见周守才：《世界各国国家审计机关的基本模式》，载《湖北审计》1994年第3期。

我国《审计法》第8条规定：省、自治区、直辖市、设区的市、自治州、县、自治县、不设区的市、市辖区的人民政府的审计机关，分别在省长、自治区主席、市长、州长、县长、区长和上一级审计机关的领导下，负责本行政区域内的审计工作。也即我国采行典型的行政型审计模式，实行双重领导体制，对本级人民政府和上一级审计机关负责并报告工作，审计业务以上级审计机关领导为主。在这种体制安排下，审计监督机构设在政府内部，隶属于同级政府，其人、财、物均掌握在同级政府之手，而当前我国的行政法治程度尚难言乐观，因此审计机关很难果断有效、充分地行使其监督的职能。事实上，恰如"法制"与"法治"的一个重要区别在于前者将法律作为一种工具而非目的，以及作为管理而非治理的手段，我国目前的审计监督多少也体现出这种类似"法制"的色彩，易言之，因为审计机关隶属于政府，所以很多时候审计监督的强度和方向是"服务于"政府特定的"施政安排"的，运动式的审计监督（如"审计风暴"）虽然时而让观者有"脍炙人口"之感，但终究只是治标不治本，审计监督成为一种形式主义的安排。

有鉴于此，我国可借鉴西方发达国家的成功经验，设立相对行政机关独立的审计监督机构。考虑到司法型和独立型审计模式在我国现阶段尚难以建立，立法型审计模式应当是较优的制度选择。具体来说，就是在全国人大的内部增设审计委员会，对财政预算的执行和经济管理的效益性进行专门监督，审计委员会直接对全国人大负责并受其监督，全国人大闭会期间接受全国人大常委会的领导。至于现设在政府内的审计机构可以继续保留。政府内的审计机构负责具体的审计和监控，人大内的审计机构负责宏观的审计和监控，同时对政府内的审计机关的审计行为进行监督。这种内部与外部监督并重的双重的审计监督体制，在西方发达国家就有先例。如加拿大的内部监督与控制由财政委员会下属的总审计署具体执行，外部监督与控制由议会的审计委员会负责执行；澳大利亚的内部控制则在财政部统一制定的标准下，由各部部长具体负责，外部控制由澳大利亚议会的国家审计办公室负责；英国的内部控制由其财政部内部控制办公室负责，外部则由国家的审计署负责。

2. 优化：人大进行预算监督的程序

立法机关进行预算监督，应当做广义理解，整个立法机关参与预算编制、审批、执行和调整的过程，都是在进行预算监督的表现；而不能过于狭义地将其仅仅理解为议会对政府预算执行行为的监督。事实上，预算编制、审批、执行和调整的整个过程中，程序如何设计、如何保证立法机关适当和有效地"在场"，是立法监督成败得失之关键所系。

就预算编制程序而言，我国《预算法》仍然保留了较大的解释空间。在实践中，我国采取的一般是"两上两下"的编制程序，即通过"下达预算编制通知、提出要求——单位编制预算汇总审核上报——汇总审核概算并反馈——上报汇总议定成案"的方式完成每一个年度的预算案。[①] 该方案与我国现有行政运作程序较为一致，但由于没有考虑到预算编制相较其他公务事项的特殊性，没有另行规定提交的具体时限和反馈方式、要素，也没有专项工作部门或者小组负责，进而难以形成全口径的预算案，从而也就使得预算监督存在较多的"灰色空间"。相较而言，世界上大多数发达国家从开始编制预算到完成决算大约耗时30个月，预算编制一般用时12个月，有的甚至长达18个月[②]，并往往采取总体筹划、中程推估等方式，预算案的成型过程更为成熟和科学。人大通过预算活动进行财政监督，首要前提在于预算本身的完整、成熟和科学，从而使其能够相对客观、准确地反映政府的财政行为，但是我国在较长一段时期内预算编制粗糙，何谈通过人大审批预算进行有效的财政监督？

而对于预算审批，目前采取的"大会全体审议——分小组审议——专门委员会审查——大会全体表决"的方式既注意到了整体又注意到了个体，既有不同地区的审查，又照顾到了各专门委员会的专业化审查，不失为较好的审议框架；同时，随着人大预算权越来越受到重视，审议期间发放到每位人大代表手中的预算材料也越来越丰富。[③] 然而，对于如此卷帙浩繁的预算案，现行预算审批仍然主要采取的是综合审批模式，虽然简化了程序，但将导致"要么全部通过，要么全部不通过"的结果，这种非此即彼的选择弱化了人大

---

① 参见王永礼：《我国大陆与台港澳地区预算法律制度比较》，经济科学出版社2010年版，第95页。

② 叶姗：《前置性问题和核心规则研究：基于"中改"〈中华人民共和国预算法〉的思路》，载《法商研究》2010年第4期。

③ 比如，2009年至少包括4大本预算材料，分别是预算报告、预算说明册、图表册和中央部门预算册等；而自2014年开始，还新增了更为详细的、近200页厚的《政府预算解读（2014）》彩图版书籍，这都有利于做实人大预算监督权。

预算审批的科学性，让预算成为一种政治冒险而不是精心计划。从修法角度考虑，设立人大的预算修改权或者将综合审批改为分项审批可以避免该风险，但是同样面临着实践上的困难。然而，多样化、实质化的审批过程是预算公开的必然趋势和要求，也是保障预算公平的发展方向。所以，在人大预算监督实践中可借鉴该思路进行大胆尝试，例如让更多人大代表参与到预算的讨论、修改和批判中，不失为做实预算权的创新之举。① 审批只是一个手段，通过审批彰显出对政府财政行为的监督和控制，方是题中应有之义。

此外，尚有若干显得较为"微观"的程序性制度安排，其实也深刻影响到人大预算监督权的实践成效。鉴于 2014 年 8 月我国《预算法》进行了修改，并于 2018 年对各级政府财政部门的财政监督职责进行微调，短期内再次修改不现实，但是作为问题提炼出来，仍然是有意义的。比如，一直以来多有学者建议调整预算年度，也即根据我国"两会"都在 1 月至 4 月之间召开的实际，将传统的预算年度历年制改为跨年制，即当年 5 月至翌年 4 月，以解决预算执行时间与预算审批时间不同步，间隔期内先执行、后审批的问题，设定科学有效的法定审查时间。要想保证全国人大财政监督审查的效果，就要首先保证初审和全国人民代表大会审议的时间，并且建立与其相配套的操作程序。比如，可以在全国人民代表大会审议前的一个法定时间（一至三个月内），政府财政部门应该向财经委以及人大代表提交预算执行情况的报告和预算草案的主要内容，防止审查前几天匆忙地提交草案，仓促地审查完毕并进行表决，要为全国人大代表能够充分审查草案提供时间保证，并且规定，在提交草案的同时，要向审查人员提供必要的参考资料和详尽的说明，为代表们全面地了解、分析与草案通过提供充分的准备条件。

3. 强化：人大在预算权配置中的地位

预算是政府财政行为的核心，其决定了政府财政支出的方向和力度，据此又可以实现立法机关对政府行为的监督。因此，预算权配置的文本和实践影响和决定了一国预算监督、乃至财政监督整体的有效性。就中国的情况而言，人大对政府的预算监督，力度有限、成效不彰。从根本上讲，这是同赋

---

① 侯卓、胡瑞琪：《创制与延展：〈预算法〉实施若干配套制度的思考》，载《学习与实践》2014 年第 7 期。

予人大的预算监督权力，以及相应的机构建制不甚合理，直接联系的。

目前，全国人大设立的专门委员会中，并没有预算委员会，而只是在常委会中设立有预算工作委员会，其法律地位和权威性远远不能适应目前预算审查监督的需要。因此，我们建议在人大设立预算委员会，作为全国人民代表大会的专门委员会之一，其基本定位应当是常设、专门的预算管理监督机构。就主体职责而言，预算工作委员会的主要职责是对政府预算及其调整方案进行初审，并向人大常委会和人大提出意见报告，原设在人大常委会之下的预算工作委员会，可相应作为预算委员会的工作机构，向人大预算委员会提供独立的预算和经济信息来源，负责人大预算委员会的具体工作。至于人大内的财经委员会可继续保留，专门研究或拟订国家或地方经济、社会发展规划，有关财经方面的法律、法规及方针政策等。现人大财经委的有关预算审批、监督的职能，则划归新增设的预算委员会，这样，两者职责分明，各司其职，以便它们集中精力处理各自应有的工作。两者分设，也符合当代议会分工议事的潮流。

在2014年《预算法》进行修改的立法进程中，有专家学者提出设立人大预算委员会，但是并未被采纳。实际上，对人大专门机构设置进行调整，属于宪法问题，虽然预算法向来有"财政宪法"之誉，但要想在本次修法中实现这一重大建制，可能性不大。考察专家们前述意见的出发点，无非是为强化人大在预算权配置中的地位，真正做实预算监督。那么从这个角度来讲，新《预算法》作出了积极的制度建设。值得关注的是，合理定位预算初审机构（全国人大财政经济委员会和地方人大"有关专门委员会"），并赋予相应职权。

以全国人大财经委的相关职责为例，《预算法》第22条规定：全国人民代表大会财政经济委员会对中央预算草案初步方案及上一年预算执行情况、中央预算调整初步方案和中央决算草案进行初步审查，提出初步审查意见……全国人民代表大会常务委员会和省、自治区、直辖市、设区的市、自治州人民代表大会常务委员会有关工作机构，依照本级人民代表大会常务委员会的决定，协助本级人民代表大会财政经济委员会或者有关专门委员会承担审查预算草案、预算调整方案、决算草案和监督预算执行等方面的具体工作。第44条规定：国务院财政部门应当在每年全国人民代表大会会议举行的45日前，将中央预算草案的初步方案提交全国人民代表大会财政经济委员会进行初步审查……第49条规定：全国人民代表大会财政经济委员会向全国人民代表大会主席团提出关于中央和地方预算草案及中央和地方预算执行情况的审查结果报告。以上都是通过合理定位和赋权财政经济委员会，以强化人大在预算权配置中的地位，进而更好实现人大的预算监督。

需要指出的是，讨论立法代议监督如何完善，并不是绝对地排斥行政监督。在专业性、及时性和信息获取的有效性方面，行政监督仍然有其合理性，不能一概否定。目前有学者对传统的代议制理论框架进行反思，该理论认为惟有立法机关表达人民的意志，而行政机关则被视为立法机关的执行者，它只是忠实地执行立法机关的指令，没有自身独立的意志。正是由于这忠实的服从，立法机关的民主合法性，就传递给了行政机关。同时，司法审查起到辅助作用，确保行政机关对私人的制裁是民选立法机关的意志，从而使得管制权力的行使合法化。这被称为行政行为正当性的"传送带"模式。[①]

学者们对此进行反思，认为随着市场经济的发展和社会的日益复杂化，行政的领域日益扩展，非专业的立法机关的管制能力日益不足以应对多元社会需要。在这样的条件下，立法赋予行政机关的自由裁量权也越来越大。在立法限制日益宽松的前提下，要符合形式的合法性变得越来越容易，但这种形式合法性也就日益无法保证其实质上的合法性。[②] 这里虽然针对的是行政行为正当性的问题，但在讨论行政监督和立法监督题域上或可借鉴。行政行为在很多具体事项上的专业性，使得立法机关的监督即便"勤勉"，也可能陷于"低效"的境地。因此，行政监督仍然具有补足的功用，而且，通过公众参与等制度的导入，行政监督或能在新形势下焕发新的活力，发挥更大的作用。只是在中国现阶段，对于立法监督的强化，应当是第一位的，这仍然需要强调。

三、财政监督对象：从单向支出监督转换为收支管理监督

在宏观的基本面上，财政监督的对象问题也是影响一国财政运行的重要

[①] 参见〔美〕理查德·B. 斯图尔特：《美国行政法的重构》，沈岿译，商务印书馆2002年版，第10页。

[②] 参见王锡锌、章永乐：《我国行政决策模式之转型——从管理主义模式到参与式治理模式》，载《法商研究》2010年第5期。

制度因素。有学者进行的实证研究揭示出：由于我国的财政收入和财政支出之间不存在显著的相互促进效应，引起我国的财政收支失调。我国收支失调主要表现在收支整体失衡，依靠高税收和高债务支撑着大量的经常性支出和质量欠佳的资本项目支出。要解决政府收支失调的问题，关键是要研究如何增加财政收入，当政府支出增长不能显著促进财政收入增长的时候，则应当考虑减税型的积极财政政策。我国的财政政策更多地关注财政支出对经济增长的促进作用，而减税作为一种很好的积极政策并未被有效使用。[①] 在微观的实践中，对于财政监督的对象，我国实践中的做法一般是更加侧重于财政的单向支出监督，而忽视了监督的另一个重要面向——财政收入监督。这种倾向导致在实践中引发一系列结构性的弊病。本部分以我国目前侧重单向支出监督的实践及其弊病为考量的切入点，结合现实的对于财政收入监督的强烈需求，提供我国财政监督对象从单向支出监督向收支管理监督转换的方案。

（一）我国实践中的财政监督对象及其流弊

财政收入的正常秩序是一国经济保持健康发展的重要前提与基本要件，在此意义上，财政收入监督是我国财政收入有效征收的必要保证。我国的财政收入可以分为税收收入和非税财政性收入，财政收入监督不等同于收入征收机关或者征收部门对于收入的监管，而是财务部门对于税务征收机关和收缴财政性资金的部门征管质量的再监督。由于财政支出是与财政收入相对的一个范畴，财政收入是财政支出的基础，有了财政收入才能进行财政支出。在此意义上，财政收入不是目的，而是一个过程，一种手段，是一种取得收入进而满足社会公共需求的手段。

1. 财政支出监督的概念

财政支出也称公共财政支出，是指在市场经济条件下，政府为提供公共产品和服务，满足社会共同需要而进行的财政资金的支付。[②] 因此，我们可以发现，在实质上，财政支出是一级政府为实现其职能对财政资金进行的再分配，属于财政资金分配的第二阶段。国家集中的财政收入只有按照行政及社

[①] 参见许雄奇、朱秋白：《我国财政收入与财政支出关系的实证研究》，载《财经研究》2004年第3期。

[②] 参见刘剑文主编：《财税法学》（第四版），高等教育出版社2012年版，第59页。

会事业计划、国民经济发展需要进行统筹安排运用,才能为国家完成各项职能提供财力上的保证。财政支出监督,是指财政部门为保证财政分配活动正常进行,依法对国家机关、企事业单位、社会团体和其他经济组织或个人涉及财政支出的安全性、合规性和有效性进行检查和督促活动。就财政预算收入的组成而言,以传统的预算收入组成划分法,《预算法》对收入的划分包括税收收入、依照规定应当上缴的国有资产收益、专项收入和其他收入。而以收入体制划分的预算收入包括:中央预算收入、地方预算收入、中央和地方预算共享收入。

2. 侧重单向支出监督的不利影响

在理想的情形下,预算收入征收部门应当依照法律、行政法规的规定,及时、足额征收应征的预算收入;不得违反法律少收或者自行扣留收入。从这个角度说,对财政收入行为的控制是通过法律、法规进行的,对财政支出行为的控制,才是预算监督等一系列财政监督制度安排的基本指向。但是,理论上的周延有时候恰恰表现为实践中的茫然。我国现阶段在财政收支领域的不规范现象,并不仅仅局限在支出层面,收入层面的混乱同样屡见不鲜。侧重单向支出监督的最大问题在于其在相当程度上导致了财政收入的隐性流失或是不当增加,既损害纳税人的财产权益,又可能造成国家财政利益的损失,还会进而影响到国家运用财政手段进行宏观调控的有效性。具体来说,侧重单向支出监督的不利影响包括但不限于以下诸多方面:

(1) 财政收入监督的缺位,财政收入脱法运行,"税收任务"大行其是

税收法定是税法的基本原则,这是因为税收虽然在抽象层面是国家提供公共产品和公共服务的对价,但具体到每个纳税人来讲还是一种财产上的"损失";而财产权属于基本人权的范畴,所以税收的汲取必得依法进行。推而广之,行政性收费等非税收入同样具有类似的性质,所以税收法定原则也被学者扩展至"财政法定原则"。但是,现实中的税收等财政收入汲取,很多时候并没有严格依据财税法律执行,而往往是依据上级摊派的税收任务进行。这是一种典型的计划经济思维,是税务机关等国家机关对社会经济进行"管理"的突出表现。上级税务机关在制定税收任务时,很少是建立在对客观经济形势的科学预测基础之上,事实上,经济形势的变幻莫测也使得这种"预测"难有现实可行性;其多是根据过去年度的税收完成情况,增加一定幅度

作为当年的任务。目前的财政监督体制过于侧重支出监督，使得这种根据税收任务进行的财政收入行为大行其道，对纳税人权利、国家税款利益来讲，都是弊大于利，如果不是有弊无利的话。尽管《税收征收管理法》和新《预算法》不再明示税收任务，但依然存在依法征管与税收任务的隐性统一。①

（2）财政收入监督缺位带来财税"顺周期调节"，使宏观调控产生"负功效"

这是跟前述税收任务在现实中大行其道的情况直接相关的。由于税收任务是在该年度开始前就已制定并下达，当该预算年度开始后，如果经济形势向好，税收任务比较容易完成，则税务机关更倾向于"藏富于民"，也即在完成任务的前提下，少收税款；而如果经济形势不景气，税收任务难以实现，则税务机关多会搞"竭泽而渔"，征收"过头税"等现象多是在此种情形下出现。前种情形会造成国家税款利益的流失，后种情形则对纳税人权益侵害甚巨。与此同时，经济形势好的时候少征税，会进一步刺激经济过热，经济不景气时多征税，则愈发加剧经济紧缩。财税政策的一个内生功能是发挥"自动调节器"的作用，实现"逆周期调节"，而对财政收入过程的监督不力，非但不能实现此种"逆周期调节"，反倒呈现"顺周期调节"的样态，使财税宏观调控产生负面功效。

（3）财政收入监督的缺位导致地方税收竞争激烈

具体来说，县、乡（镇）政府及有关部门以招商引资为名，采取税收返还等一些优惠政策将外埠税源引进本地区。由于这些企业生产经营地与工商、税务登记地相分离，最终导致属于甲地税收收入转入了乙地，从而严重影响两地间财政收入的正常管理秩序，而这种财政收入的"跨境流动"容易使财税法上规定的收入权限出现交叉或空白，直接或间接地导致国家税款的大量流失。实践中，尽管我国已经就此多次发布规范进行清理，但仍然屡禁不止。

（4）财政收入监督的缺位导致滞留转压税款和库外截留坐支现象大量存在

区域经济要发展，相应的税收也应当有所增长，因此制定相应的增长指标是有其合理性与必要性的。但是，征收机关同样符合"理性人假设"，可能

---

① 参见叶金育：《税收协助规范的应然定位和设计基准》，载《法学》2021年第2期。

出于自身利益的需要，为了压低下一年的税收基数，在完成当年的任务之后，采取了收多入少或者超收部分不入库的方法，将财政收入滞留于国库之外，亦或是采取设立税收过渡账户的方式，作为调节入库进度、级次和税种的手段，使得财政收入被挪用、坐支或者截留。在侧重单项支出监督的情形之下，一方面年度预算调整频繁，年底预算追加较多，另一方面项目预算执行中超预算执行，或项目被随意调整、串换等情况时有发生，影响预算的严肃性和资金使用效益。

（5）财政收入监督的缺位导致超收收入膨胀

所谓超收收入，是指年终实际财政收入超过年初预算收入的部分。据统计，2017年，中央一般公共预算收入81123.36亿元，为预算的103.2%。① 2018年，中央一般公共预算收入85456.46亿元，为预算的100.1%。② 2019年，中央一般公共预算收入89309.47亿元，为预算的99.5%。③ 2020年，中央一般公共预算收入82770.72亿元，为预算的100%。④ 2021年，中央一般公共预算收入91470.41亿元，为预算的102.3%。⑤ "客观来说，预算超收或者短收都是正常的现象，毕竟预算只是一种事先的估算，不可能做到百分之百的精确。但是，像中国这么大的规模的预算超收，却又是一种不正常的现象"⑥，特别是如果对于超收收入的使用没有任何约束，可以任由政府自由裁量和支配，将大大降低政府资金使用的规范性，与预算所体现的财政民主和法治理念背道而驰，同时还会激励政府人为地降低预算的准确性，千方百计增大超收收入的规模，用超收收入超支，以逃避立法机关的审批和监督。最后的结果几乎可以无疑义地预料到：由于现行财政监督制度对于收入监督的

---

① 中国人大网：《国务院关于2017年中央决算的报告》，http://www.npc.gov.cn/zgrdw/npc/xinwen/2018-06/20/content_2056321.htm，访问时间：2021年8月1日。
② 中国人大网：《国务院关于2018年中央决算的报告》，http://www.npc.gov.cn/npc/c30834/201906/341b59d78d3242e891a82543cdcb99bf.shtml，访问时间：2021年8月1日。
③ 财政部官网：《国务院关于2019年中央决算的报告》，http://www.mof.gov.cn/zhengwuxinxi/caizhengxinwen/202006/t20200622_3536392.htm，访问时间：2021年8月1日。
④ 财政部官网：《关于2020年中央决算的报告》，http://www.mof.gov.cn/zhengwuxinxi/caizhengxinwen/202106/t20210608_3715911.htm，访问时间：2022年10月23日。
⑤ 中国人大网：《国务院关于2021年中央决算的报告》，http://www.npc.gov.cn/npc/c30834/202206/bc2d630c1af0481b93b6bf88684ea55a.shtml，访问时间：2022年10月23日。
⑥ 参见熊伟：《财政法基本问题》，北京大学出版社2012年版，第222页。

关注度严重不足，在前文所述的超收收入已经较为丰裕的情况下，财政预算执行部门的预算批复时间往往与预算执行年度不相匹配，为赶进度完成年度预算，年底集中下指标，仓促拨款、突击花钱，这样一来，一方面资金安全存在严重的隐患，另一方面，财政资源也被大量闲置浪费。

（二）收入、支出和管理监督并重的必要性

目前的我国财政监督领域（尤其是基层的财政监督之中），由于税费关系混乱，财政收入体系中长期存在"费大于税""费挤税""乱收费"等乱象。非税收入占财政收入比例依然很大，这说明我国目前税费结构不合理，税费改革的进程缓慢。[①] 从根本上说，非税收入的膨胀是因为我国正处于经济转轨时期，政府预算管理体制不规范和不稳定。转轨时期伴随着决策权的分散化、地方事权的增加，而分权式的预算管理体制改革一方面确立并不断强化了地方、部门相对独立的利益和财务自主权，形成了谋求局部利益极大化的倾向，另一方面，在调节中央与地方、全局与局部利益的关系上，尚未形成稳定、完善和规范化的制度体系。而与之相配套的"收支两条线"改革，国库点账户体系和财政集中收付制度都有待进一步深化与完善。[②]

1. 客观需求：厘清财政收支的制度体系

非税收入在一定范围内有其存在的必要和合理性，但是其一段时间以来存在的不当膨胀现象，有多方面影响因素，如纵向财政分权的不合理、事权与支出责任的不相适应，而财政收入监督的缺位是诱生这一现象的重要外部因素。正是由于监督、制约的不足，才使得获取非税收入时需要支付的"制度成本""守法成本"大大降低，进而促使部分国家机关及工作人员将之作为缓解财政困境或改善本机关人员待遇的"终南捷径"。恰恰是由于目前尚未形成"收支两条线"的格局，对于收支统管的口径不统一，同时由于现阶段政府与市场的界限在实践中并未得到很合理的界分，导致行政机关实际承担了

---

① 据财政部公开数据，2019年全国税收收入157992亿元，同比增长1%，占一般公共预算收入的比重为82.99%；2019年全国非税收入32390亿元，同比增长20.2%，占一般公共预算收入的比重为17.01%。数据来源：财政部网站，http://yss.mof.gov.cn/2019qgczjs/，访问时间：2022年10月23日。由于2020年财政收入受到新冠疫情影响，因此此处选择2019年的数据进行分析。

② 参见杨体军：《中国财政监督的理论研究和实证分析》，吉林大学2007年博士学位论文。

很多其"不好管""管不好"的事务，这直接导致支出规模的膨胀，进而容易产生对于收入的额外需求；由于税收的汲取需要依据法律、法规进行，实体标准和程序规则都更加清晰，行政机关的"裁量空间"相对较小，所以这种需求最直接、最便利的表现就是非税收入。

我国非税收入从体制改革以来，数额不断增加，且增长较快，且我国非税收入管理较为混乱，收费主体多元化，收费名目繁多，管理政出多门。现行收费主体主要有各级财政部门、交通部门、国土管理部门、工商部门、卫生监督部门、公安、司法、检察、城建、环保、教育等管理部门，而且往往是一个部门收取多种费用，同时，收费项目过多。① 由于各种收费的管理和使用脱离财政预算控制，使相当规模的收费收入游离于财政资金管理之外，不但影响到财政资金的正常增长，而且还很容易损害到纳税人的合法权益，并且极大地弱化了财政税收宏观调控作用的发挥，严重影响了宏观经济运行的质量和效率。同时，这些资金很大部分不纳入预算管理，自收自支，形成"小金库"收入，加剧了社会的分配不公，滋生消极腐败现象。寻根溯源，我们发现我国这一领域乱象的症结在于，对这部分财政收入的监管极其有限。② 如何走出"进账糊涂、出账糊涂"的怪圈，规范收入管理监督应当成为不二选择。

2. 重要保障：建立科学高效的运行体系

在财政体系演进的历史上，税收国家③与现代国家同时诞生，同时发展，两者都存在于保障个人利益有效运行的私人经济基础之上。现代国家之所以

---

① 目前，由全国性及中央部门和单位征收的行政事业性收费有49项，全国性及中央部门和单位涉企行政事业性收费31项。此外，还包括各省（区、市）设立的行政事业性收费及涉企行政事业性收费。参见财政部网站，http://szs.mof.gov.cn/zt/mlqd_8464/，访问时间：2022年10月23日。

② 尽管在中央层面，财政部有设有专员办事处理这一问题，财政部规定专员办负责征收的预算内中央非税收入，由专员办就地缴入库，专员办按照有关规定督促中央非税收入及时、足额征收缴纳。专员办就地征收的中央财政非税收入主要包括：大中型水库移民后期扶持基金、三峡基金、农网还贷资金、电力监管费、免税品特许经营费、烟草商业税后利润、库区建设资金、石油特别收益金、国家留成油价款等9项；专员办建立了中央非税收入的就地缴纳机制，主要通过与中央非税收入执收执罚单位进行对账，并定期进行抽查审核。专员办就地缴的中央财政非税收入包括：银行业监管费、海关缉私罚没物品拍卖收入、行政罚没收入、公检法工商行政性收费、民航基础设施建设基金、电信网码号资源占用费、三峡库区移民转项资金等7项。而大量的征收项目形成监督空白。

③ 演变至今，"税收国家"这一概念被用来指称一国财政收入的绝大部分依靠税收的体制。参见〔日〕北野弘久：《日本国宪法秩序与纳税者基本权——租税国家的宪法保障装置》，陈刚、雷田庆子译，载《外国法学研究》1998年第2期。

本质上有别于封建国家，主要原因就在于现代国家的经济活动必须依赖新的动力在新的轨道上运行，国民的生活观以及文化内涵，乃至于心理习惯等社会结构都必须彻底变动。① 税收国家形成的根本性前提在于国家财政权与纳税人财产权的二分，如果是家计财政模式，或国家本身就掌握了大量生产资源，那么也就没有必要从纳税人处获取财政收入了。所以，国家要获取税收收入就必须获得纳税人的同意，并且接受后者的监督。表现在社会实践中，也就是财政收入法定和财政收入法律监督两造。易言之，税收国家的建立离不开完整、健全的收支管理监督体系；科学、高效的财政运行体系必须以收支管理监督作为基本支撑点。

公共财政要求从公共产品的角度来构建财政的运行机制，在公共财政框架下，政府要想提供更多的公共产品，以更好地促进社会经济和满足人们日益增长的物质文化需要，其前提是要有足够的财政收入，从这个意义上讲，政府取得财政收入是对政府提供的产品的一种价值补偿。因此，财政监督的首要任务是确保中央财政收入的安全、完整。目前，中央财政收入主要包括中央税收收入和非税收入，针对这两种收入的不同特点，也应当分门别类地对其加以规制。对地方财政收入的监督，其必要性与之相似，即便是在单一制国家中，实行"财政联邦主义"的也不在少数；我国虽然未实行这一财政分权模式，更不存在严格意义上的"地方自治"，但是"一级政权一级财权"的制度结构还是使得地方政府在一定范围内握有部分财政收入的权限，并且承担提供公共服务和公共产品的支出责任。地方政府的财政支出需要满足本区域内的公共需要，也要从本区域内的纳税人处汲取财政收入（同时从上级政府的转移支付中获得部分财力）。

现实中，我国部分地方政府，尤其是基层地方政府的财力难以为继，以至于有些地方连机构日常运作经费都较为紧张，被戏谑为"吃饭财政"甚至"讨饭财政"；一些地方可能通过各种名目的费用等来满足支出需要。地方政府，尤其是其中的基层政府同纳税人更加接近，其财政行为更直接地影响纳税人的切身利益，比如，自2006年1月1日起取消农业税后，中央"给农民减负"的制度目标并未完全实现，各种名目的"费"又相继出现。乱收费、

---

① 参见徐阳光：《财政转移支付制度的法学解析》，北京大学出版社2009年版，第32页。

乱罚款、各种摊派、借建设乡村公益事业之机强行摊派集资、截留扣发对农补贴资金等现象,在不同地方有较普遍地存在。甚至有些地方的收费项目,披上了"税"的外衣,如湖州织里的抗税事件,所抗之"机头税"是什么性质?就很存在疑问。① 因此,对地方财政收入有效监督的必要性同样得到凸显。与中央财政收入的两分法类似,地方财政收入同样应当区分为税收收入和非税收入,采取不同的监督制度安排;当然,由于我国现阶段赋予地方政府的财权较小,地方政府的主要财力来源是上级政府的转移支付,所以目前地方非税收入的监督可能是更具有紧迫性的。我们这里重点对中央层面的这两类财政收入的监督略作探讨,地方层面的监督可参酌借鉴。

科学、高效、理想的财政运行体系应当采取不同的监督方式。有学者提出了中央税收收入监管的基本思路:一是要健全和完善中央税收收入的日常监管机制,建立对重点地区、重点行业、重点企业的重点税源监控制度,加强对地区与部门税收征管、政策执行的苗头性、倾向性问题的监督,从资料收集、报表分析、收入报告、情况反映、研究问题、纠正偏差等各个环节实现对中央税收的全程动态监管;二是要继续把税收征管质量监督检查摆在突出位置,每年有针对性选择一些重点地区或行业开展检查,以查促管;三是要加大对财政政策落实执行的监督力度,重点关注财政支持经济增长方式转变的政策实施情况和地方执行国家税收优惠政策情况,为做大财政收入"蛋糕"提供保障;四是要加强调查研究,及时反映监督检查和政策执行中存在的问题,为完善财税政策提供第一手资料。② 可以发现,这四方面的措施基本是从税务机关内部行政监督的立场出发,来加以铺陈的。

总体上讲,这些措施安排是和税收所具有的法定性特征密切相关的,中共十八届三中全会强调要"落实税收法定原则",所以各税种应当是贯彻"一税一法"的基本思路,然后在征管实践中严格依法进行。与之相适应,对税收收入汲取过程的监管,应当侧重合法性控制,也即监督、关注税务机关是否严格执行了税法规定,在税法作出原则性规定或赋予税务机关一定裁量权时,监督的侧重点应当是税务机关的征税决定和征税行为是否符合法治精

---

① 参见侯卓、佘倩影:《由"美国银行案"看中国农业税改革之未竟全功——兼论征税权的民主控制》,载《黑龙江八一农垦大学学报》2014年第2期。

② 参见杨体军:《中国财政监督的理论研究与实证分析》,吉林大学2007年博士学位论文。

神（比如通过法律原则表现出来）、是否能经受合理性检验。这是理想状况下的模式，现实中，此种理想模式的实现至少受到两方面因素的制约：一方面，税收立法粗疏，财税规范性文件、财政政策大行其道；另一方面，监督力量，尤其是税务机关内部的监督力量有限。基于此，前述学者建议中，强调对财政政策落实情况的监督、强化重点监控等思路，是有可取之处的。

同样，对非税收入的监督同样存在理想模式和现实状况的差异。理论上讲，非税收入不同于税收，其具有更突出的"受益负担"性质，所以，收取非税收入必得接受合理性、正当性检验；同时，非税收入汲取过程还要受到行政法上比例原则等制约。但是现实中，鉴于我国的非税收入数额庞大，增长较快，占财政性资金的比重较大，在短时间内不易进行结构性或者说根本性的变革。尽管2002年财政部就制定了《行政事业性收费和政府性基金年度稽查暂行办法》，并在2004年又出台《关于加强政府非税收入管理的通知》逐步加强对各级政府部门非税收入的管理和监督。但是长期以来对非税收入监督缺乏重点，监督机构职权和责任不清晰，对于执收单位是否按规定执收，是否按规定严格执行取消和免征政策，是否存在拖延执行行为，是否存在以其他名目或擅自转为经营服务性收费方式变相继续收费行为，以及是否严格执行"收支两条线"规定；而对取消的项目，执收单位是否按规定办理注销手续，相关收入是否按照财政部门的规定上缴国库或财政专户，上述事项缺乏必要的执法裁量标准，监督机关而只能做初步的绩效检查和考核。随着我国《预算法》《会计法》《政府采购法》等法律法规进一步完善，现代财政制度体系日趋完善，对政府非税收入的财政监督也成为新时期的重点任务之一。

本书认为，科学且可行的改革进路应当是：结合中央非税收入收缴制度改革，积极推进，分步实施，逐步将需要保留的中央非税收入纳入专员办征收范围。不断强化专员办对中央非税收入的直接征收、就地监缴和专项检查，建立财政部、专员办、征收部门、国库、代收银行之间收入收缴信息网络平台以共享相关信息，建立健全财政部与专员办上下联动的中央非税收入监督检查机制，实现中央非税收入的统一归口管理。简言之，这是一种"问题导向"的监督路径，现阶段非税收入汲取过程中最大的问题在于多头管理、信息偏在；为破解这些难题，可以尝试信息共享、上下联动的机制。至于对非税收入本身，长远看应当压缩规模，现阶段则要加强监督的力度，避免其给纳税人权利造成的不利影响过巨。

3. 必然方向：实施收支并重的管理监督

在中共十八届三中全会的改革方案中，财税体制改革的重要性得到强调。在改革方案中，财税体制改革被认定是分量最重、事关整体制改革成败的一项。《关于全面深化改革若干重大问题的决定》特别提出：财政是国家治理的基础和重要支柱，科学的财税体制是优化资源配置、维护市场统一、促进社会公平、实现国家长治久安的制度保障。不仅如此，党的十九大报告指出要"加快建立现代财政制度，建立权责清晰、财力协调、区域均衡的中央和地方财政关系。建立全面规范透明、标准科学、约束有力的预算制度"。"十四五"规划进一步提出要"深化预算管理制度改革，强化对预算编制的宏观指导和审查监督。加强财政资源统筹，推进财政支出标准化，强化预算约束和绩效管理""建立权责清晰、财力协调、区域均衡的中央和地方财政关系""完善财政转移支付制度，优化转移支付结构，规范转移支付项目。完善权责发生制政府综合财务报告制度。建立健全规范的政府举债融资机制"。在建立"现代财税体制"目标的背景下，一方面，强化收支管理监督，是财政制度改革发展进入新阶段的必然要求。新的财政发展形势，对加强收入管理，提高财政资金来源的规范性、安全性和有效性也提出了新的挑战和新的要求。传统的仅仅强调财政支出监督的管理理念、方式和方法显然已经不能满足财政改革与发展的现实和长远需要，迫切需要按照现代管理要求，深入推进各项改革，加快实现财政由"粗放式"管理向"集约式、精细化"管理转变。只有把收、支两条线都管好，才能在实践中提升财政监督制度的实效。另一方面，加强财政收入方面管理，还是以新手段、新方法促进财政部门切实履行监管职能改革的必然要求。目前在财政监督管理方面存在的突出问题，既不利于充分发挥财政资金的使用效益，又严重影响了财政部门的形象。财政部门具有合理使用和监督管理财政资金的重要职责，加强支出管理和收入管理的"两手抓"不仅是财政部门的职责所在，也是进一步提升财政部门形象的必然要求，是衡量财政干部理财能力和理财水平的重要标准。

站在新时代的历史节点，我国社会主要矛盾转化为人民日益增长的美好生活需要和不平衡不充分的发展之间的矛盾，具体到财税领域，财税事关全社会收入调节和分配公平，财税体制改革已然成为民主政治中的重要一环。

因此，财税体制改革是新时期改革深入的突破口，贯彻收支全面管理监督则是财税体制改革的一个重要方向。

（三）我国倾斜侧重财政收入监督的可能进路探析

对于财政收入的监督，加强社会监督可能是一条有效的路径。社会监督，包括两重含义：一是指有关法律、行政法规规定，须经注册会计师进行审计的单位，应当向受委托的会计师事务所如实提供会计凭证、会计账簿、财务会计报告和其他资料以及有关情况。财政部门有权对会计师事务所出具审计报告的程序和内容进行监督。二是指由公民、法人或其他组织对行政机关及其工作人员的行政行为进行的一种没有法律效力的监督。我们这里所指的社会监督，是在第二种定义的语境下使用这一概念。而舆论监督，是一种社会性的财政监督形式。舆论监督的公开性使其具有其他监督形式无法替代的良好效应。与此同时，提高财政收入的透明度也非常关键。要实现人民对政府的财政监督，财政透明是最关键的要素和前置条件。

1. 重视社会监督尤其是舆论监督

舆论监督有利于人民直接行使对政府的财政监督权，及时发现财政管理中存在的徇私舞弊或贪污浪费现象。要保证群众对政府财政行为的监督，就要敢于曝光，发挥舆论监督的特殊作用。首先，是加强新闻记者的监督力量。新闻媒体是党和人民的喉舌，新闻单位行使监督权就是行使人民的民主权利的体现，舆论监督，是党和人民赋予新闻工作者的崇高职责，新闻记者应敢于为民请命，伸张正义，揭露财政管理中的违纪违规问题，反映广大人民群众的心声。其次，要建立社会公众预算诉求信息处理机制，广泛收集社会公众对预算的诉求，认真听取人民群众对预算的意见和建议；最后，各级党委和政府要做舆论监督的后盾，克服地方保护主义的陋习，勇敢面对自身存在的问题，并且在法治框架下积极解决之。① 财政收入作为国家的财源，是政府向社会提供公共服务、保障和促进公民安全健康的物质基础。因此在直观的人民群众的视野中，政府汲取财政收入与我们的关系更加密切，其直接关系

---

① 参见蔡良：《对加强行政执法的几点思考》，载中国法律信息网，http：//www.chinalaw.gov.cn/article/dfxx/dffzxx/yn/200707/20070700021256.shtml，访问时间：2021年8月1日。

到我们应当向政府转移哪些财产、转移多少财产和怎样转移财产①，所以政府的财政收入问题相比于财政支出，更能触动舆论的敏感神经，因此，对财政收入监督与社会监督（舆论监督）有着比较强的内生契合性。②

2. 提高财政收入的透明度

如果人民对财政信息一无所知，根本就无法进行监督。财政透明度是优良政府管理的关键环节，它可以促使负责制定和实施财政政策的人士更加负责。提高财政收入的透明度，应当具有多个面向。根据国际货币基金组织的报告，政府财政透明度至少应该包括以下因素：

第一，作用和责任的澄清。应该说明政府的结构和功能、公布显示政府与其他公共部门关系的机构图。政府与非政府之间的关系应基于清晰的安排。公共金融机构和非金融公共企业的年报应说明政府要求其提供的非商业性服务。政府资产的私有化应由有关部门独立审计。

第二，公众获得信息的难易程度。面向公众的预算文件、决算账户以及其他财政报告应包括中央政府是所有预算和预算外活动，还应提供中央政府的汇总财政状况，并应提供所有预算外资金的明细报表。描述中央政府或有负债、税收支出以及准财政活动的性质及其财政影响的报表应该是预算文件的一部分。这类报表应说明每项支出的公共政策目的、期限及目标受益人。在可能的情况下，还应提供大额支出的数量信息。中央政府应公布全面的关于其债务和金融资产水平和构成的信息。

第三，预算编制、执行和报告的公开。年度预算的编制和介绍应在一个综合、一致的数量性宏观经济框架中进行，而且还应提供编制预算所使用的主要假设。预算数据应在总额基础上报告，区分收入、支出和融资，并对支出进行经济、职能和行政分类。预算外活动的数据也应在同样基础上报告，应采用政府财政统计或其他广为接受的分类制度。应该有综合和完整的会计制度，该制度应为评估支付拖欠提供可靠的基础。应在年中后的 3 个月内向

---

① 刘剑文主编：《财税法学》（第 4 版），高等教育出版社 2012 年版，第 29 页。
② 这种监督方式的效果取决于两个因素：一是财政透明度，二是言论自由度。财政透明度决定了社会公众发现问题的难易程度，因为封闭运行的财政情况社会公众无法知晓，也就无法进行监督。言论自由度决定了社会公众发现问题后能否表达意见，在一个舆论受到压制的社会，社会公众即使发现问题，也没有表达的渠道。

立法部门提供有关预算执行情况的年中报告，还应公布频率更高（至少是每个季度）的报告。应在每个财政年度结束后的6个月内公布关于中央政府债务和金融资产的细节。应在财政年度结束后的一年内向立法部门提供决算账户。

第四，确保信息真实性。公共财政预算数据应反映最近一段时间的收支趋势、重要的宏观经济动态以及翔实的政策承诺。年度预算和决算账户应说明会计基础以及编制和介绍预算数据所使用的标准。政府应当保证所提供的财政数据真实、可靠，尤其应说明财政报告中的数据是否内在一致，并要求与其他来源的有关数据核对。独立于行政机构的财政监督机构应及时向立法机构和公众汇报政府账户的财务状况是否真实。①

具体而言，在我国当前的形势下，从具体的操作来讲，预算公开应当作为提高财政收入透明度的突破口。中共十八届三中全会决定强调要"实施全面规范、公开透明的预算制度"。具体说，就是应建立、健全预算公开制度，将预算政策、编制原则、审批和执行以及决算等所有预算过程和预算信息通过报纸、电台电视和计算机网络等媒体向社会公开，接受全社会的监督。当前，为顺应网络技术的发展和影响范围、力度的扩展，政府财政收支除了通过正式渠道予以公布之外，对于关系到国计民生的重大资金项目，还应该在互联网上公布，以方便快捷地接受人民监督。同时，还应引进社会审计机构对政府部门的财政审计。即仿照社会审计机构对企业审计的模式，每年由财政拨款，聘请社会审计机构对各预算单位的财政收支行为进行审计，审计结果直接向社会公布。②

需要说明的是，公开只是透明的组成部分，而不是全部。财政收入的透明不是单向度的，在向社会公众公开以后，还应当有双向互动的平台和制度设计。比如，公众应当有制度性的渠道以合理表达自己的意见；而公众如果对某一财政收入事项提出异议，应当有官方的回应，而且这里的回应应该是及时和充分的。前述国际货币基金组织的报告中，"作用和责任的澄清""对真实性的担保"等项都体现出双向互动的意蕴。

---

① 国际货币基金组织编著，财政部财政科学研究所整理：《财政透明度》，人民出版社2001年版，第6—9页。
② 参见马向荣：《公共财政体制下的财政监督研究》，西南财经大学2008年博士学位论文。

3. 降低非税收入在公共财政中的比重

时至今日，我国的财政收入范围与形式依旧存在着不规范与不健全的地方，如前文所述，其不仅包括了税收，还包括了大量的非税收入，如法律、法规规定的行政事业性收费、基金和附加收入等；国务院或者省级人民政府及其财政、计划（物价）部门审批建立的基金、附加收入等；主管部门从所属部门集中的上缴资金；用于乡镇政府开支的乡统筹资金；其他未纳入预算管理的财政性资金。这些非税收入占了整个财政收入的相当大的比重，有的在地方财政的比重仍然呈逐年上升的趋势。

比较而言，针对税收征收行为进行的财政监督，远比针对非税收入进行监督要便利和有效。因此，如果构建财政收入与支出并重的监督体系，对于非税收入的监管，是高成本而低效率的，监督机关如果将大量的人力物力使用于日益膨胀的非税收入之中，很可能本末倒置、徒劳无功。更为严重的是，这一部分监督工作很可能占用税收收入监督的人力与物力，导致整体的监督效率下降。因此，在构建公共财政的基本框架时，理想的状态应当是建立以税收为主、以规范的非税收入为辅的公共财政收入体系。

在市场体制之下，税收对于企业和居民来说是一种享受公共服务的付费（价格），对政府来说是提供公共服务的财力基础，是避免个人"搭便车"的一种必要形式，也是公共财政的主要的、最基本的来源。其余的收费特别是行政性收费则大不一样。行政性收费是政府在社会管理中运用其职能为企业或居民提供个别、特殊服务的收费，这种服务也具有一定的"准公共产品"性质。从某种意义上来说，收费可以起到避免闲置资源浪费，节约社会资源的作用。且行政性收费不同于税收，其不是公共服务的收费，也不是价格，不是市场行为，而是政府行为。

因此，理想的公共财政架构之中，各种收费在财政收入之中只能发挥辅助作用，不可占据主导地位；在一个较长的时期内，我们都应当推动"费改税"的进程，用税收取代那些具有税收特征的费用，促进财政收入结构的不断优化，建构一种以税收为主体、辅之以少量必要的非税收入的财政收入体系，从而逐步将财政收入整体纳入更加规范、有序、有效的法律监督框架之中。

四、财政监督环节：从事后监督过渡为全环节监督

当我们从制度沿革的角度来考究财政监督的历史源流时，就会发现：尽管在财政理论上对"财政监督"概念尚未形成共识，但在财政监督实践的基础上，中西方财政管理学、财税法学的论述当中都或多或少地融入了财政监督的思想。在实然的层面上，财政监督毫无疑问是财政管理的重要组成部分，而且实践中各国都在探索适合自身情况的财政监督体制和方法。承前文所述，理论上，财政监督贯穿于财政资金运行的每一个环节，融汇于财政管理的方方面面，其伴随着财政收支行为的全过程，因而财政监督根据其实施的时间可分为：事前监督、事中监督、事后监督。这种区分是根据监督所介入财政事项的不同进度来作出的。值得指出的是，事前监督、事中监督和事后监督并非绝对孤立地分别适用于不同财政事项，而是根据实际情况来选择适用的，而且很多情况下，是对同一财政事项综合运用事前、事中和事后监督的方法，以期达到效用的最大化。本部分通过对于"以事后监督为主，辅之以事前监督与事中监督"和"全过程监督"两种财政监督方式的梳理，指出我国的财政监督方式从事后监督过渡为全程监督的必要性，并且尝试提供可能的改革方案。

（一）运行过程中财政监督的各个环节概览

基于我国的现实国情，不同主体进行的财政监督，相互之间基本上是割裂状态，比如，我国的财政机关所进行的财政监督是附属于财政管理职能之中的一项管理职能，因此与审计机关的财政监督有所差异，而且两者间也甚少衔接。目前，财政机关所进行的财政监督，其内容主要有预算执行情况、财经法纪的遵守及受理违反财政税收法令、政策和财务会计制度的举报事宜、办理对坚持执行财经纪律进行打击报复的重点案件等。仅从这里所列举的内容看，涵盖了事前、事中与事后等不同时间段。但是，从更加整体性的视野看，这种监督仍然是孤立的，所以，有必要以事前、事中和事后的阶段区分作为主轴，分别观察不同的监督方式，期能进行打通研究。当然，这种分类不是绝对的，主要还是为了理论分析以及在制度建构时能起到大体上的指引

作用；现实往往丰富多彩，一项具体的监督行为覆盖不同的环节是常有的事，这是需要言明的。

另外，还需要澄清预算监督和财政监督的关系。客观地讲，预算监督是现代财政监督中至为重要的一种形式，前文所述立法监督的主体部分就是议会围绕预算过程进行的一系列监督。因此，预算监督本身也是一个覆盖范围和流程很广的体系，同样可以大体上区分为事前、事中和事后三个阶段。但是，财政监督除预算监督外，还有多种其他形式的监督，比如财政部门进行的监督；而且，在现代财政制度的体系框架下，严格说来，一切财政支出行为都应该是根据预算进行的，从这个意义上理解的预算监督也就涵盖了对财政支出的监督，但是财政收入的获取则更多依据的是税法等财政收入法，预算只是起到参考的作用，为行政机关决定财政支出、为立法机关审议预算的合理性提供参考依据，所以预算监督从收支范围来讲也是窄于财政监督的。所以，一方面，我们可以说财政监督的核心范畴是预算监督，预算监督是保障预算决策和预算执行在法律规定的范围内实现的有效途径，预算监督权也就相应地成为与预算决策权和执行权并行的预算权的重要权能。预算监督是以预算资金为中心的监督，其目的在于保障预算的有效执行。因此，预算监督权体现了国家在财政管理过程中对预算事项审查、稽核和监督检查的权力。另一方面，我们又不能将财政监督和预算监督完全等同起来，两者从逻辑上讲应该是包含与被包含的关系。

总体上看，财政监督的方式更多地与具体的财政运行和预算执行的进程有关，因而在不同的阶段表现为不同的形态。一般而言，依据财政监督整个流程的运作先后顺序，财政监督可以分为事前监督、事中监督与事后监督三种。

1. 重在预防的事前监督

作为财政监督方式的事前监督，是指财政管理部门、立法机关等财政监督主体以财政法律关系一方主体的身份，根据财税法律、法规，财税规范性文件和财税政策，通过对财政法律关系的相对人所意欲进行的具体财政行为在合法性、合理性层面进行审核，对不当财政行为加以控制，从而保障嗣后进行的财政行为能够在法律框架下有规、有序、有责地展开。在我国具体实践中，事前监督的形式相对鲜见，比较具有典型意义的如财政部门在预算编制、项目审定过程中对财政资金分配所进行的审查、评估；对各部门上报的用款计划、费用开支标准、项目实施方案等进行审核提出科学的决策意见，等等。这些距离理想意义上的事前监督机制还有相当距离。

如前所述，许多国家和地区在事前监督方面已积累了诸多有益经验。比如，埃及的财政部即根据该国《政府会计法》的规定，向各个部门派驻财政监督员，对各个部门的预算和支出进行审核、审批；地方财政部门也相应建立地方层面上的监督员体系。这种财政监督员制度在预算编制阶段即行介入，在实际的财政支出行为发生以前便实施严格的监督、控制。

从制度的现实功效来讲，事前审核具有预防的性质，可以防患于未然，将可能出现财政风险的因素切断在财政活动启动之前。我们认为，事前监督机制的最主体部分可能在于预算权的合理配置和预算编制、审议过程中的法律控制，预算是财政行为的依据，在预算编制环节就尽可能早地介入其中，既可以为监督嗣后的预算审议、批准和执行提供坚实的信息支撑，又可以通过预算编制的合理化，间接促进执行过程的优化；而归根结底，事前控制机制的有效建立，端赖于预算权的合理配置，一方面是行政机关内部的制衡与控制，另一方面是外部力量，如立法、审计乃至社会公众的介入。所以，不夸张地说，合理地配置预算编制权是对预算编制过程实行有效法律控制的前提。[1] 尽管，从大多数国家预算编制权配置的现实看来，预算编制权基本上是由行政机关所行使和掌控的，但是这无疑是基于行政效率的设计而非基于完全的预算运行原理的安排。在保证效率目标实现的前提之下，是否还需要保证公共财政与民主政治的良性互动、公共财政对法治国家建设要求的配合等其他的价值目标，还需要仔细考虑与审度。[2]

2. 流程监督的事中监督

作为财政监督方式的事中监督是指财政管理部门、立法机关等财政监督主体以财政法律关系一方主体的身份，根据财税法律、法规、财税规范性文件和财税政策，对于财政法律关系的相对人正在进行的具体财政行为进行的合理性与合法性控制，从而保障财政行为不会超出法律、法规设定的轨道。

---

[1] 参见刘洲编：《财政支出的法律控制研究——基于公共预算的视角》，法律出版社2012年版，第105页。

[2] 参见熊伟：《财政法基本问题》，北京大学出版社2011年版，第15页。

事中监督往往也被称作日常监督，其表现形式较为丰富，例如财政部门对预算资金的拨付、使用进行审核、控制，对各用款单位在费用开支和项目实施阶段进行监控等都属于事中监督的范畴。如前所述，事中监督与预算执行监督有着较为紧密的联系，对财政支出行为的事中监督主要就是对预算执行的过程控制，而对财政收入行为的事中监督则具有相对独立的特征。

从比较法经验看，许多国家都十分重视事中监督。比如，俄罗斯财政部就在内部控制方面做足文章，其依法对俄罗斯联邦预算资金的收入和使用情况实施财政监督。具体地说，财政部各职能部门对于财政资金的日常使用，拥有十分广泛的检查权和监督权。比如，隶属于财政部的联邦国库总局可以对任何所有制形式的企业、机构和组织，包括合资企业的货币凭证进行检查；以无争议方式征收不按规定用途使用的资金，中止有关账户业务，对违纪者实施罚款措施。自苏联解体以来，俄罗斯在国家转型过程中曾经暴露出一系列问题，比如相对严重的贪污腐败、国有资产流失等，而其中很多问题之所以发生，同对财政行为的过程控制不严，有千丝万缕的联系；俄罗斯采取的事中监督诸多对策，于该国而言有极强的针对性，于我国而言，同样有着很大的借鉴意义。再如，巴西的联邦审计法院并没有将自己的手脚束缚在事后监督层面，而是积极进行事前和事中监督。其对公共机构和公营单位管理责任人聘用程序的合法性、公务员录用程序的合法性、文职及军队人员养老金和退休金拨付的合法性依法进行严格的检查和评价，在实体和程序方面都有较为成熟、系统的规范依据可以依循；与此同时，其还可以在政府及其所属机构的支出和债务接近限额时提出警告。这类过程控制，同样对预防贪污腐败、支出膨胀和债务危机具有积极作用。

3. 责任追究的事后监督

作为财政监督方式的事后监督是指财政管理部门、立法机关、审计机关等财政监督主体以财政法律关系主体的身份，根据财税法律、法规，财税规范性文件和财税政策，对于行政机关已经完结的具体财政行为是否合法、合理进行审核，并对违法行为加以追究，进而从事后控制的层面激励、督促和约束行政机关依法进行财政行为。一般而言，事后监督的目的是检查财政法律关系的相对人在资金使用方面，是否严格按照预算的规定认真执行，有无挪用、浪费、侵占等行为，是否按照国家有关法律法规的规定进行财务核算，其财务收支是否真实、合法，会计信息资料是否真实、完整等。审计监督是一种比较典型的事后监督形式；但是，事后监督的内涵同样应当是丰富的，不能过于狭窄地将其与审计监督完全等同起来。

（二）我国财政监督环节的运行样态与存在问题

从不同环节的财政监督而言，我国目前对于事后监督强调得相对较多，但是在监督方式上还较为单调，在及时性和有效性层面也有不少欠缺。与之相对，事中监督和事前监督总体上比较疲弊松弛，严格说来事前监督甚至有尚未起步之嫌。这就使得通过全过程财政监督所编织的"网"疏漏颇多，从而也就将我国现有的财政运行体系置于一个较高的风险发生等级之中。具体而言，问题如下：

1. 事前监督环节的缺位导致系统风险剧增

事前监督的缺位带来的直接后果就是财政体系一旦运行启动，就隐藏着诸多财政系统自身存在的风险；而财政的系统性特征使得这种风险迅速在社会经济的各个子系统中蔓延开来。财政法作为"社会财富的分配方式、执政当局的施政纲领、普遍有效的强制性规则"的法律化表达，是经济、政治和法律的综合公共行政与互动载体。监督的本质也即对于公共安全的需求。自从近代国家出现以来，公共行政的安全职能就定位在了保障公共安全，这种安全显然也包括了财政安全、以及围绕财政的运行而带来的公共安全。

但是，在财政运行启动的前端，也就是制定预算的时刻，预算信息公开并没有成为《预算法》中的明确要求①，如果说"阳光是最好的清洁剂"，那么阳光无法照射到的领域则极有可能成为不公开的藏污纳垢之所。在这个意义上，为"公众的无知"笼罩的地方，什么是良好的风险规制活动成为没有答案的问题。换句话说，这意味着对于负有保证财政安全、规制财政风险目标的行政机关的负责任性失去了最基本的保障，风险规制活动本身就陷入了"失控的世界"，由此本身就构成需要应对的"次阶风险"。② 这种风险往往比财政预算本身的不合理性带来的最初风险更加难以有效规制。这两种

---

① 参见熊伟：《财政法基本问题》，北京大学出版社2011年版，第5页。
② 参见金自宁：《风险中的行政法》，法律出版社2014年版，第19页。

风险结合起来便形成了对于整个财政系统运行的不良影响。古语有云，"防患于未然"，或曰"曲突徙薪"。由是观之，我们的财政体制恰恰是在事前监督环节严重缺位，项目的"带病上马"、财政的"带病运行"，于此庶几可以预见。

2. 事中监督环节的虚化滋生"灰色空间"

目前的事中监督往往流于形式，对于财政运行过程中的具体资金流向、资金变动额度都无从掌握，中间环节相关记录账簿也不甚完善，这种形式化的事中监督自身并未起到应有的作用，同时也阻碍了事后监督对于财政运行过程的控制。而事实上，为了实现规范化和理性化这两个核心的目标，大多数国家都建立了一个包括立法机关监督、财政部门监督和审计机构监督在内的外部控制与内部控制并举的多元化预算执行监督体系。[①] 由此观之，只有将事中监控贯穿于财政资金运行的全过程，只有建立实质意义上的事中监督、多方并举的事中监督，才能使事中监督真正落到实处，也才能确保财政资金使用的安全和有效。

从比较法经验看，要想实现对财政运行全过程的有效监管，至少需要做实两方面的制度建设：一方面，要提高立法机关在预算权配置中的地位，使其真正有能力、有动力去监督财政行为；另一方面，要优化审计监督的模式，适当扩展审计监督的职权范围，研究者普遍认为行政型的审计监督非常不利于建立一个有效的预算执行监督体系。[②] 但是目前中国的现状恰恰是相反：一是，立法机关对于预算执行合法性的控制效果尚不理想，人大对政府财政行为的监督受到人大会期、代表的专业素质、信息偏在等多方因素的制约；二是，政府内部的合法性控制长期处于供给缺乏的状态，在强调经济效率和制度稳定的内在驱动下、结合科层制的官僚体系，使得以财政部门的日常监督为典型适例的内部事中监督难收实效；三是，审计监督有强烈的行政属性和内部色彩，独立性不足。制度的缺失带来监管的盲区，在缺乏外部独立力量介入进行有效监督的环境中，暗箱操作的可能性也大大增加了。

---

① 参见刘洲：《财政支出的法律控制研究——基于公共预算的视角》，法律出版社2012年版，第149页。

② 同上书，第158页。

3. 事后监督环节的滞后降低监督实效

"凡事预则立,不预则废",我国现阶段财政监督体系的运行更加强调的是事后追责,但事实上,到问责阶段时,财政的不法行为及其造成的不利后果往往已经发生,"亡羊补牢,悔之晚矣"。"财政是国家治理的基础和重要支柱,科学的财税体制是优化资源配置、维护市场统一、促进社会公平、实现国家长治久安的制度保障。"因此财政行为的影响面往往是十分广泛的,财政资金动辄数以亿计,政府运用不当可能给纳税人、给国家造成的损失极为巨大。而财政的事后监督最大的弊端即在于其无法完全弥补损失,而且这里的"损失"绝不仅仅是经济层面的,还要包括影响政府的形象、削弱国家的合法性基础,等等。这也是财税法和民法所不同的一个维度:后者主要是物质面的,"赔偿损失"作为基本原则现实可行;而对于前者,由于财政事项的"大额属性",完全补偿本身就不现实,而且损失本身是多维度的。此外,事前监督和事中监督从属性上看各有其时间节点:事前监督既然称其为"事前",那么即以财政行为的具体发生为界,在此之前进行;事中监督强调过程控制,那么当在财政行为进行的同时为之。而事后监督发生在财政行为结束以后,至于监督和财政行为的时间点相距之远近,在现实中往往是不一样的,换言之,其可能在财政行为结束后很久始进行,也即具有突出的不及时性,从而可能造成损失发生并且扩大。

(三)建立健全我国全环节财政监督转型的可行路径

财政作为保证国家权力运作的经济前提,体现着国家权力横向和纵向配置的宪治要求。如果说传统国家模式下,财政权作为行政权的辅助而存在,那么现代税收国家、预算国家体制下,财政权和行政权作为国家权力的"一体两翼",地位日益彰显。以财政行为的"纽结"——预算为例,政府通过申请预算的方式向议会负责,是现代民主制度存在的基本标志;而议会审议与批准政府预算的活动,是对行政机关的政治支持,同时也是对其权力的约束。简言之,权力主体之间的关系反映了财政公共化与政治权力的转移。① 在前文所述的背景之下,建立健全事前监督、事中监督和事后监督相结合的财

---

① 参见刘剑文:《走向财税法治——信念与追求》,法律出版社2009年版,第63页。

政监督运行机制是加强财政管理和深化财政改革的客观要求。具体来说，财政监督体制改革需要改变现有的过度强调事后监督的模式，既要进一步做实事后监督，又要强化事前和事中监督，并且使三者衔接顺畅，共同发挥作用。

1. 事前监督环节：加快完善

事前监督机制在我国当下的公共财政监督实践中比较缺乏，应该加快启动相关机制建设。目前可以考虑的进路有两条，一者较为宏观，一者较为微观。

就宏观进路而言，主要是理顺财政权配置中不同主体相互间的关系，突破口是预算权的合理配置。以预算编制环节的监督主体介入为例，涉及行政机关内部的监督主体与被监督主体，如前述埃及财政监督员的早期介入制度；涉及作为监督与被监督主体的立法机关和行政机关，比如议会在预算编制环节的有限参与，比如在一定条件下人大可以与政府一起研究确定编制的指导原则和总体方案，一起召开预算编制工作会议，并且通过初审、座谈等多种形式，及时了解、掌握、分析政府各部门预算编制工作的情况，从而可以向政府及时提出相关意见和建议，保证预算编制科学合理，一般而言，越是层级较低，在这一点上越具有现实可行性；还涉及纳税人与行政机关，比如参与式预算实践中纳税人对于不同支出项目能发挥作用不同的影响力，又如部分国家绩效预算运行中，对各部门绩效的评估是由纳税人代表对政府所提供的公共服务进行评价，这就赋予了绩效预算民主化的功能，财政部门以及各具体的用款单位都必须在公众的监督下，扎实地推进公共产品和公共服务的供给工作，才有望在下一预算年度取得预算支持。由此可见，事前监督机制的建立，在宏观上就是要处理好立法机关、行政机关、纳税人等多元主体之间的关系，实现行政机关的内控、立法机关的"在场"和纳税人的"登台"。

在微观工作规则上，可以进行的制度改革种类更加丰富，比如，可以建立识别与控制财政风险的工作细则与裁量基准。一般而言，财政风险是指政府不适当的财政活动或财政行为（作为事件）给政府本身，或者给政府进一步的财政活动以及给社会经济带来的各种潜在危害的可能性。这种可能性在一国财政运行过程中是不可避免的，此时即需要以法律手段加以管控与规制。这些具体的法律手段包括：

首先，以事前监督机制防控财政风险需要严格控制预算单位将财政性资金向本单位其他账户转款、向本部门其他预算单位账户转款。对未能按规定审批的资金支付一律退回,同时进一步向预算单位宣传国库集中支付的政策规定,使预算单位对于应当做什么、不应当做什么、绝对不能做什么有直观且清晰的了解。对于这种转款的定性、责任与追究方式,需要在具体的裁量基准之中加以明确。其次,以事前监督机制防控财政风险需要督促预算单位规范填写经济科目、用途等支付要素。支付信息是审计、财政监督等部门全面、准确了解资金支付的重要内容。对于经济科目、用途填写明显不合理的,坚决予以退回。最后,以事前监督机制防控财政风险需要加强对项目支出的监督。具体的预算执行部门应当对照部门预算的项目说明,对于款项用途与项目无关的,均作退款处理,并详细说明退款原因。这一程序也需要建立起相应的裁量基准。①

2. 事中监督环节:重点保障

针对我国目前事中监督力量不足、权威不够的现实,应当强化事中监督,基本改进方向是建立系统外的监督并且对财政运行的诸环节进行全面监控;这一思路已成为当前我国财政监督中逐步确立的改革方向。对这里的"系统外的监督",应当进行多层次理解。

首先,是行政体系内部、外在于执行某一具体财政收支行为的行政机关的监督,特别是财政部门的监督,财政部门由于其在业务方面比较熟稔,而且财政监督本就是其日常工作之一,有利于实现动态监督。其次,是外在于行政体系的立法机关实施的事中监督,这主要是通过对预算执行的监督进行,就此而言,在现行人大制度总体框架基本稳定的前提下,可以考虑通过加强人大预算监督的专项力量、进行业务培训、主动拓宽公众的参与渠道(比如联系选民、召开座谈会)等形式,强化人大进行事中监督的能力。最后,是纳税人进行的事中监督,这就要求财政行为的过程面向全社会公开、透明,通过制度设计鼓励纳税人进行监督,并且有提出意见建议的畅通渠道,行政机关能够及时地处理纳税人提出的意见建议,形成良好的双向互动。其中,立法机关进行的监督和纳税人进行的监督是可以联动的,这也是由我国人民代表大会、人民代表本质上代表人民所决定的。

---

① 参见郑雅方:《行政裁量基准研究》,中国政法大学出版社2013年版,第183页。

此外，尚有两项具体的核心制度在对于财政运行进行全面事中监督的过程中扮演了极为重要的角色。这两项制度就是预算执行报告制度与专项监督制度。立法机关批准的预算究竟其执行情况几何，这关系财政公共职能能否最终实现这一大问题，因此现代各国普遍建立了预算执行报告制度。① 如果从主体间的视角来看待，预算的执行报告制度实际上是立法机关对于政府预算执行进行监督的一种方式。审计机关对于预算的监督针对预算的合法性、真实性、效益性和完整性。审计机关的预算监督也是专业化、科学化和综合化的监督。② 尽管根据现行的《预算法实施条例》，我国在政府内部也建立了预算执行报告制度③。但是这种预算执行报告主要是行政机关内部科层制之间的形成的约束关系，而并非外部权力制衡关系，因此执行效果不佳，对于预算执行中的监督仍需加强。在事中监督的过程中，尤其需要强调专项监督的作用。事实上，专项监督检查是日常监督的必要补充，也是以往财政监督出现"断层"和"真空"的地方。在事中监督的过程中，应当根据当前财政管理和监督检查工作中暴露出来的难点、热点和重大问题，有针对性地开展国债专项资金，财政扶贫款、科学专款支出效率的专项监督检查，加强对转移支付资金使用情况的全面检查，确保资金专款专用。

3. 事后监督环节：适当调整

适当调整事后监督方式，关键在于两点：第一，避免事后监督的虚化；第二，避免监督体系的重心过于后倾。在理想的状态下，人大及其常委会作为代议机关拥有宪法和法律所规定的预决算审批权，行政机关等预算执行单位违反财政预算擅自处理财政资金的行为，从性质上看构成了违反人民代表大会制度的违宪行为。④ "违法必究"应当是法治国家的一项基本原则，这也给事后监督提供了成效检验的标准——是否让违反财政预算和财税法律的财政行为都受到了及时的责任追究。但是在我国现实的财政实践之中，预算外

---

① 参见刘洲：《财政支出的法律控制研究——基于公共预算的视角》，法律出版社2012年版，第165页。
② 参见刘剑文主编：《民主视野下的财政法治》，北京大学出版社2006年版，第203页。
③ 如其中第74条规定了政府财政部门每月向本级政府的报告；第75条规定了省一级政府财政部门向财政部的报告，设区的市、自治区政府和县级政府的财政部门和乡、民族乡、镇政府向上一级政府财政部门的报告。
④ 参见刘剑文主编：《财政法学》，北京大学出版社2009年版，第321页。

资金、制度外资金大量存在；经营性国有资产数额巨大，难以进行有效的财政监督；违反财政预算及财经纪律的行为人应当承担何种法律责任，当前我国人大及其常委会的财政监督事件中缺乏具体责任追究措施。[①] 这些现象的大量存在实则说明我国现在虽然相对强调事后监督，但是相关的制度设计还是很不完善的。

本质上看，其原因可能在于我国当下的事后监督实践基本上是程序性的，难以发挥实质性的作用。比如，目前的会计集中核算、审计监督，在"应该发现问题数"和"实际发现问题数"的对比上，差距明显，这很能说明问题。相关的法律、法规中，主要是对程序性事项进行的规定，这本来是没有问题的，因为实体规则应当是由各实体税法、转移支付法、政府采购法等其他法律进行设定；但众所周知的是，中国现阶段的财税法律体系十分粗疏，已经制定的几部法律也比较简略，事后监督的主要依据多为较低位阶的规范性文件，甚至政策性文件，而这些文件具有不稳定性，而且"规范打架"的情况也层出不穷，这就使得相关的事后监督以及其指向的对象很多时候是游走于制度的"灰色空间"，就在"两可两不可"之间，监督在很多时候也就演变成程序式的。

此外，目前的事后监督机制中，行政性的监督占比较重，这种内部监督的不足，我们在前面已经揭示，而这同样是导致事后监督成效不彰显的重要因素。所以，必须加快完善财税法律体系，这是事后监督实体化的前置要件；同时，丰富事后监督的形式，尤其是要将立法机关和纳税人纳入监督体系，比如，在时机成熟时可以考虑建立纳税人诉讼等制度，这必将极大地提高事后监督的成效。

事后监督机制中较为重要的一环是会计集中核算，其优势在于在事前支付监管的基础上进行事后核算监督，强化财政资金监管，从源头上防止腐败。会计集中核算就是建立国库单一账户体系，所有财政性资金全都纳入国库单一账户体系管理，收入直接缴入国库或财政专户，支出通过国库单一体系支付到商品和劳务供应者或用款单位。通过会计集中核算，将风险封锁在源头，也便于事后追责。这一环节的工作需要在现有的成果的基础之上加强，尤其

---

① 参见刘剑文主编：《财政法学》，北京大学出版社2009年版，第323页。

是在独立性、规范性层面应该有制度性突破。

还是要认识到，事后监督再有成效，也无法遏止损失的发生，将过多的视野投到事后环节，而忽视事前和事中监督，难言尽善尽美。但是，如果追问我国事后监督机制膨胀的原因，我们不难发现，其核心还是在于我国的事后财政监督，尤其是作为其主要形式的审计监督更多地停留在了行政型审计监督阶段。这种监督模式中，审计监督本质上是一种权力系统中上级对下级的监督和管理，审计机关和被审计单位之间为上下级的监督和制约关系。诚然，这种模式有着灵活性强、决断快、手段多、短时间内审计效率高等优点。但是其独立性和权威性比较弱。[①] 在我国的立法型审计监督疲软、司法型审计监督与独立审计监督缺失的现实环境中，唯有在现有的资源之中找到最适合进行优化与调整的环节，以此为契机，改良现有的事后监督机制，并腾出人力、物力到其他环节的监督机制中，才可更好地实现监督功能。

因此，在这种情形下，可行的改革策略是：在保证现有事后监督效能的前提下，避免将重心过度倾斜到事后监督上。尤其是对于涉及国计民生的重要项目，人大参与或不参与监督，效果是大不一样的；纳税人是否能参与进来，差别更加明显。对于这些项目，不能等完全竣工或者结束后再去监督，在那时即便当事人受到法律惩处，但纳税人的钱却已经付之东流了，这不仅仅是对人民的极其不负责任，也是对于财政法律秩序的破坏与践踏。这就涉及我们接下来要讨论的启动事前监督和强化事中监督的问题。

需要再次强调的是，事前、事中、事后监督是根据财政监督的阶段不同而进行的大致划分，三者各有其优点，而任何单一的监督形式也自有不足。我们不能割裂三者之间的有机联系，更不能仅仅采用其中任何一种形式，而忽略其他。在制度设计时，必须充分地考虑三者之间的融合，实现由片面侧重事后监督向事前、事中、事后全过程监督的模式转变，从而更好地推动我国财政监督法律制度的日臻完善，推动我国财政监督法律实践的法治化水平。

[①] 参见闫海：《公共预算过程、机构与权力——一个法政治学研究范式》，法律出版社2012年版，第139页。

第五章　制度设计：公共财政监督的顶层设计及规则建构

从前文的梳理可知，我国公共财政监督制度由来已久，是经济发展、社会变迁和文化传承的最为直接的客观体现和记录载体。我国商朝时期就出现了财政监督考核规定的记载，西周时期形成了以宰夫为主体的交互考核制度，秦汉时期出现御史大夫监督与地方上计制度相结合的监督制度，隋唐时期出现了比部和勾覆制度，宋元时期设置多重财政监督部门，全面细化监督门类，明清时期设有都察院和科道制度。新中国成立后，我国财政监督制度随着社会主义的发展迈入了新的历史时期。① 客观而言，公共财政监督是国家为了保障公共财政收入、支出和管理等活动合规、有效运行，并促进经济社会的健康、协调和可持续发展，依据法律规定，行使公权力，在财政运行过程中对相关主体的各类行为进行监控、督促、检查、稽核等活动的总称。当下中国特色社会主义全面进入新时代，财政是国家治理现代化的基础和重要支柱，法治国家建设是促进全面深化改革的前提保障。公共财政监督不仅是国家治理和全面深化改革的重要环节，而且还是推动国家民主法治建设的关键步骤。因此，加强公共财政监督的顶层设计和规则建构非常重要。

一、结构配置：财政监督中的行政权、立法权和司法权

"如果你不能预算，你如何治理？"② 预算能力和财政监督能力是国家治

---

① 参见贺邦靖主编：《中国财政监督制度》，经济科学出版社2008年版，第6页。
② Aaron Wildavsky: "If You Can't Budget, How Can You Govern?" In Anderson, Annelise & Dennis L. Bark eds, *Thinking about American: The United States in the 1990s*, Hoover Institution Press, 1988, pp. 265–275.

理能力的重要参考指标和关键评估依据。"民主政府在财政以及非财政方面的实际操作,要求它的公民坚持所谓的'立宪态度'。在进行集体决策的成本非常高昂的情况下,只有在半永久性的制度结构中进行大部分日常业务操作,政府才能适当地行使职能。个人和集团必须认识到制度连续性的重要性,以及民主过程对坚定地坚持这种连续性的依赖。"① 要建立健全公共财政监督法律制度,就必须完善财政监督权力配置,统筹发挥权力机关监督、政协的民主监督、检察院的法律监督、法院对行政行为的监督、专门监督机关的监督以及行政机关自我监督的作用。同时,要扩大公民参与,强化群众监督,重视舆论监督。

(一) 强化完善:立法机关的财政监督

代议机关对政府财政预算的审批权是确保责任制宪治政府存续的基本权力,财政预算机制是限制国家权力的最重要的宪治机制之一。② 预算法律性一方面是指政府预算必须经立法机构批准才能执行,另一方面是指政府预算在执行的过程中必须受到严格的法律监督。中国预算的法律性缺失,需要通过两个途径提高其法律性:一是完善预算法律,从制度上赋予人大真正的审批权力、预算审批能力和预算执行监督权力;二是推动政府预算信息公开,提高政府预算过程的透明度。③

1. 立法监督的一般经验

议会的财政监督权直接来源于议会的预算批准权。"谁要求预算权,就不会也不能放弃监督的权利。否则它就有失去这两种权利的危险。"④ 特别是在复杂的现代社会中,代议机关虽然在宪法架构上掌握着预算审批权,但事实上却未必能完全决定公共资金的流向。由于行政机关在公共政策上的活动空间日益广泛,其对公共资金的支配力度也随之扩大,很大程度上甚至可以说

---

① 〔美〕詹姆斯·M. 布坎南:《民主财政论——财政制度与个人选择》,穆怀朋译,商务印书馆1993年版,第311—313页。

② 参见周刚志:《论公共财政与宪治国家:作为财政宪法学的一种理论前言》,北京大学出版社2005年版,第136—137页。

③ 参见邓淑莲:《中国预算的法律性分析》,载《上海财经大学学报》2009年第2期。

④ 〔德〕海因茨·扎威尔伯格主编:《国家财政监督——历史与现状(1714—1989)》,刘京城等译,中国审计出版社1992年版,第143页。

公共财政已由议会控制转向实质上由政府掌控。而议会对财政控制转而通过立法等法治手段来监督，并不参与实质意义上的议决。① 在这一背景下，财政监督——而非财政控制——成为立法机关的主要任务。

在现代财政管理中，立法机关通常承担三项功能：一是代议功能，即代表人民的意志以突显民主国家实现预算管理的政府正当性；二是立法功能，即通过制定和修改法律来确认"看护好人民的钱袋子"（the power of purse）的预算规则；三是审查监督功能，即通过立法机关的权力行使确保政府执行预算和社会政策与民意相符合。发达国家的经验也表明，立法机关中一般设有高度专业化的工作机构，专司财政监督。例如，美国国会众议院的预算委员会、拨款委员会、筹款委员会和参议院的预算委员会、拨款委员会、财政委员会承担主要的财政监督工作，两院的助理机构国会预算局、总审计署也发挥重要作用。② 一般而言，立法机关的财政监督应当涵盖财政收入、支出的全过程，包括：（1）事先监督，主要是预算草案的初步审查；（2）事中监督，即掌握对预算调整、动用预备金或周转金及经费流用的审批权；（3）事后监督，即追究责任，主要是通过撤职案、罢免案等形式追究政治责任。

2. 加强人大的财政监督职能

目前，尽管我国的法律框架已经形成，但全国人大的财政监督权仍然非常薄弱，预算审批权未能充分、完整地行使，预算权横向配置不够合理。③这主要表现在四个方面：一是财政年度与立法审批时间不一致；二是全国人大代表没有比较充分的时间熟悉和审议预算草案，预算审批流于形式；三是预算审批缺乏辩论程序；四是表决方式欠妥，实行一次性表决，一次性通过。中共十八大报告指出，应当支持人大及其常委会充分发挥国家权力机关的作用，依法行使立法、监督、决定、任免等职权，加强立法工作组织协调，加强对"一府两院"的监督。此后的十八届三中全会、四中全会、五中全会《决定》中，都对加强人大权力回归和对政府预算审查监督有充分的展开和说明。

---

① 温泽彬：《论公共财政监督与控制——以宪法为视角》，载《现代法学》2009年第6期。
② 尹中卿：《当代美国国会的财政监督程序》，载《人大研究》2002年第3期。
③ 参见刘剑文、耿颖：《新形势下人大财政监督职能之建构》，载《河南财经政法大学学报》2014年第1期。

在中国特色社会主义法律体系已经基本形成的新形势下，全国人大在进一步完善立法的同时，应当促进工作重点向强化法律监督职能方面转移。而在当前权力分配失衡、失范的情况下，公共财政监督特别是预算监督可以称得上是一种便于操作、行之有效的权力监督方式。经由对呈现在预算案上的每笔政府收入、支出的审查、核准和执行，作为最高权力机关和立法机关的全国人大能直接、持续地起到控制政府日常行政活动和财政运行的作用，取得比单纯控制"人"或者"事"更具有最直接、最根本和最卓有成效的预期效果。当前和未来一段时间，应落实和强化人大在财政运行全过程中的监督权，以法治思维和法治方式指导财政权的运行，从而达致"法治财政"。为此，应进一步加强人大的财政监督权，做到"立法"和"监督"两翼齐飞。

（二）细致规范：行政机关的财政监督

公共财政是指政府经由赋税为主的特定方式从公民处获得收入后将其支出而实现公共利益，其在现代社会的逻辑前提是民主治理框架下的法定授权。这个基本的财政授权原则已经被写入多数国家的宪法，并成为规范财政运行的基础性规范，其主要实现载体是法定的预算程序。财政授权起始于预算授权（budget authorization）并以预算授权作为其最主要的表现方式，预算法治因此成为财政民主的核心和关键。就公共财政的权源属性而言，公共财政意义上的公共财产是经由私人财产转换而来，其基本要义在于"取之于民"并"用之于民"，取之于私人财产的公共财产之支配仍受到现代财产权保护规则的必要约束。①

1. 财政监督与财政管理的理清

目前，我国行政机关内部的财政监督主要分为两个方面：一是财政机关的监督，二是审计机关的监督。财政部门的监督范围主要包括：（1）监督预算执行情况；（2）监督财经法纪的遵守；（3）受理违反财政税收法令、政策和财务会计制度的举报事宜，办理对坚持执行财经纪律进行打击报复的重点

---

① 参见刘剑文、王桦宇：《公共财产权的概念及其法治逻辑》，载《中国社会科学》2014年第8期。

案件等。审计机关的职能则是"依照法律规定的职权和程序，进行审计监督。依据有关财政收支、财务收支的法律、法规和国家其他有关规定进行审计评价，在法定职权范围内作出审计决定"。实践中，二者的关系显得有些混乱，存在重复、推诿等现象。有学者提出，在立法监督、财政监督和审计监督这三种国家机关自身的监督中，应当有明确的专业分工和协调互补关系，即立法机关侧重于宏观监督，财政部门侧重于日常监督，审计部门侧重于事后监督。① 这一观点有一定价值，点出了财政机关与审计机关职能不清带来的问题。但是，其得出的结论却未必是准确的，审计监督绝不仅仅是事后的核算与问责。监督是管理的一部分，但监督的本质是对其他管理活动进行"再管理"，故而适当切分财政监督机关与其他财政管理机关是有必要的。例如，有学者提出将财政管理体系分为分配管理与监督管理二者，两者在组织机制上适当分离，又有机配合。② 因此，可以考虑将财政机关的职能限定在分配管理上，而由审计机关专司监督管理。

就财政监督方法而言，可以有多种划分方法。根据实施地点可以分为现场监督和非现场监督；根据项目特征可以分为日常监督和专项监督；根据运行阶段可以分为事前监督、事中监督和事后检查；根据目的指向可以分为合规监督和绩效监督；根据组织形式可以分为独立监督和联合监督。③ 就财政内部监督而言，包括对财政管理行为的监督和对内部控制机制运行的监督。前者又可以细分为：（1）对预算编制的监督；（2）对预算执行的监督；（3）对财政决算的监督；（4）对履行监督检查职责的监督；（5）对其他财政审批、管理事项的监督。后者则可细分为：（1）评价内部控制环境；（2）监督内部风险管理；（3）监督内部信息沟通；（4）监督内部控制活动。④

2. 审计监督的独立化

马寅初先生指出："财政之监督，在他国有行政之监督、立法监督与司法监督之分……但在此三种监督之外，尚有审计监督，而审计监督是一种独立行使的职权，不受任何机关或任何系统之干涉。不过行使起来，往往渗透立

---

① 贺靖邦主编：《财政监督文集》，中国财政经济出版社2007年版，第8页。
② 参见欧阳卫红：《财政监督顶层设计应关注的几个理论问题》，载《财政研究》2012年第8期。
③ 参见贺靖邦主编：《中国财政监督》，中国财政经济出版社2008年版，第65—67页。
④ 同上书，第202—207页。

法、行政、司法三种职权之内层。"① 这精辟地揭示了审计监督的独立地位。1977 年，由最高审计机关国际组织大会通过的《利马宣言——关于财政监督的指导方针》（以下简称《宣言》）也明确提出了审计监督的独立性问题。《宣言》指出，审计独立包含三种含义：一是审计组织的独立性，二是审计组织成员的独立性，三是审计组织财政上的独立性。《宣言》还要求审计覆盖财政收支全体，提出"国家对整个财政行为，无论其是否反映以及以何种方式反映在总的国家财政预算中，均受最高审计机关的监督。部分项目未列入国家财政预算，不应该导致这些部分可以免受最高审计机关的监督"。② 从比较法视野看，审计机关从行政机关中独立也是一个普遍趋势。例如，1921 年前，美国联邦政府各部门的会计监督主要由财政部门负责。财政部门设有审计员，进行事前审计，如会计人员不服，则可上诉于财政部的主计官，主计官的决定为最终裁决。而《预算和会计法》设立了总审计署，主计长由总统提名并经参议院同意，任期十五年，除参众两院联合决议外不能免职。总审计署代表国会审核全部政府机构的财政收支账目，并向国会提出审核报告。③

（三）谨慎探索：司法机关的财政监督

就公共财政监督的司法化而言，需要承认两个基本前提：一是政府预算本身或其过程具有可诉性而有获得法律责任强制的可能性，二是所涉政府预算之诉在人大制度下有其存在的法律空间。政府预算是政府就年度财政事项作出的规划性方案，其在人大审议通过之前不得作为有效的政府财务安排，而其一旦经由人大审议程序而获得通过则该预算具有类似法律的高阶地位，在现行法律层面上无成为诉讼标的可能。不过，政府在预算过程中的行为则属于典型的抽象行政行为，其在技术上的可诉性具有研讨空间。一方面，纳税人可以通过人大代表机制来实现对预算监督和问责，另一方面，还可以通过法定程序申请政府预算信息公开，并在未获支持的情况下通过司法程序要求政府履行公开责任，进行居民诉讼。

---

① 参见马寅初：《财政学与中国财政》，商务印书馆 2001 年版，第 120 页。
② 参见任剑涛：《财政监督与政府执行力——对〈利马宣言〉的扩展性解读》，载《中国行政管理》2011 年第 6 期。
③ 参见王名扬：《美国行政法》，中国法制出版社 1995 年版，第 932 页以下。

1. 司法监督的必要性：纳税人权利与公益诉讼

19世纪末期，维护社会公共利益成为司法的一项任务，一种"围绕在公共利益产生的纠纷基础上形成的诉讼"在西方国家应运而生。[①] 以美国为例，1923年的弗洛辛海姆诉梅隆案（Frothingham v. Mellon）[②] 中，最高法院认为原告不是质疑联邦财政支出合宪性的适格主体。但在1968年的弗拉斯特诉科恩案（Flast v. Cohen）[③] 中，最高法院的态度发生重大转变，有条件地承认了纳税人针对财政支出的请求救济权。在中国当前语境下，推动公共财政的法治化进程特别是实现对公共预算的法律控制是当下中国人大制度建设的重要使命。为实现法治财税的理想图景，回应当下我国的现实诉求，必须充分利用本土资源，综合发挥政党、立法、行政和司法的作用，释放纳税人的主体意识，夯实制度进步的基础设施。[④] 一般而言，司法机关本身并不适合对财政问题进行监督审查，因为其并非民选机构，故而应谨慎挑战政府在公共政策问题上的选择。不过，基于纳税人监督权的实现和救济，法院也承担起了财政监督的职能。纳税人的监督权包括对税款征收的监督权和对税款使用的监督权。纳税人在宪法上的监督权是比较抽象的，但其实现的方式则应是具体的、丰富的。

2. 我国应谨慎探索司法监督

结合现代预算的公共性、民主性和法治性等特点，以公民身份理论为视角，当下中国的预算法实施可以划分为三条路径：传统的政治化道路、新兴的社会化道路以及待燎原的司法化道路。在优化民主政治的过程中，需要认真对待这三条道路——政治化道路应达到立法与行政之间预算权配置的平衡，社会化道路应厘定公民预算参与的权利空间，司法化道路应认可预算诉权和引入居民诉讼，是中国预算法律进化和完善的价值判断基础。[⑤] 目前，我国法院总体上不承担财政监督的职能，只能够在税收个案中对具体行政行为作出

---

① 参见左卫民、周长军：《变迁与改革——法院制度现代化研究》，法律出版社2000年版，第100页。
② 262. U. S. 447 (1923).
③ 392. U. S. 83 (1968).
④ 参见熊伟：《法治财税：从理想图景到现实诉求》，载《清华法学》2014年第5期。
⑤ 参见蒋悟真：《中国预算法实施的实现路径》，载《中国社会科学》2014年第9期。

评判。① 从国家权力配置整体来看，法院系统在短时间内还较难承担财政监督的任务。这有三方面原因：一是国家主导的现代化方略；二是行政主导的社会管理模式；三是代议机关主导的根本政治制度。② 我国可以借鉴西方国家司法"违宪审查权"的做法，这样有助于对争议的公共财政问题在更大的社会公共空间进行讨论和反思，最终形成彻底的国家财政管理的法治环境。③ 新时期要进一步发扬社会主义民主政治优势，公众参与预算制度就体现出公共预算与民主政治互动的立法回应。从地方政府制度创新与典型案例借鉴的角度，建议未来预算体制可确立民主预算理念，增加预算征询、听证、绩效评价、教育等公众参与制度。④

二、规则设计：财政监督法律框架体系及其具体制度

构建现代公共财政监督体系，应当按照规范化、民主化和法治化的总体要求，着力构筑统一完整、法治规范、公开透明、运行高效的监督体制和机制。财政制度是否合理与正当，与个人让渡给国家的私人财产和享受的公共产品或服务的数量和质量正向关联。建立一个对人民负责的政府，是现代治理的核心问题。"预算制度之成立，自史实观之，实在立宪政体发达之后。迨后租税发达，人民以参政为纳税之条件，于是民权遂因而浸渐发达。人民既获参政之权，于是对于政府岁出岁入之财政计划，渐渐予以监督及控制。"⑤ 以预算制度为核心的公共财政监督，除了需要民主法治的基础性理念和价值指引方向，还需要具体的法律框架体系和制度规则予以贯彻落实，并通过这

---

① 而且此种司法监督还要受到"两个前置"的限制。我国《税收征收管理法》第88条规定："纳税人、扣缴义务人、纳税担保人同税务机关在纳税上发生争议时，必须先依照税务机关的纳税决定缴纳或者解缴税款及滞纳金或者提供相应的担保，然后可以依法申请行政复议；对行政复议决定不服的，可以依法向人民法院起诉。""当事人对税务机关的处罚决定、强制执行措施或者税收保全措施不服的，可以依法申请行政复议，也可以依法向人民法院起诉。""当事人对税务机关的处罚决定逾期不申请行政复议也不向人民法院起诉、又不履行的，作出处罚决定的税务机关可以采取本法第四十条规定的强制执行措施，或者申请人民法院强制执行。"

② 参见周刚志：《财政转型的宪法原理》，中国人民大学出版社2014年版，第224—226页。

③ 参见文炳勋：《公共财政的宪治基础：人大财政监督制度的改进与完善》，载《财政研究》2006年第4期。

④ 参见宋彪：《公众参与预算制度研究》，载《法学家》2009年第2期。

⑤ 何廉、李锐：《财政学》，商务印书馆2011年版，第448页。

些制度安排来实现公共财政监督的真正法治化和有效性。

(一) 应然建构：公共财政监督法律框架体系

财政监督的实质是通过寻求公共财政支配权的授予与约束的均衡点，以确保政府及其官员不能滥用权力去危害正常和正当的市场活动并能有效地维护市场秩序，进而有效地提高公共财政再分配过程中的正当性。[①] 从学理上说，财政监督法律制度涵盖了财政监督机关的设立、财政监督机关的职权、财政监督的途径与程序等内容，存在于财政运行的各个环节，除了国家机关的监督外，还包括新闻媒体和社会公众等"体制外"的监督机制。国家预算的建立过程，是封建君主的专制权力被剥夺的总过程的一个组成部分。而从政治学的角度来看，政府预算是各利益相关方为争取利益进行政治争夺的过程。各方通过预算实现自己的政治目的，而政治斗争的结果体现为政府预算的计划安排。

1. 预算法治：一个妥适的框架

"预算改革运动寻求的是解决如何在一个群体社会中将预算作为联系公民与发展中的国家的新途径以维护可行的代议民主的问题。"[②] 在终极取向上，预算的民主性和法治性归根结底还是通过约束政府财政权来有效保护私人财产权。财政和预算问题，成为政治学理论和政治运作过程关注的焦点和核心，是以财政权和行政权为基础的国家权力集中与分散、冲突与协调的具体体现。"所谓预算统制，就是预测国家全部的行政活动，造成一个以数字表现的事前计划，作为指导、监督一切行政活动的有效工具。"[③] 从现代社会来看，"公共预算不仅仅是技术性的，它在本质上是政治性的"。[④] 而政治的实现过程，在核心层面上亦是行政机关和立法机关在财政领域的博弈和平衡的过程。处于国家预算制度约束下的财政，与以往任何时期财政的关键性区别，却是其

---

① 参见贺靖邦主编：《中国财政监督》，中国财政经济出版社2008年版，第24—25页。
② 〔美〕乔纳森·卡恩：《预算民主：美国的国家建设和公民权（1890—1928）》，叶娟丽等译，格致出版社、上海人民出版社2008年版，第5页。
③ 参见马寅初：《财政学与中国财政——理论与现实（上）》，商务印书馆2006年版，第25页。
④ 〔美〕爱伦·鲁宾：《公共预算中的政治：收入与支出，借贷与平衡》，叶娟丽、马骏等译，中国人民大学出版社2001年版，第1页。

具有的财政分权与制衡的内容。① "预算经过了一个多世纪的发展,成为管理、政策和财政控制的综合性工具"②,并围绕公共财政和政策的制订,在政治过程中发挥更加核心和关键的作用。

2. 制度体系:应予展开的规则

基于应然建构的立场,公共财政监督法律框架体系及其规则制度,大致可以包括如下内容:一是着眼于财政管理健全原则,健全财政监督法制,构建层次分明、内容完整、规制精细的财政监督法律法规和配套措施;二是着眼于财政主体明确原则,强化财政监督主体,按照全面加强监督和精简效能的要求,明确划分各种财政监督主体的权责,构建责任清晰、权责匹配和运行有效的财政监督机构体系;三是着眼于财政民主统制原则,从制度上实现对财政权力运行的制约和监督,完善预算编制、审查、执行和监督相互协调、相互制衡的财政内部分工体制;四是着眼于全流程监督原则,实现无缝隙财政监督,采取日常监督、派驻监督、专项检查、绩效监督等多种方式,强化事前、事中和事后全过程监督,完善对财政资金运行全过程的动态监控机制;五是着眼于立体化监督原则,形成监督合力,建立重大监督检查信息公开、检查结果共享制度,加强监督主体之间的沟通配合,构建既各负其责又密切合作的财政监督工作协调机制。③

(二) 改革完善:公共财政监督重点法律制度

"有关预算之管理,为求国家财政永续经营发展,应谋求财政收支均衡,以及适正的预算管理营运,避免举债过度,导致债留后一世代,而违反世代正义之要求。"④ 长期以来,我国的财政监督主要是以合规性监督为准。随着政府绩效管理和财政体制改革的不断深化,财政资金的绩效问题日益受到关注。近年来,我国各级财政部门也越来越重视绩效管理,初步建立了财政支出的绩效评价体系。在此背景下,绩效监督也逐步成为财政监督工作的重要

---

① 参见张馨:《比较财政学教程》,中国人民大学出版社1997年版,第288页。
② 〔美〕爱伦·S.鲁宾:《阶级、税收和权力:美国的城市预算》,林琳、郭韵译,格致出版社、上海人民出版社2011年版,第32页。
③ 参见齐守印等:《构建现代公共财政体系:基本框架、主要任务和实现路径》,中国财政经济出版社2012年版,第258—259页。
④ 陈清秀:《现代财税法原理》,台湾元照出版有限公司2015年版,第566—567页。

关注点。① 公共财政监督的法律制度可以分为三大部分：第一部分是《宪法》及宪法性财政法律中的规定，这是财政监督制度的最高法律规范；第二部分是《财政监督法》《国库管理法》及与之配套实施的《政府会计法》《审计法》，这是专门的财政监督法律；第三部分是散见于其他法律中的财政监督条款和财政管理制度方面的技术规范，如《预算法》中关于预算监督的规定。

1. 预算监督法律制度

发达国家财政监督主要体现为对财政支出特别是对预算的监督。这在第三章已经作了深入解析。2014年8月31日，我国对《预算法》进行了第一次修正，这是一次"革命性"的修法，因为其彻底革新了预算法的立法宗旨和理念，对于完善预算监督、建立现代财政制度具有奠基性的历史意义。其进步意义体现在：

第一，革新立法宗旨，让预算从"政府的管理工具"转变为"监督政府的工具"。现代预算制度的要义，在于秉持"公共财政"理念，不仅仅把预算当作简单的国家会计管理工具，而是着眼于对财政收支计划所承载的公权力进行控制与规范。2014年《预算法》修改的最大亮点，也正是树立了这种现代预算观念，将立法宗旨从过去的"宏观调控"转变为"规范政府收支行为"，使政府从管理主体变为规范对象，实现了从"管理型预算"向"法治型预算"的转轨。形象地说，旧观念中的预算法是一种"治民之法"，是政府用来管理钱袋子的法律。而新观念中的预算法则是一种"治权之法"，是用来规范政府管理钱袋子之权力的法律。

第二，对预算权配置作了优化。所谓预算权，就是进行预算编制、审批、执行和监督的权力，其中最为核心的是预算审批权。2014年修正的《预算法》在一定程度上加强了人大的预算审批权，如要求报请人大审批的预算草案进一步细化，强化了预算的初步审查制度，以及明确了审查预算草案及其报告、预算执行情况的报告的重点审查内容。特别值得注意的是，要求县、乡两级人大在审查预算草案前，应当组织人民代表"听取选民和社会各界的意见"，这是预算民主方面的一大进步。

第三，首次明确将"预算公开"写入法律规定，这实际上是对预算监督

---

① 参见贺靖邦主编：《中国财政监督》，中国财政经济出版社2008年版，第215—227页。

权的保障。2014 年修正的《预算法》在这方面的规定表现出三大亮点：一是范围广，规定"预算、预算调整、决算、预算执行情况的报告及报表"，除涉及国家秘密的之外，都要向社会公开；二是可操作性较强，规定了公开的责任主体和具体时限，并要求对政府举借债务情况、部门机关运行经费情况等重要事项作出说明；三是可问责，专门规定了不公开的法律责任，即"责令改正，对负有直接责任的主管人员和其他直接责任人员追究行政责任"。与此同时，也要求进一步细化预算编制，提出预算支出按功能分类应编列到项，避免因预算案过于粗糙而影响公开效果，以求真正实现预算"看得到，听得懂，能监督"。

第四，要求强化预算监督追责机制。2018 年修正的《预算法》专设第 9 章明确各级人大及其常委会监督本级预算、决算的权力，同时新设第 10 章规定法律责任。

客观地说，现行《预算法》在财政监督方面取得了巨大进步，其立法理念是较为科学的，但在相关实施条例及细则制定中存在诸多分歧，导致未及时将《预算法》的诸多改革举措落到实处。

2. 国库管理法律制度

在这一方面，核心任务是推进国库集中收付制度。这具有重要的现实意义。首先，它有利于库款统一调度，降低财政资金运行成本，提高财政资金使用效益；其次，它有助于强化财政预算执行，有效地防止单位挤占、挪用和截留财政资金；最后，它有利于健全财政监督机制，从源头上有效预防和遏制腐败。

此前，我国存在大量的财政专户，国库集中支付的难度较大。虽然从广义上可以说，财政专户已经纳入国库集中支付体系，但是，这种纳入只是就净额而言的，国库并不能实施监控财政专户每笔资金的往来，而只是周期性地接受财政专户的结果性信息。现行《预算法》中明确了"国库业务由中国人民银行经理"，并对财政专户、预算会计（国库会计）确认基础、国库现金管理、退库、国库集中收付等方面进行了规定。特别值得注意的是，现行《预算法》取消了之前"国库单一账户体系"的表述，对财政专户作了严格规定，这为完善国库集中收付制度、实现"国库收支一本账"奠定了制度基础。

不过，国库集中支付制度在推行过程中必然会遇到相当的阻力，这既来自原先既得利益群体的抵触和制度转轨成本，也来自委托代理难题①以及信息化建设和全口径预算不到位带来的困难。未来应规范机构设置，完善部门预算，强化预算监督，加强信息化建设，建立动态监控体系。②

3. 审计与会计法律制度

我国《审计法》第2条规定："国家实行审计监督制度。坚持中国共产党对审计工作的领导，构建集中统一、全面覆盖、权威高效的审计监督体系。国务院和县级以上地方人民政府设立审计机关。国务院各部门和地方各级人民政府及其各部门的财政收支，国有的金融机构和企业事业组织的财务收支，以及其他依照本法规定应当接受审计的财政收支、财务收支，依照本法规定接受审计监督。审计机关对前款所列财政收支或者财务收支的真实、合法和效益，依法进行审计监督。"

从我国审计法律制度执行情况来看，现阶段还存在着一些突出问题：第一，各级审计机关由同级政府首长领导，内部审计意味明显，审计独立性难以得到保证。第二，在审计质量控制方面，现场审计的质量控制、绩效考核及总结评价等方面存在较多不足。第三，审计报告反映问题的整改情况、移送处理的落实情况以及审计建议的执行效果等问题有待进一步完善。

从长远来看，探索审计机关逐渐独立于行政机关转由立法代议机关直接领导不失为强化财政监督的可行之道。短期而言，第一，亟须适应审计监督新形势，及时健全和完善审计法律体系框架。在《宪法》和《审计法》以及实施条例的基础上及时出台与现有审计法律体系框架相配套的规章制度和专业审计指南体系。第二，依据现有的审计法律法规的规定，健全和完善审计项目审理制度，切实提高审计工作的质量和水平。强化审计项目实质性审理程序和效果，建立制定过错责任追究制度，增强审计人员的责任意识和风险意识，积极防范审计风险。第三，提高审计人员的法律素质和依法审计的能力，有效发挥审计监督"免疫系统"功能。

---

① 参见田发、宋友春：《构建国库集中支付监督制约机制——委托代理理论框架下的分析》，载《中央财经大学学报》2004年第12期。

② 参见赵利明、童光辉：《深化乡镇国库集中支付制度改革的实践与思考》，载《中国财政》2014年第16期。

我国《会计法》规定，财政部门对各单位的会计账簿设置、会计凭证、财务报告等其他会计资料的真实完整、会计核算、会计人员从业资格等进行监督。我国现行《会计法》于1985年发布实施，后续经过了1999年修订和1993年、2017年两次修正。近年来，随着我国全面深化改革的持续推进，会计法的实施环境已经发生了重大变化，经济社会发展和会计改革工作中的新情况、新问题亟需以法律形式加以明确和规范，要求我们通过修订完善会计法，以良法促进发展、保障善治。2019年10月21日，财政部发布了关于《中华人民共和国会计法修订草案（征求意见稿）》向社会公开征求意见的通知。经济生活日新月异，当前《会计法》中缺乏对内部控制、管理会计、会计信息化等新事物的规定。与此同时，现行《会计法》部分条款法律层级定位不清，例如现行《会计法》某些条款过于细致，不少应该属于法规体系中第二层级规定的内容却列入了第一层级的《会计法》中。

在政府会计方面，党的十八届三中全会审议通过的《关于全面深化改革若干重大问题的决定》以及十八届五中全会审议通过的《关于制定国民经济和社会发展第十三个五年规划的建议》中均提出，改进预算管理制度，建立跨年度预算平衡机制，建立权责发生制的政府综合财务报告制度。这里的权责发生制的政府综合财务报告制度就是政府会计制度。随后，国务院《关于深化预算管理制度改革的决定》中提出，研究制定政府综合财务报告制度改革方案、制度规范和操作指南，建立政府综合财务报告和政府会计标准体系，研究修订总预算会计制度。待条件成熟时，政府综合财务报告向本级人大或其常委会报告。研究将政府综合财务报告主要指标作为考核地方政府绩效的依据，逐步建立政府综合财务报告公开机制。

新时期建立权责发生制的政府财务报告制度亟须一部《政府会计法》作为制度支撑，以法律明确政府会计主体的标准、内涵和外延。此外，预算会计和财务会计的关系也有待明确，这两者均为政府会计体系的组成部分，应长期共存并互相协调，以此促进我国财政监督体制向制度明晰、信息透明、治理规范、决策科学的目标迈进。

4. 财政支出监督法律制度

目前，我国对于财政支出的法律监督相对较弱。其实，我国整个财政支出的法治化水平都不高，只有《政府采购法》一部法律，财政投资、财政融资、财政贷款、政府和社会资本合作（PPP）等方面几乎是法律空白，主要是由各类行政规章和规范性文件加以明确。

在《政府采购法》中，规定了政府采购监督管理部门应当加强对政府采购活动及集中采购机构的监督检查。监督检查的主要内容是：（1）有关政府采购的法律、行政法规和规章的执行情况；（2）采购范围、采购方式和采购程序的执行情况；（3）政府采购人员的职业素质和专业技能。该法要求集中采购机构应当建立健全内部监督管理制度。采购活动的决策和执行程序应当明确，并相互监督、相互制约。同时，规定审计机关应当对政府采购进行审计监督，监察机关应当加强对参与政府采购活动的国家机关、国家公务员和国家行政机关任命的其他人员实施监察。

上述规定总体是较为合理的，搭建起了基本的法律框架，但是限于立法时间较早，也有两个方面存在改进空间：一是应当建立财政支出的绩效监督。[①] 要建立绩效数据的监测系统，科学运用绩效监督方法，对财政支出的结果进行评价，并以此为依据调整未来的支出计划；二是应当强调人大的财政支出监督权。要提高财政支出预决算编制的完整性、科学性、透明性，并对违法违规和明显失误的财政支出进行问责。[②]

5. 纳税人财政监督法律制度

公共财政的立基之本是"公共性"（public），这至少表现为两点：一是在理念上的公共性，即财政支出应以公共利益和公共价值为目标追求；二是过程上的公共性，即在财政支出这种公共活动中存在有效的公共决策参与通道和选择机制。[③] 因此，整个公共财政制度应当围绕保护和实现纳税人权利来展开。具体来说，财政收入源自纳税人对私有财产的让渡，财政支出也直接关系到纳税人积极权利的实现，因此有必要赋予纳税人以有效的救济渠道。对此，国际主流做法是建立纳税人诉讼制度。

不过，正如前文分析的那样，我国法院系统对财政问题的介入在短时期内仍应保持高度审慎的态度。因此，更为稳妥的做法是保障纳税人在法治框

[①] 参见何兆斌：《开展财政支出绩效监督的思考》，载《新视野》2007年第3期。

[②] 参见宁立成、张兰兰：《论我国财政支出监督法律制度的改革》，载《江西社会科学》2014年第1期。

[③] 参见孙柏瑛：《公共性：政府财政活动的价值基础》，载《中国行政管理》2001年第1期。

架内拥有畅通的申诉渠道。例如，2014 年修正的《预算法》就专门增加第 91 条："公民、法人或者其他组织发现有违反本法的行为，可以依法向有关国家机关进行检举、控告。接受检举、控告的国家机关应当依法进行处理，并为检举人、控告人保密。任何单位或者个人不得压制和打击报复检举人、控告人。"相比于过去泛泛的检举、控告权而言，此处的规定明确要求"应当依法进行处理"，往前推进了一步。但是，这仍然是不够充分的，例如没有明确"有关国家机关"，也没有规定其不进行处理的救济机制（如能否要求复核、申请行政复议或提起诉讼）。

三、中期目标与远景规划：中国公共财政监督的时间表与路线图

自 20 世纪 80 年代以来，国家能力是社会经济发展的关键性因素已经成为普遍接受的观点。在国家能力中，预算能力是国家能力最重要的支撑。"毫不夸张地说，治理能力在很大程度上依赖于预算能力。如果没有预算能力，中央政府不可能发展到如此庞大，也不可能行使这么多权力。如果没有预算的约束和规范，巨大的、积极的政府将是不可想象的。"[1] 就当下中国而言，在加强国家能力建设过程中，预算能力和财政监督能力至关重要。一个国家若需要成功地引导经济和社会发展，首先必须能够从社会中汲取财政资源。在国家财政充裕之后，必须建立起一个运行良好的预算体制，在确保财政可持续的条件下，有效地利用财政资源，实现国家的财政目标，满足公民的需要。而在其中，作为现代公共预算制度基石的预算控制体系，包括政府内部的行政控制和立法机构的预算监督，仍未完全有效地建立起来。[2]

（一）政策导引：财政监督在全面深化改革中的地位与级次

在基本权利体系中，生命权是基本前提，财产权是生存基础，人身自由

---

[1] Allen Schick, *Capacity to Budget*, The Urban Institute Press, 1990, p. 1.
[2] Jun Ma, "If You Cannot Budget, How Can You Govern?", *Public Administration & Development*, vol. 29, 2009.

则是逻辑起点。① 在西方国家，财产权被视为与生命权、自由权同等重要的基本人权。与此同时，"以财产为后盾的独立自主是自由的一个必不可少的基础"②，财产权构成了基本权利的核心内容。2004 年中国《宪法》修改中首次采用了"公民私有财产权"的概念，并在第 13 条第 1 款明确规定："公民的合法的私有财产不受侵犯。"同时还在第 2 款和第 3 款规定可对私财产权的适当限制，"国家依照法律规定保护公民的私有财产权和继承权。""国家为了公共利益的需要，可以依照法律规定对公民的私有财产实行征收或者征用并给予补偿。"在公共财政领域，应特别注重行政法治中约束政府财政权和张扬纳税人权利，推动权力规范运行来约束财政权力的膨胀并借以促进国民权利实现。但是应当注意到，中国目前所处的社会主义初级阶段也必然内生性导致尊重和保障基本权利特别是财产权仍将是一个长期的过程，需要建立在法治政府的彻底转型基础上。

1. 中央文件梳理

2013 年 11 月，中共十八届三中全会通过了《关于全面深化改革若干重大问题的决定》(以下简称《决定》)。《决定》提出："财政是国家治理的基础和重要支柱，科学的财税体制是优化资源配置、维护市场统一、促进社会公平、实现国家长治久安的制度保障。"《决定》还对改进预算管理制度、完善税收制度以及建立事权和支出责任相适应的制度等三个方面改革任务作了总体部署。此外，《决定》第十章专门对权力监督制约体系与机制提出了要求。2014 年 6 月 30 日，中共中央政治局召开会议并审议通过了《深化财税体制改革总体方案》(以下简称《方案》)。这是首个以中央最高层决议形式通过的具有整体性、总揽性、框架性的财税体制改革方案。《方案》进一步强调"财税体制在治国安邦中始终发挥着基础性、制度性、保障性作用"，并明确提出了财税体制改革的总体目标是"建立统一完整、法治规范、公开透明、运行高效，有利于优化资源配置、维护市场统一、促进社会公平、实现国家长治久安的可持续的现代财政制度"。值得注意的是，《方案》中也多次强调了"实现有效监督""法治规范"等表述。2014 年 10 月，中共十八届四中全会通

---

① 参见汪进元：《基本权利的保护范围：构成、限制及其合宪性》，法律出版社 2013 年版，第 224—225 页。

② 〔美〕埃里克·方纳：《美国自由的故事》，王希译，商务印书馆 2002 年版，第 31—32 页。

过了《关于全面推进依法治国若干重大问题的决定》，该《决定》在"三、深入推进依法行政，加快建设法治政府"中提出"推进机构、职能、权限、程序、责任法定化"。2015年10月，中共十八届五中全会通过了《关于制定国民经济和社会发展第十三个五年规划的建议》，该《建议》提出要"完善各类国有资产管理体制，以管资本为主加强国有资产监管，防止国有资产流失"。2016年10月，中共十八届六中全会研究全面从严治党重大问题，对新形势下党内监督提出新要求，坚持供给侧结构性改革，发挥财政政策作用。2017年10月，中共十九大报告关于财税体制改革的论述集中在"贯彻新发展理念，建设现代化经济体系"部分，提出要"加快建立现代财政制度，建立权责清晰、财力协调、区域均衡的中央和地方财政关系。建立全面规范透明、标准科学、约束有力的预算制度，全面实施绩效管理。深化税收制度改革，健全地方税体系"。"十四五"规划进一步提出要"深化预算管理制度改革，强化对预算编制的宏观指导和审查监督。加强财政资源统筹，推进财政支出标准化，强化预算约束和绩效管理""建立权责清晰、财力协调、区域均衡的中央和地方财政关系""完善财政转移支付制度，优化转移支付结构，规范转移支付项目。完善权责发生制政府综合财务报告制度。建立健全规范的政府举债融资机制"。而与此同时，自党的十八大以来，我国加快对财政收支领域立法工作，制定一部涵盖所有政府资金的"财政基本法"也被提上了议事日程。

2. 基本逻辑分析

财政监督是财政的固有职能，是政府监督和财政法治的重要组成，是财政管理和财政运行不可或缺的重要环节。当前和未来一个时期，在重点推进预算制度改革、财税体制改革和中央与地方政府间财政关系改革三大任务的同时，在推进法治中国建设的道路上，必须注意从理财治国的层面正确把握财政监督的内涵，将加强公共财政监督法治化、全面化、绩效化作为改革目标的重要方面，需要在提高立法层次，建立起规范、标准的财政监督程序，提高财政监督法治化程度的前提下，着力实现财政监督主体、范围、内容和方式的全面化，在合规性监督的基础上进行有效性监督，并将监督结果予以合理应用。①

(二) 中期目标：2025年前紧抓重点领域推动财政监督转型

现代财政制度上升到国家治理的高度，是国家治理的基础和重要支柱。而基于"法治是治国理政的基本方式"②的政策立场，新一轮的财税体制改革将积极寻求其治理体系制度化和治理能力法治化的正当化路径。③ 通常认为，现代预算制度是现代财政制度的逻辑前提和制度基础，而预算制度改革是整个深化财税体制改革的总枢纽和总关键。就改进预算管理制度而言，无论是"强化预算约束、规范政府行为、实现有效监督"，还是"加快建立全面规范、公开透明的现代预算制度"，都应坚持在最根本的人民代表大会制度下推进，特别是"加强人大预算决算审查监督"④，通过作为权力机关的立法机关来代表人民对政府预算和公共财政实施审查和监督，以进一步提高民主政治和预算法制的治理水平以及强化权力运行制约和监督的治理能力。

1. 以预算制度改革为突破口和抓手

"预算经过了一个多世纪的发展，成为管理、政策和财政控制的综合性工具"⑤，并围绕公共财政和政策的制订，在政治过程中发挥更加核心和关键的作用。在当前阶段，财税体制改革的主要任务是集中推进预算管理、税制改革、事权和支出责任划分三大方面。其中，从逻辑上看，预算管理制度改革是基础、要先行。而预算管理与公共财政监督密不可分。"公共预算不仅仅是技术性的，它在本质上是政治性的。"⑥ 整个现代预算制度的存在，就是为了对政府的财政收支进行有效的监督和控制。为此，应当在落实《预算法》的过程中，着力构建和完善财政监督体系与机制。

第一，要通过有效开展预算审查，来强化人大在预算审批中的核心地位。

---

① 参见马海涛、郝晓婷：《财政监督演变与财税体制改革——改革开放四十年的回顾与展望》，载《财政监督》2018年第11期。
② 参见《中共中央关于全面深化改革若干重大问题的决定》。
③ 参见张文显：《法治与国家治理现代化》，载《中国法学》2014年第4期。
④ 参见《中共中央关于全面深化改革若干重大问题的决定》。
⑤ 〔美〕爱伦·S. 鲁宾：《阶级、税收和权力：美国的城市预算》，林琳、郭韵译，格致出版社、上海人民出版社2011年版，第32页。
⑥ 〔美〕爱伦·鲁宾：《公共预算中的政治：收入与支出，借贷与平衡》，叶娟丽、马骏等译，中国人民大学出版社2001年版，第1页。

要根据《预算法》关于预算初步审查制度以及审议预算草案及其报告、预算执行情况的报告时重点审查内容的规定,在实践中加以探索和发展。要有效落实《预算法》关于"县、自治县、不设区的市、市辖区、乡、民族乡、镇的人民代表大会举行会议审查预算草案前,应当采用多种形式,组织本级人民代表大会代表,听取选民和社会各界的意见"的规定,更好地集中民智、表达民意,履行人大作为权力机关的法定职责。

第二,要打造透明预算,打造好财政监督的关键工具。《预算法》在这方面的规定表现出三大亮点:一是范围广,规定"预算、预算调整、决算、预算执行情况的报告及报表",除涉及国家秘密的之外,都要向社会公开;二是可操作性较强,规定了公开的责任主体和具体时限,并要求对政府举借债务情况、部门机关运行经费情况等重要事项作出说明;三是可问责,专门规定了不公开的法律责任,即"责令改正,对负有直接责任的主管人员和其他直接责任人员追究行政责任"。与此同时,也要求进一步细化预算编制,提出预算支出按功能分类应编列到项,避免因预算案过于粗糙而影响公开效果,以求真正实现预算"看得到,听得懂,能监督"。这些规定需要相应细化,并尽快推行。

第三,要以化解地方债务风险为契机,强化地方财政的监督体系。在《预算法》和国务院办公厅下发的《国务院关于加强地方政府性债务管理的意见》中,大大强化了权力机关、上级行政机关和社会公众对地方债的监督权,构建了对地方政府发债权的权力制约监督机制。根据相关条款规定,地方借债规模由国务院报全国人大或全国人大常委会批准后分别下达限额,财政部对地方政府债务实施监督,这保障了中央对地方债务的总体控制。而省级政府在限额内举借债务,也必须报本级人大常委会批准,体现了权力机关对行政机关的有效监督。同时,坚持"预算管债",并将地方债作为各级人大对预决算的重点审查内容,还专门要求公开预决算时必须向社会对举借债务的情况作出说明。

2. 稳步推动财政监督模式全面转型

法治财政的核心是政府在财政领域的行政行为需要按照法律的授权以及法律规定的程序进行,其作为公权力的属性也决定了财政行为是一种应受制约和控制的规制领域。法治国家的治理基础是财政,财政运行的规范依据是法律，财政运行的过程控制是监督。监督在公共财政法治化建设中居于非常重要的位置，需要进一步加强和完善。结合国际经验、基础法理和中国语境，当前和未来一段时期，在重点推进预算管理制度改革的同时，应当有计划、分步骤地开展财政监督的体制机制创新，推动财政监督模式的六大转型：一是从行政监督为主转变为立法监督为主的多元化监督；二是从事后监督处罚为主转变为事前预防、事中管控和事后追究相结合的全流程监督；三是从财政收入监督为主转变为财政收入与支出监督并重的全口径监督；四是从突击检查审计为主转变为制度性监督审计的常态化监督；五是从外部监督为主转变为内外并重的全范围监督；六是从合法性监督为主转变为合法性与合理性并重的绩效型监督。① 从近年来中央政策文件部署来看，按照建立现代财政制度的要求，明确我国财政监督转型的总体方向，做好顶层设计，到 2025 年实现财政监督模式全面转型，从而更好地服务于财政改革与发展大局。

（三）远景规划：建成公共财政监督法律制度

随着现代以来国家职能的不断扩张，行政作用日趋复杂化与多样化，财政规模随之大幅膨胀，但同时，"此种'量'的变化，终将迫使各方不得不正视财政规范之'质'的低落问题"。② 威尔逊也曾明确承认当时美国国会对联邦政府财政事务的不甚了解，"当要决定税收问题时，国会也得不到训练有素、有实际经验的金融家的有益指导"。③ 政府部门的专业化特征在某种程度上决定了其对财政事项的技术性垄断特征，但行政权需要受到最严格的约束已经是不争的事实。基于私人财产权保护的税收法定原则以及对公共财政的权力制衡更是提上了公法学和宪治实践的观念议程，而作为其中基础性组成的预算法治，则使得财政收入与支出及其营运管理无时不以公民基本权之保障为依归。未来的公共财政监督法律制度远景规划和总体设计，应建立在公权力制约和财产权保障这一基础性前提之上。

---

① 参见贾康：《关于财政监督问题的探讨》，载《经济纵横》2007 年 2 月刊创新版。
② 参见蔡茂寅：《财政作用之权力性与公共性——兼论建立财政法学之必要性》，载台湾《台大法学论丛》1996 年第 4 期。
③ 参见〔美〕威尔逊：《国会政体：美国政治研究》，熊希龄、吕德本译，商务印书馆 1986 年版，第 82 页。

1. 推动人大审查监督地位实质回归

基于行政权约束的预算规则是近现代宪法产生和发展的经济基础和制度前提，而议会制度则在持续推进财政民主和预算法治的过程中实现地位变迁和规则优化，以实现"法治国"图景并保护公民财产权。在准确阐释人民代表大会制度的权力法源和功能定位基础上，通过控制与公民财产权直接冲突的公共财产权来实现人民代表大会权力的实质回归，是当下国家治理理论完善和制度实践的可能方向和妥适路径。一是预算监督权。应当强化人大在预算准备、审查、执行和绩效评估各阶段的作用，重点是明确人大的预算修正权，并推行预算分项审批制。二是强化人大对财税授权立法的监督与控制。我国《立法法》第 96 条、第 97 条规定全国人大常委会有权撤销超越权限的行政法规，但对该撤销程序如何启动及运行却没有相应规定。现实中，这一制度也一直处于"沉睡"状态，人大对其授权立法缺乏实际的控制力。在我国《立法法》修订过程中，授权立法制度作了一定的完善，如第 10 条增加规定了"授权决定应当明确授权的目的、事项、范围、期限、被授权机关实施授权决定的方式和应当遵循的原则等"，并明确授权的期限除授权决定另有规定外不得超过 5 年。从根本上看，完善人大财政监督制度的基础在于从宪法架构上明确人大与政府财政权力的合理分配，规范人大财政监督的职能、程序与运作机制，确保人大财政监督的法治化。①

2. 推动审计机关独立履行监督职责

我国《宪法》对国家的审计监督制度作了明确规定。依照《宪法》，由国务院和县级以上地方人民政府设立审计机关，按照法定的职权和程序，对财政收支和与国有资产有关的财务收支进行审计监督。这对于保证国有资金的依法合理使用，防止国有资产的损失浪费，促进廉政建设，具有十分重要的意义。我国《审计法》历经 2006 年、2021 年两次修正。新修正《审计法》在保持原《审计法》框架结构和基本内容不变的基础上，主要在健全审计监督机制、完善审计监督职责、优化审计监督手段、规范审计监督行为、强化审计查出问题整改、加强审计机关自身建设等方面作了修正。2021 年的《审

---

① 参见文炳勋：《公共财政的宪治基础：人大财政监督制度的改进与完善》，载《财政研究》2006 年第 4 期。

计法》修正很好地适应了《宪法》的规定和社会经济发展的要求，进一步强化了审计机关的地位和职能。根据法治财政及公权力应在法律的框架下运行的法理和政策，审计机关独立履行监督职责是不可逆转的趋势。《审计法》的未来，在条件成熟时，不排除可以考虑将审计署从国务院政府部门序列中独立，直接向全国人大负责和报告工作。各级审计机关应实行全国垂直领导，不受当地政府的管辖。

3. 根据情况择机制定《财政监督法》

目前，我国的财政监督法律体系相当不健全，立法需要的基本共识和相关制度也未到位，立法难度较大，且制定之后的实施预计也会遇到相当的阻力。正如哈耶克指出的那样，法律，即以审慎刻意的方式制定法律，是"人类所有发明中充满了最严重后果的发明之一"，但"法律本身却从来不是像立法那样被发明出来的"。[①] 但作为基本常识的是，财政预算的运行事关纳税人的最重要的基础性财产权益，应实行最为严格的法律控制，并实施最为严格的财政监督手段。从根本意义上讲，财政监督的关键在于制度的实际运行，而不仅仅是形成制度本身。在最近的一个阶段，暂不必急于制定《财政监督法》，而应重点关注上位法及关联法的执行和落实情况，在条件成熟时再考虑制定《财政监督法》。在当下中国，较为现实的路径是，先贯彻落实《预算法》《审计法》等一系列基础性法律，并制定实施一批有实效性的配套制度，在实践中进行检验与发展，待2025年前后公共财政监督改革基本完成，再以立法形式确立改革成果。从长期来看，财政监督需要覆盖国家财政活动的各个方面和各个环节，因此制定一部《财政监督法》有助于规范财政监督行为、提升财政监督实效，也将标志着我国改革财政监督法律制度的基本建成。

为推动财政监督法治化进程，使公共财政监督体系规范化、程序化，必须制定统一的《公共财政监督法》。我国应借鉴国外成功经验和做法，通过立法给予公共财政监督明确的法律地位，使公共财政监督工作真正做到有法可依，达到充分发挥公共财政监督应有作用的目的。《公共财政监督法》应全面系统地规定立法监督、行政监督（包括财政机关、审计机关的监督）和社会

[①] 〔英〕弗里德里希·哈耶克：《立法、法律与自由（第1卷）》，邓正来等译，中国大百科全书出版社2000年版，第113页。

监督各监督主体的地位、监督程序、监督方式、监督方与被监督方的权利义务和法律责任；赋予公共财政监督主体独立的监督权和处理权，规定公、检、法、银行等部门配合的义务，使其既有检查权，又有扣缴、划拨、冻结账户等处罚权。

具体而言，《公共财政监督法》应包括下列几章：（1）总则，包括立法宗旨、适用范围、监督原则；（2）监督方、被监督方和监督范围；（3）监督方和被监督方的权利义务；（4）监督程序；（5）法律责任；（6）附则。《公共财政监督法》的出台，一方面可以解决公共财政监督的程序依据、处理标准、范围界限等问题，另一方面也可以解决公共财政监督检查机构法定职权不明、执法程序不清、检查质量缺乏保证的问题，同时还可以解决公共财政监督执法环境不理想的问题。因此，现阶段切实解决公共财政监督立法滞后的问题，是增强公共财政监督执法刚性的当务之急。

主要参考文献

一、外文文献类

Allen Schick, *The Capacity to Budget*. The Urban Institute Press, 1990.

Allen Schick, *Repairing the Budget Contract between Citizens and the State*, OECD Journal on Budgeting, vol. 11, Issue 3, 2011.

Aaron Wildavsky. "If You Can't Budget, How Can You Govern?" In Anderson, Annelise & Dennis L. Bark eds, *Thinking about American: The United States in the 1990s*, Hoover Institution Press, 1988.

David N. Hyman, Public Finance: A Contemporary Application of Theory of Policy, 6th ed., Harcourt College Publishers, 1999.

David Butler & Gareth Butler, *British Political Facts, 1900—1985*, The Macmillan Press Ltd., 1986.

International Monetary Fund, *Fiscal Rules—Anchoring Expectations for Sustainable Public Finances*, Working Paper, 2009.

See Joseph P. Harris, Congressional Control of Administration, The Brookings Institution, 1964.

Jun Ma, "If You Cannot Budget, How Can You Govern?", *Public Administration & Development*, vol. 29, 2009.

Leslie Bethell, "Politics in Brazil: From Election without Democracy to Democracy without Citizenship", *Daedalus*, vol. 129, no. 2, 2000.

Lili Liu and Steven B. Webb, *Laws for Fiscal Responsibility for Subnational Discipline: International Experience*, Policy Research Working Paper, The World Bank, 2011.

Luis F. Lopex-Calva, Sonia Rocha, *Exiting Belindia? Lesson from the Recent Decline in Income Inequality in Brazil*, The World Bank Report, no. 70155, 2012.

Mário Falcão Pessoa, *Fiscal Policy in Brazil and Japan*, Final Report on Seminar on Economic Policies, Ministry of Finance Japanese Governance, 2004.

Oliver E. Williamson, *The Mechanisms of Governance*, Oxford University Press, 1996.

Richard M. Bird and François Vaillancourt, *Fiscal Decentralization in Developing Countries*, Cambridge University Press, 2008.

Ricardo Hausmann and Catriona Purfield, *The Challenge of Fiscal Adjustment in a Democracy: The Case of India*, Working Paper, International Monetary Fund, 2004.

Schick, *Why most developing countries should not try New Zealand reforms*? World Bank Research Observer, vol. 13, no. 1, 1998.

Thomas E. Skidmore, *Brazil's Persistent Income Inequality: Lessons from History*, Latin American Politics and Society, vol. 46, Issue 2, 2004.

Thomas Pogge, *John Rawls: His life and theory of Justice*, Oxford University Press, 2005.

W. Friedmann, *Law in a Changing Society*, University of California Press, 1959.

Waltraud Schelkle, "EU Fiscal Governance: Hard Law in the Shadow of Soft Law?", *Columbia Journal of European Law*, vol. 13, 2007.

Webber Carolyn & Wildavsky Aaron, *A History of Taxation and Expenditure in the Western World*, Simon & Schuster, 1986.

Yu Xie, and Xiang Zhou, "Income inequality in today's China," *PNAS*, vol. 111, no. 19, 2014.

二、外文译著类

〔奥〕凯尔森：《法与国家的一般理论》，沈宗灵译，中国大百科全书出版社1996年版。

〔澳〕布伦南、〔美〕布坎南：《宪治经济学》，冯克利等译，中国社会科学出版社2004年版。

〔德〕恩格斯：《集权和自由》，载《马克思恩格斯全集》（第41卷），人民出版社2006年版。

〔德〕哈贝马斯：《公共领域的结构转型》，曹卫东译，学林出版社1999年版。

〔德〕哈贝马斯：《在事实与规范之间：关于法律和民主法治国的商谈理论》，童世骏译，生活·读书·新知三联书店2003年版。

〔德〕海因茨·君特·扎维尔伯格主编：《国家财政监督——历史与现状（1714—1989）》，刘京城、李玲等译，中国审计出版社1992年版。

〔德〕《马克思恩格斯全集》（第41卷），中共中央马克思恩格斯列宁斯大林著作编译局编译，人民出版社2013年版。

〔俄〕阿纳托利·丘拜斯主编:《俄罗斯式的私有化》,乔木森、冯育民等译,新华出版社2004年版。

〔法〕皮埃尔·勒鲁:《论平等》,王允道译,商务印书馆1991年版。

〔法〕孟德斯鸠:《论法的精神》,许明龙译,商务印书馆1961年版。

〔荷〕亨利·范·马尔赛文、格尔·范·德·唐:《成文宪法的比较研究》,陈云生译,华夏出版社1997年版。

〔美〕阿尔伯特·C. 海迪等著:《公共预算经典(第二卷):现代预算之路》,苟燕楠等译,上海财经大学出版社2006年版。

〔美〕埃里克·方纳:《美国自由的故事》,王希译,商务印书馆2002年版。

〔美〕爱伦·鲁宾:《公共预算中的政治:收入与支出,借贷与平衡》,叶娟丽等译,中国人民大学出版社2001年版。

〔美〕道格拉斯·C. 诺思:《制度、制度变迁与经济绩效》,刘守英译,上海三联书店1994年版。

〔美〕杰克·瑞宾、托马斯·D. 林奇主编:《国家预算与财政管理》,丁学东等译,中国财政经济出版社1990年版。

〔美〕理查德·B. 斯图尔特:《美国行政法的重构》,沈岿译,商务印书馆2002年版。

〔美〕罗尔斯:《正义论》,何怀宏等译,中国社会科学出版社1988年版。

〔美〕洛克:《论政府(下篇)》,叶启芳、瞿菊农译,商务印书馆1964年版。

〔美〕乔纳森·卡恩:《预算民主——美国的国家建设和公民权(1890—1928)》,叶娟丽等译,格致出版社2008年版。

〔美〕施蒂芬·霍尔姆斯、凯斯·桑斯坦:《权利的成本——为什么自由依赖于税》,毕竞悦译,北京大学出版社2004年版。

〔美〕威尔逊:《国会政体:美国政治研究》,熊希龄、吕德本译,商务印书馆1986年版。

〔美〕小罗伯特·D. 李、罗纳德·W. 约翰逊、菲利普·G. 乔伊斯:《公共预算制度》(第七版),扶松茂译,上海财经大学出版社2010年版。

〔美〕詹姆斯·M. 布坎南:《民主财政论——财政制度和个人选择》,穆怀鹏译,商务印书馆1993年版。

〔日〕金子宏:《日本税法》,战宪斌、郑林根等译,法律出版社2004年版。

〔英〕安德鲁·海伍德:《政治学》(第3版),张立鹏译,中国人民大学出版社2013年版。

〔英〕埃弗尔·詹宁斯:《英国议会》,蓬勃译,商务印书馆1959年版。

〔英〕J. S. 密尔:《代议制政府》,汪瑄译,商务印书馆1982年版。

〔美〕麦蒂亚·克莱默:《联邦预算:美国政府怎样花钱》,上海金融与法律研究院译,生活·读书·新知三联书店 2013 年版。

〔英〕弗里德里希·哈耶克:《立法、法律与自由(第 1 卷)》,邓正来等译,中国大百科全书出版社 2000 年版。

〔英〕弗里德里希·哈耶克:《自由宪章》,杨玉生、冯兴元、陈茅等译,杨玉生、陆衡、伊虹统校,中国社会科学出版社 1999 年版。

三、中文著作类

北京大学财经法研究中心编:《税醒了的法治:刘剑文教授访谈录》,北京大学出版社 2014 年。

蔡定剑:《中国人民代表大会制度》,法律出版社第 2003 年版。

蔡茂寅:《预算法之原理》,台湾元照出版公司 2008 年版。

财政部"财政监督"课题组编著:《财政监督》,中国财政经济出版社 2003 年版。

财政部监督检查局课题组:《公共支出治理研究》,载贺靖邦主编:《财政监督文集》,中国财政经济出版社 2007 年版。

财政部干部教育中心编:《现代财政监督研究》,经济科学出版社 2017 年版。

陈锋:《中国财政经济史论》,武汉大学出版社 2013 年版。

陈清秀:《现代财税法原理》,台湾元照出版有限公司 2015 年版。

陈如龙:《当代中国财政(上)》,中国社会科学出版社 1988 年版。

邓世豹:《授权立法的法理思考》,中国人民公安大学出版社 2002 年版。

郑雅方:《行政裁量基准研究》,中国政法大学出版社 2013 年版。

高培勇主编:《中国财税体制改革 30 年研究——奔向公共化的中国财税改革》,经济管理出版社 2008 年版。

国际货币基金组织编著,财政部财政科学研究所整理:《财政透明度》,人民出版社 2001 年版。

韩大元:《韩国议会》,华夏出版社 2002 年版。

贺靖邦主编:《财政监督文集》,中国财政经济出版社 2007 年版。

贺邦靖主编:《国外财政监督借鉴》,经济科学出版社 2008 年版。

贺邦靖主编:《中国财政监督制度》,经济科学出版社 2008 年版。

贺邦靖主编:《中国财政监督》,经济科学出版社 2008 年版。

蒋孟引主编:《英国史》,中国社会科学出版社 1988 年版。

姜维壮主编:《比较财政管理学》(第 3 版),北京大学出版社 2012 年版。

洪振快:《亚财政——制度性腐败与中国历史弈局》,中信出版社 2014 年版。

黄俊杰：《财政宪法》，台湾翰芦图书出版有限公司 2005 年版。

焦建国：《英国公共财政制度变迁分析》，经济科学出版社 2009 年版。

金自宁：《风险中的行政法》，法律出版社 2014 年版。

李健人：《英国税收法律主义的历史源流》，法律出版社 2012 年版。

李学柔、秦荣生：《国际审计》，中国时代经济出版社 2002 年版。

刘建飞、刘启云、朱艳圣：《英国议会》，华夏出版社 2002 年版。

刘剑文：《财税法专题研究》（第二版），北京大学出版社 2007 年版。

刘剑文：《强国之道——财税法治的破与立》，社会科学文献出版社 2013 年版。

刘剑文：《走向财税法治——信念与追求》，法律出版社 2009 年版。

刘剑文、侯卓、耿颖、陈立诚：《财税法总论》，北京大学出版社 2016 年版。

刘剑文主编：《财政法学》，北京大学出版社 2009 年版。

刘剑文主编：《财税法学》（第三版），高等教育出版社 2018 年版。

刘剑文主编：《民主视野下的财政法治》，北京大学出版社 2006 年版。

刘剑文、熊伟：《财政税收法》（第七版），法律出版社 2017 年版。

刘剑文、熊伟：《税法基础理论》，北京大学出版社 2004 年版。

刘隆亨：《中国财税法学》，法律出版社 2010 年版。

刘洲：《财政支出的法律控制研究——基于公共预算的视角》，法律出版社 2012 年版。

楼继伟：《中国政府间财政关系再思考》，中国财政经济出版社 2013 年版。

马骏等：《走向"预算国家"——治理、民主和改革》，中央编译出版社 2011 年版。

马骏、侯一麟、林尚立主编：《国家治理与公共预算》，中国财政经济出版社 2007 年版。

马骏、赵早早：《公共预算：比较研究》，中央编译出版社 2011 年版。

马寅初：《财政学与中国财政》，商务印书馆 2001 年版。

彭健：《公共预算理论演进与制度创新》，中国财政经济出版社 2006 年版。

齐守印等：《构建现代公共财政体系——基本框架、主要任务和实现路径》，中国财政经济出版社 2012 年版。

瞿同祖：《中国法律与中国社会》，中华书局 1981 年版。

全承相、吴彩虹：《政府财政权及其控制》，湖南人民出版社 2011 年版。

山东省人大常委会法制工作委员会、山东省人民政府法制办公室：《山东省财政监督条例释义》，经济科学出版社 2009 年版。

苏力：《法治及其本土资源》，中国政法大学出版社 1996 年版。

孙翔刚、王文素主编：《中国财政史》，中国社会科学出版社 2007 年版。

史际春主编：《经济法总论（教学参考书)》，法律出版社 2000 年版。

童伟:《俄罗斯的法律框架与预算制度》,中国财政经济出版社2008年版。

汪进元:《基本权利的保护范围:构成、限制及其合宪性》,法律出版社2013年版。

王军:《中国转型期公共财政》,人民出版社2006年版。

王名扬:《美国行政法》,中国法制出版社1995年版。

王名扬:《英国行政法》,中国政法大学出版社1987年版。

王晟:《财政监督理论:探索与制度设计研究》(第二版),经济管理出版社2013年版。

王晟:《财政监督理论:探索与制度设计研究》,经济管理出版社2009年版。

王世涛:《财政宪法学研究》,法律出版社2012年版。

王永礼:《我国大陆与台港澳地区预算法律制度比较》,经济科学出版社2010年版。

魏陆:《完善我国人大预算监督制度研究——把政府关进公共预算"笼子"里》,经济科学出版社2014年版。

翁岳生:《行政法》,中国法制出版社2009年版。

吴才麟、文明:《中国古代财政史研究》,中国财政经济出版社1990年版。

吴国平、杨仲林等著:《拉美三国议会》,中国财政经济出版社2005年版。

项俊波、文硕、曹大宽、王雄编著:《审计史》,中国审计出版社1990年版。

熊伟:《财政法基本问题》,北京大学出版社2012年版。

徐红:《比较政治制度》,同济大学出版社2004年版。

徐红:《财权掌控与财政民主——英美议会财政权的政治学分析》,同济大学出版社2014年版。

徐阳光:《财政转移支付制度的法学解析》,北京大学出版社2009年版。

许永胜:《经济社会转型中的公共预算监督——体系构建与制度创新》,东北财经大学出版社2010年版。

许振州:《法国议会》,华夏出版社2002年版。

杨朝霞、逯锋、凌捷:《地方财政电子化监督研究》,经济科学出版社2011年版。

杨志恒:《预算政治学的构筑》,台湾财团法人张荣发基金会"国家政策研究中心"1991年版。

杨志勇、杨之刚:《中国财政制度改革30年》,格致出版社、上海人民出版社2008年版。

应克复、金太军、胡佳胜:《西方民主史》,中国社会科学出版社1997年版。

翟继光:《财政法学原理——关于政府和纳税人基本关系的研究》,经济管理出版社2011年版。

闫海:《公共预算过程、机构与权力——一个法政治学研究范式》,法律出版社2012年版。

张千帆：《宪法学导论：原理与应用》，法律出版社 2004 年版。

张千帆主编：《宪法》（第二版），北京大学出版社 2012 年版。

张守文：《财税法疏议》，北京大学出版社 2005 年版。

张馨：《财政公共化改革》，中国财政经济出版社 2004 年版。

张晓红：《财政监管理论分析与制度优化》，大连理工大学出版社 2009 年版。

赵建国：《中国财政驻厂员发展史》，山西经济出版社 2000 年版。

郑力主编、中华人民共和国审计署外事司编：《世界各国政府审计》，中国审计出版社 1995 年版。

郑雅方：《行政裁量基准研究》，中国政法大学出版社 2013 年版。

周刚志：《论公共财政与宪治国家——作为财政宪法学的一种理论前言》，北京大学出版社 2005 年版。

周刚志：《财政转型的宪法原理》，中国人民大学出版社 2014 年版。

周永坤：《规范权力——权力的法理研究》，法律出版社 2006 年版。

左卫民、周长军：《变迁与改革——法院制度现代化研究》，法律出版社 2000 年版。

四、中文论文类

安秀梅、殷毅、郜可祥：《简论财政监督的质量控制与风险防范》，载《当代财经》2006 年第 11 期。

财政部财政监督检查局：《巴西财政监督的考察与启示》，载《财政监察》2001 年第 4 期。

财政部赴埃及、肯尼亚考察团：《埃及、肯尼亚财政管理与财政监督情况考察与借鉴》，载《财政监督》2008 年第 8 期。

财政部财政监督管理考察团：《阿根廷财政监督管理及其经验借鉴》，载《财政监督》2008 年第 12 期。

财政部财政监督考察团：《巴西、委内瑞拉财政管理与财政监督的经验借鉴》，载《财政监督》2008 年第 9 期。

财政部财政监督考察团：《法国财政监督及对我国的借鉴作用》，载《财政研究》1998 年第 1 期。

蔡茂寅：《财政作用之权力性与公共性——兼论建立财政法学之必要性》，载台湾《台大法学论丛》1996 年第 4 期。

曹春：《浅论秦汉时代的审计》，载《河北审计》1998 年第 3 期。

陈桂生、田利：《论财政转移支付监督体系的重构》，载《理论导刊》2011 年第 9 期。

陈金钊：《为什么法律的魅力挡不住社会效果的诱惑？——对法律效果与社会效果统一

论的反思》，载《杭州师范大学学报（社会科学版）》2012 年第 2 期。

陈少英：《从 4 万亿投资看〈预算法〉的缺陷》，载《法学》2011 年第 11 期.

陈渊鑫：《对世界财政监督发展趋势的探讨》，载《财政监督》2009 年第 1 期。

陈月霞：《建立财政收入监督机制的思考》，载《审计理论与实践》2002 年第 1 期。

陈治：《构建民生财政的法律思考》，载《上海财经大学学报》2011 年第 2 期。

陈治：《论民生财政的实践模式、路径选择与法治保障》，载《法商研究》2013 年第 6 期

程光：《法国审计法院体制的启示》，载《审计月刊》2006 年第 22 期。

崔卓兰：《论确立行政法中公民与政府的平等关系》，载《中国法学》1995 年第 4 期。

邓淑莲：《中国预算的法律性分析》，载《上海财经大学学报》2009 年第 2 期。

董晶：《国外财政监督制度的特点与借鉴》，载《山东行政学院学报》2012 年第 2 期。

法中公共财政监督研讨会中方代表团：《法国财政预算改革与监督管理新情况考察及借鉴》，载《财政监督》2007 年第 1 期。

范进学：《私法理论对法理学的贡献》，载《法学论坛》1997 年第 4 期。

付伯颖：《美日财政监督的特点与借鉴》，载《财政监督》2006 年第 11 期。

耿虹、承皓、王进杰：《日本审计监督制度研究》，载《财政监督》2012 年第 34 期。

郭维真、刘剑文：《宪政视角下的财政民主及其构建》，载《中国党政干部论坛》2007 年第 9 期。

郭晔：《对完善我国财政监督体系的几点思考》，载《特区经济》2007 年第 9 期。

贾康：《关于财政监督问题的探讨》，载《经济纵横》2007 年 2 月刊创新版。

何兵、昌君：《审计独立：行政民主化的基本前提》，载《中国审计》2007 年第 13 期。

何兆斌：《开展财政支出绩效监督的思考》，载《新视野》2007 年第 3 期。

何振一：《财政内部制衡理论与实践的探索》，载《财政监督》2006 年第 8 期。

侯卓、胡瑞琪：《创制与延展：〈预算法〉实施若干配套制度的思考》，载《学习与实践》2014 年第 7 期。

侯卓、佘倩影：《由"美国银行案"看中国农业税改革之未竟全功——兼论征税权的民主控制》，载《黑龙江八一农垦大学学报》2014 年第 2 期。

江必新：《论实质法治主义背景下的司法审查》，载《法律科学》2011 年第 6 期。

江龙：《财政监督理论依据：信息不对称与代理失效》，载《财政研究》2002 年第 12 期。

李慧、张志超：《美国绩效预算的经验、困难和启示》，载《华东经济管理》2007 年第 10 期。

李杰刚、徐卫、刘鹏：《加拿大政府预算透明度考察》，载《经济研究参考》2011 年第

9 期。

李兰英：《论构建财政监督创新机制》，载《中央财经大学学报》2005 年第 8 期。

李龙、朱孔武：《财政立宪主义论纲》，载《法学家》2003 年第 6 期。

李璐：《新公共管理运动对美国政府绩效审计的影响及其启示》，载《管理世界》2009 年第 10 期。

李小珍：《发达国家财政监督评述及借鉴》，载《财政监督》2013 年第 22 期。

李袁婕：《论我国公共财政监督制度的完善》，载《审计研究》2011 年第 2 期。

李炜光、刘宁：《西方国家财政监督体系及其借鉴意义》，载《财政监督》2010 年第 2 期。

李卫民：《试析预算的法律性质》，载《福建政法管理干部学院学报》2009 年第 2 期。

李旭鸿、刘江涛：《市场经济国家财政监督的主要措施》，载《财政监察》2001 年第 5 期。

李小珍：《发达国家财政监督评述及借鉴》，载《财政监督》2013 年第 22 期。

李友梅、肖瑛、黄晓春：《当代中国社会建设的公共性困境及其超越》，载《中国社会科学》2012 年第 4 期。

黎柠：《中国古代的财政监督制度研究》，载《广西财经学院学报》2007 年第 1 期。

梁长来：《唐代财政监督制度及其启示》，载《财政监督》2014 年第 1 期。

林慕华、马骏：《中国地方人民代表大会预算监督研究》，载《中国社会科学》2012 年第 6 期。

林研清：《论明朝财政监督体制》，载《江南大学学报》2004 年第 2 期。

李宜强：《法国新 LOLF 法案及其对中国事业单位绩效管理改革之借鉴价值》，载《现代财经》2010 年第 9 期。

林永居：《财政国库集中支付制度的国际借鉴与改革探索》，载《福建论坛》2009 年第 3 期。

林慕华、马骏：《中国地方人民代表大会预算监督研究》，载《中国社会科学》2012 年第 6 期。

刘家义：《论国家治理与国家审计》，载《中国社会科学》2012 年第 6 期。

刘剑文：《财税法治的破局与立势——一种以关系平衡为核心的治国之路》，载《清华法学》2013 年第 5 期。

刘剑文：《论财政法定原则——一种权力法治化的现代探索》，载《法学家》2014 年第 4 期。

刘剑文：《收入分配改革与财税法制创新》，载《中国法学》2011 年第 5 期。

刘剑文、耿颖：《论反腐败进路中的公共财产公开》，载《江淮论坛》2014 年第 1 期。

刘剑文、王桦宇：《公共财产权的概念及其法治逻辑》，载《中国社会科学》2014 年第 8 期。

刘剑文、侯卓：《事权划分法治化的中国路径》，载《中国社会科学》2017 年第 2 期。

刘剑文：《学科突起与方法转型：中国财税法学变迁四十年》，载《清华法学》2018 年第 4 期。

刘剑文、胡翔：《法治视域下财政党规的三维审思——制度定位、功能拓补、理念建构》，载《法学杂志》2019 年第 2 期。

刘晓凤：《1949 年— 2007 年中国财政监督变迁》，载《地方财政研究》2008 年第 6 期。

马骏：《中国财政国家转型：走向税收国家？》，载《吉林大学社会科学学报》2011 年第 1 期。

马骏：《政治问责研究：新的进展》，载《公共行政评论》2009 年第 4 期。

马向荣：《我国夏商周时期的财政监督制度及其效率研究》，载《财政监督》2008 年第 6 期。

马志远：《英美财政绩效管理模式选择的实践与借鉴——从组织效率到绩效成果》，载《中国行政管理》2013 年第 9 期。

孟庆瑜：《绩效预算法律问题研究》，载《现代法学》2013 年第 1 期。

莫于川、田文利：《公法共同价值论要》，载《法学论坛》2007 年第 4 期。

宁立成、张兰兰：《论我国财政支出监督法律制度的改革》，载《江西社会科学》2014 年第 1 期。

欧阳卫红：《财政监督顶层设计应关注的几个理论问题》，载《财政研究》2012 年第 8 期。

皮国忠：《财政监督与财政制度变迁——财政监督的内生性分析》，载《经济研究参考》2003 年第 73 期。

全承相：《论公共财政内部监督制度的特点、问题及目标模式》，载《湖南财政经济学院学报》2011 年第 1 期。

任剑涛：《财政监督与政府执行力——对〈利马宣言〉的扩展性解读》，载《中国行政管理》2011 年第 6 期。

宋彪：《公众参与预算制度研究》，载《法学家》2009 年第 2 期。

苏明：《我国公共财政监督问题研究》，载《财政监督》2008 年第 8 期。

孙柏瑛：《公共性：政府财政活动的价值基础》，载《中国行政管理》2001 年第 1 期。

谭道明：《巴西化解和防控地方债务危机的启示》，载《法学》2014 年第 4 期。

田发、宋友春：《构建国库集中支付监督制约机制——委托代理理论框架下的分析》，载《中央财经大学学报》2004 年第 12 期。

王波：《地方人大财政监督与地方政府审计机关财政审计相结合的思考》，载《学习与实践》1999 年第 10 期。

王桦宇：《治国理政、财税改革与法治图景——中国语境下的财税法律制度之建构》，载《北华大学学报（社会科学版）》2014 年第 1 期。

王祺扬：《美国、巴西财政预算管理的经验及借鉴》，载《经济研究参考》2006 年第 80 期。

王绍光：《从税收国家到预算国家》，载《读书》2007 年第 10 期。

王铁栓等：《财政监督存在的问题分析与思考》，载《财政监督》2014 年第 17 期。

王锡锌、章永乐：《我国行政决策模式之转型——从管理主义模式到参与式治理模式》，载《法商研究》2010 年第 5 期。

王秀芝：《财政监督的国际经验及对我国的启示》，载《经济问题探索》2012 年第 5 期。

王银梅：《法国财政监督的基本情况及启示》，载《财政监督》2005 年第 10 期。

王银梅：《国外财政监督实践综述及启示》，载《财政监督》2012 年第 31 期。

王蕴：《财政超收条件下的预算政策研究》，载《宏观经济研究》2009 年第 8 期。

汪全胜：《法律绩效评估的"公众参与"模式探讨》，载《法制与社会发展》2008 年第 6 期。

韦慧娟、张玮：《法国的财政监督及其经验借鉴》，载《财政监督》2006 年第 3 期。

文炳勋：《公共财政的宪治基础：人大财政监督制度的改进与完善》，载《财政研究》2006 年第 4 期。

文炳勋：《政府预算、行政效率和财政民主——兼论我国公共预算改革》，载《财经理论与实践》2006 年第 5 期。

温泽彬：《论公共财政监督与控制——以宪法为视角》，载《现代法学》2009 年第 6 期。

吴勇、沈娟娟：《俄罗斯财政监督的做法及借鉴》，载《财政监督》2006 年第 9 期。

武玉坤：《预算资金分配的内在逻辑》，载《中山大学学报（社会科学版）》2010 年第 2 期。

邢会强：《程序法视角下的预算》，载《法商研究》2004 年第 5 期。

熊伟：《财政法基本原则论纲》，载《中国法学》2004 年第 4 期。

熊伟、王宗涛：《收入还是支出：预算法的规制重心解析》，载《安徽大学法律评论》2010 年第 2 期。

许建标、朱为群：《透明可见：税制构建的基本原则》，载《现代经济探讨》2012 年第 1 期。

许雄奇、朱秋白:《我国财政收入与财政支出关系的实证研究》,载《财经研究》2004年第3期,第49—57页。

严萍:《握有司法大权的巴西审计机构》,载《党政干部文摘》2004年第9期。

严淑琴:《财政监督应保障市场的决定作用》,载《学习时报》2014年5月12日第8版。

阳建勋:《完善基本公共服务均等化的经济法路径》,载《法学》2008年第5期。

杨肃昌、肖泽忠:《论宪法思想对审计制度的影响》,载《审计研究》2004年第1期。

叶姗:《法律促进预算平衡之基本原理研究》,载《现代法学》2010年第5期。

叶姗:《前置性问题和核心规则体系研究:基于"中改"〈中华人民共和国预算法〉的思路》,载《法商研究》2010年第4期。

叶青:《唐宋时期的财政监督制度及思想》,载《财政监督》2006年第12期。

叶青、黎柠:《近代财政监督制度与思想》,载《财政监察》2007年第2期。

尹中卿:《当代美国国会的财政监督程序》,载《人大研究》2002年第3期。

袁曙宏:《审计监督的独立性和公开性是关键》,载《审计研究》2004年第4期。

袁祖社:《"公共哲学"与当代中国的公共性社会实践》,载《中国社会科学》2007年第3期。

张平:《中西方财政监督机制的比较研究》,载《财会研究》2009年第10期。

张守文:《分配结构的财税法调整》,载《中国法学》2011年第5期。

张献勇:《西方五国审计机关与议会关系》,载《人大研究》2005年第1期。

张献勇:《最高审计机关负责人独立地位的立宪保障———一个宪法文本分析的视角》,载《财贸研究》2008年第3期。

张晓瑜:《俄罗斯联邦审计院在国家反腐败体系中的作用及其主要举措》,载《国外审计观察》2013年第1期。

赵晨侠:《浅析我国财政审计的发展趋势》,载《财政监督》2009年第15期。

周长鲜:《财政预算绩效监督体制:西方发达国家议会的经验与启示》,载《经济社会体制比较》2010年第5期。

周长鲜:《人大预算绩效监督考评体制的全方位考察》,载《四川理工学院学报(社会科学版)》2010年第3期。

周守才:《世界各国国家审计机关的基本模式》,载《湖北审计》1994年第3期。

周雪光:《逆向软预算约束:一个政府行为的组织分析》,载《中国社会科学》2005年第2期。

朱大旗、李蕊:《论人大预算监督权的有效行使——兼评我国〈预算法〉的修改》,载《社会科学》2012年第2期。

朱萌：《财政权的转移对英国民主发展的影响——13 至 16 世纪英国财政史分析》，载《东北师大学报（哲学社会科学版）》2014 年第 4 期。

邹进文：《清末财政思想的近代转型：以预算和财政分权思想为中心》，载《中南财经政法大学学报》2005 年第 4 期。

五、中文报纸类

傅光明：《各国法律对预算编制的规定》，载《经济学消息报》2003 年 9 月 19 日、9 月 26 日。

杨立民：《巴西：联邦审计法院管得宽，享有司法处罚权》，载《新华每日电讯》2004 年 7 月 20 日第 6 版。

于平：《对非税收入要加强制度规范》，载《南方都市报》2003 年 7 月 16 日。

李晨阳、权娟：《中共中央政治局召开会议审议〈关于改进工作作风、密切联系群众的有关规定〉分析研究二〇一三年经济工作》，载《人民日报》2012 年 12 月 5 日第 1 版。

赵婀娜：《李克强总理等会见采访两会的中外记者并回答提问》，载《人民日报》2013 年 3 月 18 日第 2 版。

六、学位论文类

杨体军：《中国财政监督的理论研究和实证分析》，吉林大学博士学位论文，2007 年。

马向荣：《公共财政体制下的财政监督研究》，西南财经大学博士学位论文，2008 年。

邓春霞：《公共财政框架下服务型财政监督体系建设研究》，重庆大学硕士学位论文，2006 年。

孙文珺：《我国公共财政支出监督法律监督的完善研究——以"四万亿"投资为背景》，华东政法大学硕士学位论文，2010 年。

七、政府出版物

胡锦涛：《坚定不移沿着中国特色社会主义道路前进，为全面建成小康社会而奋斗：在中国共产党第十八大全国代表大会上的报告》，人民出版社 2012 年版。

习近平：《决胜全面建成小康社会夺取新时代中国特色社会主义伟大胜利：在中国共产党第十九次全国代表大会上的报告》，人民出版社 2017 年版。

《中共中央关于全面深化改革若干重大问题的决定》，人民出版社 2013 年版。

《中共中央关于全面推进依法治国若干重大问题的决定》，人民出版社 2014 年版。

《习近平新时代中国特色社会主义思想学习纲要（2019 版标准版）》，学习出版社 2019 年版。

中华人民共和财政部:《中国财政情况(2012—2013)》,经济科学出版社 2013 年版。

八、电子文献类

"The Role of National Audit Office", http://www.nao.org.uk, 访问时间:2021 年 8 月 1 日。

"The Role of Public Accounts Committees", http://www.parliament.uk/business/committees/committees-a-z/other-committees/public-accounts-commission/role, 访问时间:2021 年 8 月 1 日。

埃及财政部网站, http://www.mof.gov.eg/English/Pages/Home.aspx, 访问时间:2021 年 8 月 1 日。

俄罗斯联邦审计院网站 http://www.poccuu.org/, 访问时间:2021 年 8 月 1 日。

罗涛:《解读巴西国家审计监督制度主要特色》,载新浪财经,http://finance.sina.com.cn/world/20140624/135119506522.shtml, 访问时间:2021 年 8 月 1 日。

《法国财政管理体制介绍》,载财政部网站,http://gjs.mof.gov.cn/pindaoliebiao/cjgj/201306/t20130613_917793.html, 访问时间:2021 年 8 月 1 日。

《加强财务监督,促进廉政建设》,载东北财经大学网,http://jwww.dufe.edu.cn/show-73.html, 访问时间:2021 年 8 月 1 日。

《加强财政监督、促进市场在资源配置中起决定作用》,载凤凰财经,http://finance.ifeng.com/a/20140725/12798758_0.shtml, 访问时间:2021 年 8 月 1 日。

《审计结果公告》,载审计署网站,http://www.audit.gov.cn/n1992130/n1992150/n1992500/index.html, 访问时间:2021 年 8 月 1 日。

《委员会职责》,载中国人大网,http://www.npc.gov.cn/npc/bmzz/caizheng/node_1678.htm, 访问时间:2021 年 8 月 1 日。

后　　记

党的十九大报告指出要"加快建立现代财政制度，建立权责清晰、财力协调、区域均衡的中央和地方财政关系，建立全面规范透明、标准科学、约束有力的预算制度"，明晰了新发展阶段我国财政制度建设的指导方针。"十四五"规划进一步提出要"深化预算管理制度改革，强化对预算编制的宏观指导和审查监督。加强财政资源统筹，推进财政支出标准化，强化预算约束和绩效管理""建立权责清晰、财力协调、区域均衡的中央和地方财政关系""完善财政转移支付制度，优化转移支付结构，规范转移支付项目，完善权责发生制政府综合财务报告制度，建立健全规范的政府举债融资机制"，从具体要素层面描绘了我国建立现代财政制度的路线图。应当指出，现代财政制度的题中之义必然包含行之有效的财政监督制度。结合对顶层设计的深层解剖，财政监督体系将是新时期我国财政制度改革的重要方面。深化制度改革的时代背景提升了理论供给的必要性和紧迫性，为了进一步推进理论界与实务界对财政监督问题的关注与理解，经过不断的推敲并结合多年来我对财政法律问题的研究，本书得以付梓，希望能为各界提供更为具体的研究参考。

总的来看，本书立足于中国国情，在研究中主要围绕三个难题进行了系统研究：其一，如何遴选把握国际经验比较中的价值取舍和规则借鉴，深入分析不同历史背景和法治环境的国家或地区做法上的共性和历史经验。同时，也考虑到其个性化和本土化的差异，进而寻求中国转型的法治途径。其二，如何平衡中国语境下监督体制改革的公平性和效率性。财政监督具有极强的专业性和技术性，也具有鲜明的政策性和政治性。既要监督政府财政行为，约束公权力滥用；又应与国家财政政策相协调，保障其实用性。其三，如何理解掌握法治路径选择与实施的稳定性与渐进性。无论是公共财政监督法律理念更新，还是具体监督制度转型改革，均需充分考虑中国实情和渐进改革的偏好，提出正当性和可行性兼备的对策建议。

此外，本书在以下方面也有所创新：一是明确了智识基础。本书倡导财政控权理论，法治视野下公共财政监督的本质是制约政府财政权和保障纳税人基本权。传统的财政监督是指财政部门监督管理财政行为，而财政法治下的公共财政监督则是通过法律实现对财政行为的全面监督，并最终保障纳税人基本权利。二是论证了理念转型。本书认为中国语境下公共财政监督法治化需要财税法治理念的培育和监督思维的民主转型。公共财政监督应实现代议机构主导的立法监督，辅之以行政机关的审计监督和社会媒体监督，在此基础上通过设置专门机构进行监督也是非常有效的方法。三是突出了制度创新。本书阐明了中国公共财政监督体制改革应向综合性、立体化、全流程的监督模式全面推进。综合性是指从行政审计监督为主的单一监督转变为立法监督为主、行政监督和社会监督等结合的综合监督；立体化是指以支出监督为主的单向监督转变为收入监督、支出监督和管理监督的立体监督；全流程监督是指从事后监督为主的责任监督转变为以事前预防、事中管控和事后追究相结合的全流程监督模式。四是设计了技术路线。本书指出了中国公共财政监督法治化可以通过建基于宪法的顶层设计和具体技术规则得以实现。在法治国家，推动法治化的重要力量即是具有权威性的法律制度及其法治运行。财政监督权的合理配置以及审计机构的权力转型尤其重要，中国应当建立完善的财政监督法律体系，为推进财税法治提供指引性和可控性的运行环境。

随着国家财税法治建设的日臻完善，我愈加感受到属于财税法学人的时代已经到来。近些年，我国财税法治制度建设与理论研究正展现出相互促进、共同发展的良性循环格局，作为在这个领域奔走多年的"老兵"，我感到十分欣慰。财税问题事关国民经济与社会发展的质量，与每一位老百姓的生活紧密联系在一起。而今，从决策者到研究者，再到"路人甲"，大家在不同程度上都能够认识到国家财政的重要意义，这对我们这样一个发展中的大国来说，是非常不容易的事情。有理由相信，在各界的共同努力下，我国的财税法治建设将会有更多令人期待的成果。

本书依托本人主持的国家社会科学基金重点项目"公共财政监督法律制

度研究"（12AFX013）成果而成，原课题分工为：第一章主要由王桦宇撰写，第二章主要由李大庆撰写，第三章主要由姜欣然、耿颖、张莹撰写，第四章主要由马琳、侯卓撰写，第五章主要由陈立诚撰写。本书在原有成果的基础上进行了系统性的修改与更新，出版过程中，吸收了《国家哲学社会科学成果文库》及其有关专家提出的诸多宝贵意见。感谢胡翔博士在本书整理与修订过程中所付出的努力。诚望本书的出版，能够对国家现代财政制度的建设与完善提供积极的促进作用。书中纰漏之处，也欢迎方家批评与指正，我们将进一步进行完善。

愿祖国的财税法治事业更进一步！

刘剑文

2021年春于燕园

图书在版编目(CIP)数据

法治新时代的公共财政监督/刘剑文著. —北京:北京大学出版社,2021.11
(国家哲学社会科学成果文库)
ISBN 978-7-301-32683-1

Ⅰ.①法… Ⅱ.①刘… Ⅲ.①公共财政—财政监督—财政法—研究—中国 Ⅳ.①D922.204

中国版本图书馆 CIP 数据核字(2021)第 216191 号

书　　　　名	法治新时代的公共财政监督 FAZHI XINSHIDAI DE GONGGONG CAIZHENG JIANDU
著作责任者	刘剑文　著
责 任 编 辑	王　晶
标 准 书 号	ISBN 978-7-301-32683-1
出 版 发 行	北京大学出版社
地　　　　址	北京市海淀区成府路 205 号　100871
网　　　　址	http://www.pup.cn
电 子 信 箱	law@pup.pku.edu.cn
新 浪 微 博	@北京大学出版社　@北大出版社法律图书
电　　　　话	邮购部 010-62752015　发行部 010-62750672　编辑部 010-62752027
印 刷 者	北京中科印刷有限公司
经 销 者	新华书店
	730 毫米×1020 毫米　16 开本　17.75 印张　281 千字 2021 年 11 月第 1 版　2022 年 11 月第 2 次印刷
定　　　　价	63.00 元

未经许可，不得以任何方式复制或抄袭本书之部分或全部内容。
版权所有，侵权必究
举报电话: 010-62752024　电子信箱: fd@pup.pku.edu.cn
图书如有印装质量问题，请与出版部联系，电话: 010-62756370